大《だい》分《ぶん》水《すい》嶺《れい》
奥羽山脈の山と古峠

公益社団法人
日本山岳ガイド協会
認定登山ガイド
佐藤 健二
SATO Kenji

文芸社

まえがき

コロナ禍で、山小屋の営業休止や宿泊者数の制限。それも、事前宿泊予約者限定などによって、ツアー登山を休止せざるを得ない状況に追い込まれた。

そのため、近郊低山歩きと読書という晴耕雨読、図書館通いの日々を過ごしていた。膨大な数の書物の中で、特に「日本の峠」と「大分水嶺の山」の本を読んでみようと思ったのは、時として感じる我が体力の衰えと、漠然とだが、ガイド引退後の山との関わり方に思いを馳せる時と重なったからだろう。

しかし、名の知れた国内の峠を紹介した「日本の峠」の本は、矢立峠《やたてとうげ》や国見峠《くにみとうげ》といった名の知れた東北の峠は足ではなく車での峠越え。「大分水嶺の山」の本も、その著者が自ら歩いた記録とは思えない内容で、二冊とも通読することなく本を閉じた。と同時に、長らく中断していた奥羽山脈の山と峠歩きを再開しようと思う気持ちが沸き起こる。

登山道はもとより、踏跡《ふみあと》さえ期待出来ない未知の登山は、地形図を読み込み、ルートを設定し、登山時間を想定する登山。その計画はガイド登山では得られない楽しみがある。

これを記録に残せば、古道歩きや古峠歩き同様、登山の新たな目標になり、登山の楽しみがより広がるに違いない、そう思って書き上げたのが本書である。

もくじ

まえがき　3

【青森県の分水嶺の山】　12
△水《みず》ケ《が》沢山《さわやま》　12
△折紙山《おりがみやま》　16
△八甲田《はっこうだ》大岳《おおだけ》　21
△駒《こま》ケ《が》峯《みね》と傘松峠《かさまつとうげ》　25

【青森・秋田県境の分水嶺】　30
△岩岳《いわだけ》と発荷峠《はっかとうげ》　30
△十和利山《とわりさん》　34
△猿《さる》ケ《が》平《たい》　38

【青森・秋田・岩手三県境分水嶺】　41
△四角岳《しかくだけ》と来満峠《らいまんとうげ》　41

【岩手県の分水嶺】　47
△上《かみ》の木山《ぎやま》と貝梨峠《かいなしとうげ》　47

△安比岳《あっぴだけ》　50

【岩手・秋田県境の分水嶺】裏岩手縦走路 ―― 55

△畚岳《もっこだけ》と見返峠《みかえりとうげ》　55

△諸桧岳《もろびだけ》・嶮岨森《けんそもり》・大深岳《おおぶかだけ》　58

△大白森《おおしろもり》　63

【秋田駒ケ岳の分水嶺】乳頭山・横岳・笹森山と国見峠 ―― 68

△乳頭山《にゅうとうざん》　68

△秋田《あきた》駒《こま》・横岳《よこだけ》　71

△笹森山《ささもりやま》と国見峠《くにみとうげ》　74

【真昼山塊の分水嶺】女神山と笹峠・和賀岳・真昼岳と善知鳥峠・沢尻岳 ―― 78

△女神山《めがみやま》と笹峠《ささとうげ》　78

△和賀岳《わがだけ》　82

△真昼岳《まひるだけ》と善知鳥越《うとうごえ》　87

△沢尻岳《さわしりだけ》　90

△大森山《おおもりやま》と旧仙北街道《きゅうせんぼくかいどう》　95

◆ちょっと寄り道
大分水嶺の温泉と白木峠《しろきとうげ》 100
堺田《さかいだ》駅と中山峠《なかやまとうげ》 104

【岩手・秋田・宮城県境の分水嶺】 109
△栗駒山《くりこまやま》と花山峠《はなやまとうげ》 109
【秋田・山形県の分水嶺】 113
△大鏑山《おおかぶらやま》 113
【山形県の分水嶺】 115
△翁山《おきなさん》と吹越山《ふきこしやま》 115
△二口山塊《ふたくちさんかい》と二口峠《ふたくちとうげ》 118
△面白山《おもしろやま》と関山峠《せきやまとうげ》 122
△山形神室岳《やまがたかむろだけ》と笹谷峠《ささやとうげ》 127
【宮城・秋田県境の分水嶺】 132
△須金岳《すがねだけ》 132
【宮城・山形県境の分水嶺】 137

△禿岳《かむろだけ》と花立峠《はなだてとうげ》　137
△奥羽山《おううやま》　141
△みみずく山《やま》と田代峠《たしろとうげ》　144
△御所山《ごしょざん》　148
△寒風山《かんぷうざん》と白髪山《しらひげやま》　152
△蔵王熊野岳《ざおうくまのだけ》と刈田峠《かったとうげ》　156
△逢沢山《ほうざわやま》と金山峠《かねやまとうげ》　161
△仙王岳《せんのうだけ》と二井宿峠《にいじゅくとうげ》　165

【山形・福島県境の分水嶺】――171

△龍ヶ岳《りゅうがたけ》と鳩峰峠《はとみねとうげ》　171
△豪士山《ごうしさん》と豪士峠《ごうしとうげ》　174
△板谷峠《いたやとうげ》　178

【福島県の分水嶺】「吾妻連峰《あづまれんぽう》」家形山・一切経山・東吾妻山――183

△家形山《いえがたやま》　183
△一切経山《いっさいきょうざん》　186
△東吾妻山《ひがしあづまやま》　188

【安達太良《あだたら》連峰の分水嶺】箕輪山と土湯峠・鉄山・船明神山と母成峠 —— 191
△箕輪山《みのわやま》と土湯峠《つちゆとうげ》 191
△鉄山《てつざん》 194
△船明神山《ふなみょうじんやま》と母成峠《ぼなりとうげ》 195
△母成峠《ぼなりとうげ》 197
△大滝山《おおたきやま》と猪苗代湖《いなわしろこ》 199
【安積《あさかの》アルプスの分水嶺】額取山（安積山）・大将旗山と御霊櫃峠 —— 204
△額取山《ひたいとりやま》 204
△大将旗山《たいしょうはたやま》と御霊櫃峠《ごれいびつとうげ》 207
△高旗山《たかはたやま》 209
△笠ケ森山《かさがもりやま》 212
△勢至堂峠《せいしどうとうげ》 213
△甲子山《かしやま》と甲子峠《かしとうげ》 216
【福島・栃木県境の分水嶺】三本槍岳・流石山と大峠・三倉山と大倉山・男鹿岳・荒海山 —— 220
△三本槍岳《さんぼんやりだけ》 220

△流石山《ながれいしやま》と大峠《おおとうげ》　223
△三倉山《みくらやま》と大倉山《おおくらやま》　225
△男鹿岳《おがだけ》　226
△荒海山《あらかいさん》　230
【帝釈山塊の分水嶺】　234
△田代山《たしろやま》　234
△帝釈山《たいしゃくざん》　237
△台倉高山《だいくらたかやま》　240
【福島・群馬県境の分水嶺】　242
△沼山峠《ぬまやまとうげ》と袴腰山《はかまごしやま》　242
あとがき　246

本文イラスト　佐藤健二
地図清書作成　菅井敏雄

登場する山々

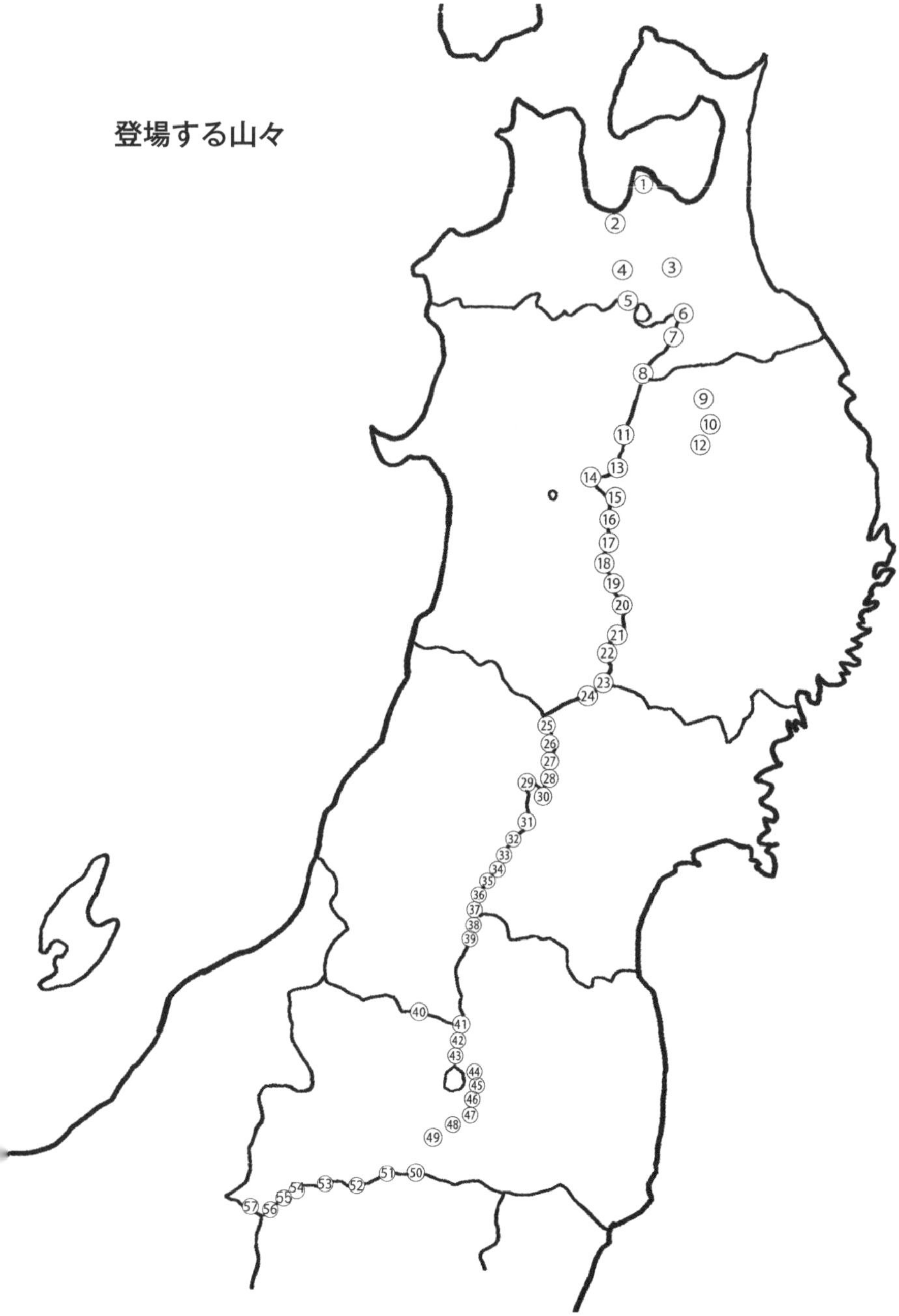

①
②
③
④
⑤
⑥
⑦
⑧
⑨
⑩
⑪
⑫
⑬
⑭
⑮
⑯
⑰
⑱
⑲
⑳
㉑
㉒
㉓
㉔
㉕
㉖
㉗
㉘
㉙
㉚
㉛
㉜
㉝
㉞
㉟
㊱
㊲
㊳
㊴
㊵
㊶
㊷
㊸
㊹
㊺
㊻
㊼
㊽
㊾
㊿
51
52
53
54
55
56
57

峠
④ 傘松峠
⑤ 発荷峠
⑧ 来満峠
⑨ 貝梨峠
⑪ 見返峠
⑰ 国見峠
⑳ 善知鳥越
㉑ 笹峠
㉒ 旧仙北街道
㉓ 花山峠
㉖ 花立峠
㉙ 翁峠
㉚ 田代峠
㉝ 関山峠
二口峠
㉞ 笹谷峠
㉟ 刈田岳
㊱ 金山峠
㊲ 二井宿峠
㊳ 鳩峰峠
㊴ 豪士峠
㊹ 土湯峠・母成峠
㊻ 御霊櫃峠
勢至堂峠
㊾ 甲子峠
51 大峠
57 沼山峠

① 水ヶ沢山
② 折紙山
③ 八甲田大岳
④ 駒ヶ峯
⑤ 岩岳
⑥ 十和利山
⑦ 猿ヶ平
⑧ 四角岳
⑨ 上の木山
⑩ 安比岳
⑪ 源田森
⑫ 畚岳
⑬ 諸桧岳・嶮岨森・大深岳
⑭ 大白森
⑮ 乳頭山
⑯ 秋田駒
⑰ 笹森山
⑱ 沢尻岳
⑲ 和賀岳
⑳ 真昼岳
㉑ 女神山
㉒ 大森山
㉓ 栗駒山
㉔ 須金岳
㉕ 大鏑山
㉖ 禿岳
㉗ 小柴山
㉘ 奥羽山
㉙ 翁山
㉚ みみずく山
㉛ 御所山
㉜ 白髪山
㉝ 面白山
㉞ 山形神室岳
㉟ 蔵王熊野岳
㊱ 逢沢山
㊲ 仙王岳
㊳ 龍ヶ岳
㊴ 豪士山
㊵ 東大巓

㊶ 家形山
㊷ 一切経山
㊸ 東吾妻山
㊹ 安達太良山
㊺ 大滝山
㊻ 安積アルプス
㊼ 高旗山
㊽ 笠ヶ森山
㊾ 甲子山
㊿ 三本槍岳
51 流石・大倉山
52 男鹿岳
53 荒海山
54 田代山
55 帝釈山
56 台倉高山
57 袴腰山

【青森県の分水嶺の山】

△水《みず》ケ《が》沢山《さわやま》（標高三二三メートル）

太平洋と日本海に分水する、大分水嶺の稜線が連なる奥羽山脈。その山並みは、東北地方を縦断する国内最長を誇る。その北端は、陸奥湾に突き出した夏泊《なつどまり》半島になる。夏泊半島は、下北半島と津軽半島に囲まれた陸奥湾を、青森湾と野辺地《のへじ》湾に分ける。夏泊半島の中央部にある水ケ沢山は一等三角点の山。半島の山の中では、標高が一番高い。ただ、水ケ沢山は奥羽山脈の始まりの山とは言っても、陸奥湾に突き出した半島の山はまだ標高は低く、里山の雰囲気が漂う地元の山に過ぎない。それだけに水ケ沢山の山頂からは、陸奥湾を囲む下北半島と津軽半島が望めるに違いない。

国土地理院地図によると、半島の付け根を横断する青い森鉄道の西平内《にしひらない》駅のある水ケ沢集落から、半島の山を越えて野辺地湾に抜ける林道が走っていることがわかる。この林道から半島中央にある電波反射塔の管理道路が分岐しており、地形図に水ケ沢山への登山道を示す印はないが、登山道はこの管理道から始まっているようだ。

問題は、林道の状況。国土地理院地形図は作成された後、長い間修正されることがなく、

【青森県の分水嶺の山】

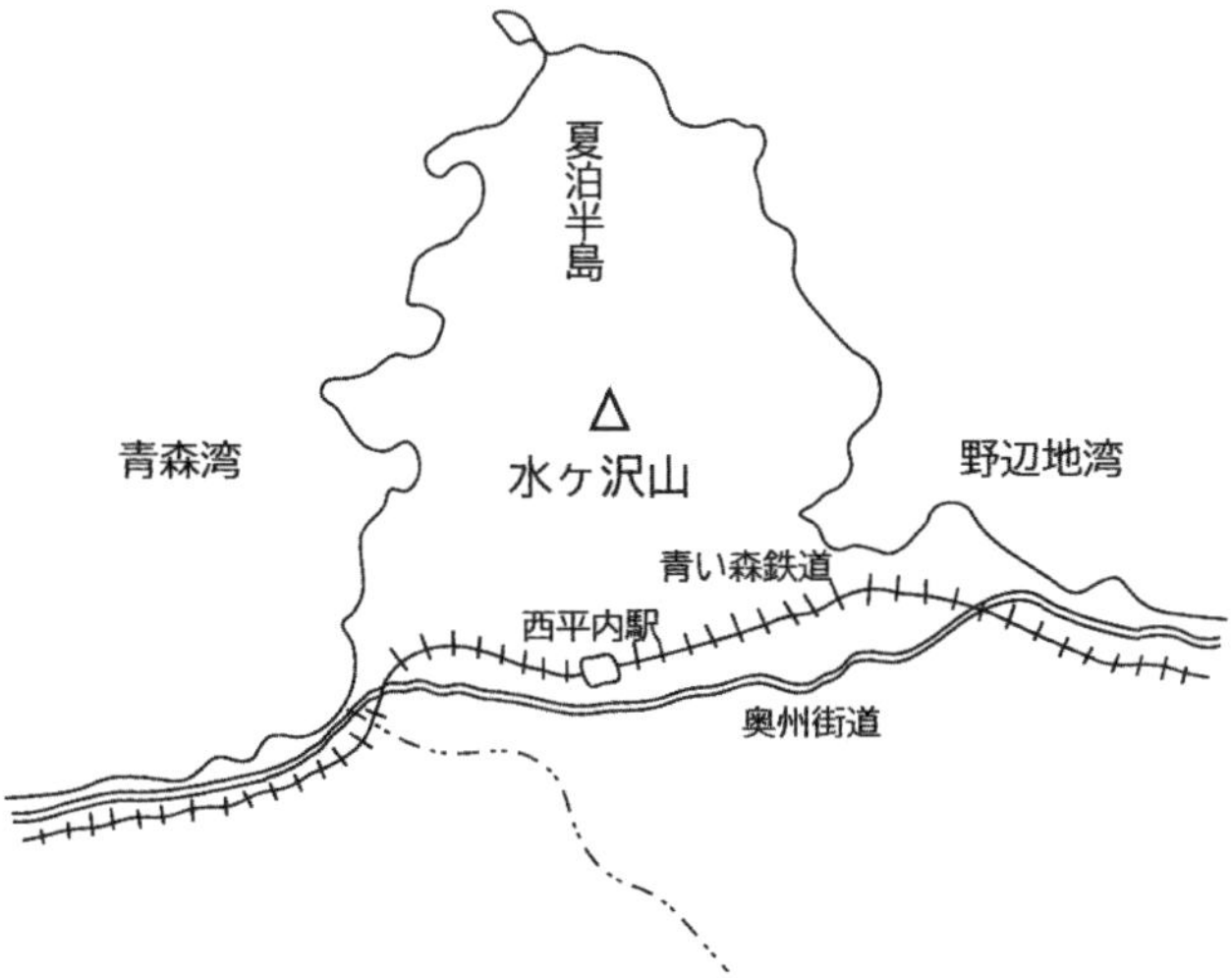

地形図を鵜呑みにすることは出来ない。

インターネットで検索してみても、僅かに積雪期の紹介があるだけ。そこで、地元の平内町役場に問い合わせてみた。

結果は、水ケ沢山はもとより、林道の所在もわからないとのこと。

一等三角点の山でも、水ケ沢山は極めつけのマイナーな低山。地元の人も登らない山のようだ。積雪期の登山記録を参考に、藪漕ぎ覚悟で夏泊半島を目指してみた。

青森県を東西に分ける夏泊半島は、東西の気象も分ける。半島東側の下北地方は、春から初夏にかけて北東からの冷たい山背に晒され、稲作には不向きな土地と伝えられる。なるほど、国道四号線で青森県に入ると、十和田市郊外に広がる耕作地に田圃はなく、植え付けが終わったばかりのニンニク畑が広がっていた。

ここまでの移動中に見ていた田植え風景だが、青森県内で苗代《なわしろ》作りが行われていたのは西平内集落の丘陵地に入ってからだった。

小高い山が山背を遮るのか、山に囲まれた僅かな田圃に代掻《しろか》き用の農耕機が、せわしなく泥田を動き回っていた。ひと月は遅い苗代作り風景の先に重なり合う小高い山の中に水ケ沢山もあるのだろうが、似通った低山が重なり、高圧線の鉄塔とも電波反射塔とも判断のつかない鉄塔が、スギ林に埋もれるように見えるだけだった。

電波反射塔の管理用道路は道幅が狭く、伸び出した小枝が車体をこすり、キイキイと音を立てる。車が轍《わだち》に大きく揺れながら標高を上げると、電波反射塔の駐車場脇に小さく水ケ沢山散策路と書かれた案内板があった。高度計を見ると、予測した標高一八〇メートルを表示していた。楽しみな景色までの標高差は一四〇メートル。見上げると、芽吹きだした雑木林の山肌はササに覆われ、踏み跡は不明瞭ながらも判別出来た。ササを掻き分け、ミズナラやイタヤカエデにヒノキといった木々に囲まれた踏み跡を三十分程登ると、刈り払いされた登山道らしき道に合流した。刈り払いされた下地に踏み跡はないが、青森湾に続いているようだ。この合流地から僅かな時間で、山頂に着いた。

山とは言っても、標高四〇〇メートルに満たない水ケ沢山は丘陵みたいな山。野芝に覆われた男鹿半島や津軽半島に生息する野生馬が草を食《は》む風景同様、夏泊半島も野芝に覆われているだろうと思い込んでいた。まして、一等三角点測量の山。山頂のイメージは、陸奥湾から吹く風に戯れ、若草を食む野生馬の姿だったが、一等三角点石柱が埋め込まれた山頂は木立と笹藪に囲まれ、期待した景色の広がりは得られなかった。僅かに梢の先に見える陸奥湾は曇り空に同化し、水面なのか薄曇りなのかさえわからない。

期待が大きかった分、落胆も大きい。踏み跡を覆っていたササの白粉で真っ白になった、濃紺のズボンが恨めしく感じる。

イメージした半島の雰囲気を求め、下山後半島の先端まで移動してみる。藪椿が自生する北限の半島先端は、波打ち際に沿って続く松並木に遊歩道が整備されていた。下北半島と津軽半島に囲まれた陸奥湾の波は穏やか。松並木の影を映した水面の先に、下北半島が浮かぶように横たわっていた。

夏泊半島は、溶岩が陸奥湾に流れ込んで出来た半島なのか。半島の波打ち際は、六方石《ろっぽうせき》に囲まれていた。その六方石の全てが、丘陵地から海岸に流れ落ちた縦状ではなく、鉛筆を横積みしたように重なり合っている。半島先端の夏泊岬の先にある大島は桟橋で繋がっているが、干潮時には歩いて渡れそうな浅瀬。島は樹木に覆われているが、この島も溶岩が流れて出来た島かもしれない。（二〇二二年五月）

△折紙山《おりがみやま》（標高九二二メートル）

奥羽山脈北端、夏泊半島の中央部にある水ケ沢山は藪に覆われた里山。奥羽山脈らしさを感じさせる山ではなかった。

その水ケ沢山から、青森市と平内町を分ける分水嶺の稜線を約二十五キロメートル南下すると、標高七三七メートルの三角点測量の大毛無山《おおけなしやま》がある。陸奥湾の水面から始まる奥羽山脈もここまでくると、低山とはいえ標高は高くなり、主稜線から分かれた枝尾根の奥に大分水嶺の山並みが望め、見慣れた奥羽山脈らしい景色が広がる。大毛無山は、折紙と大毛無山に挟まれた山間を走る「みちのく有料道路」の北側三キロメートル程の距

【青森県の分水嶺の山】

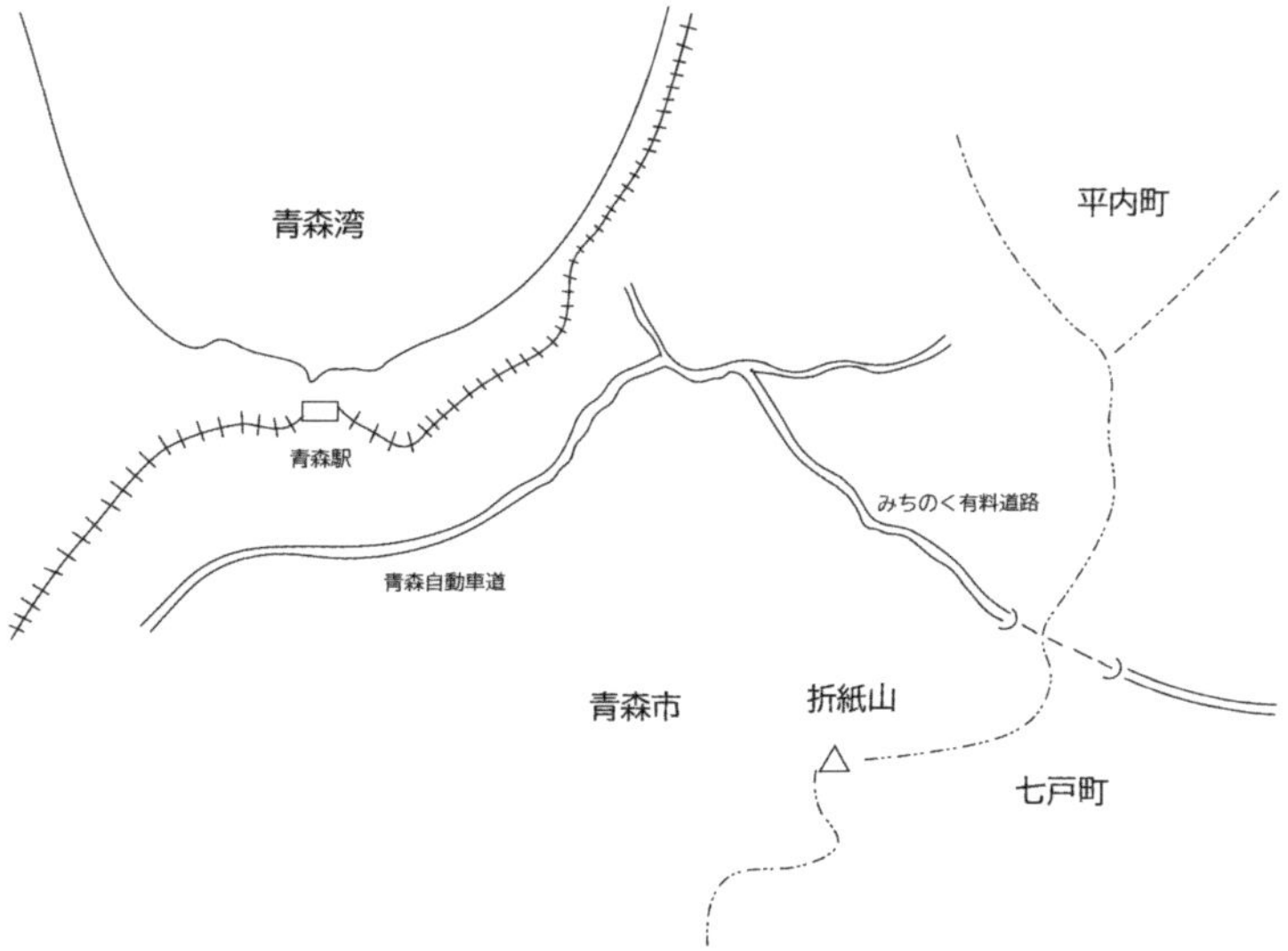

ある。

国土地理院地形図を見ると、登山道は大毛無山も折紙山もこの有料道路の料金ゲート近くに架かる「樺《かば》はぎ橋」の袂《たもと》から始まっている。二つの山の登山記録を調べると、二、三ある記録はどれもが積雪期の記録だった。例年にない積雪量に見舞われた東北の山も雪解けが進み、山は夏山シーズンに入るが、登山記録を見る限り、この辺りの山は雪解けとともにオフシーズンに入るのかもしれない。

青森市と十和田市を直接結ぶ「みちのく有料道路」に入っていくらも走らないうちに、道路は奥羽山脈からの枝尾根を避けるように曲がりくねり、深い沢に架かる橋を渡るたびに登り坂の傾斜が増してくる。有料道路管理事務所の職員に登山道について尋ねると、大毛無山は麓の神社が所有する民有地であり、登山道には崩落個所があって、立ち入り禁止だ。「折紙山は道迷いする人が多く、クマも生息しているから……」と言葉を濁す。

大分水嶺の奥羽山脈の探訪を始める以前から何度も藪に遮られ、クマの足跡も糞も見ているが、人を見下したような訛り交じりの話し振りはどこの藪より深く感じる。雪解け水より冷たく、気持ちが弱くなる。

折紙山の登山標高差は六三〇メートル。水平距離が約三キロメートル。一方、大毛無山の標高差は五六〇メートル。水平距離が四キロメートル弱。どちらの山も、山頂までの所要時間は三時間強。往復五時間程度の山歩きは、自分の脚力に合わせた時間で、無理のない読み。だが、登山道に崩落個所があり、民有地で立ち入り禁止と聞いた以上、大毛無山は諦めるしかない。

みちのく有料道路の樺はぎ橋アンダーパスを通り、野内川《のないがわ》に架かる橋を渡ると、野内川沿いに走る作業道に出る。切り出された桧《ひのき》の原木が山積されていた。雪が降る前に切り出されたのだろう。

折紙山の裾野を流れる野内川は雪解け水で増水しているのか、豊富な水量が音を立てて流れている。作業道の先はまだまだ残雪に覆われているのだろうが、ニリンソウの花に埋もれた山裾と野内川の流れに、青森県にも春が来たと感じる。林道の奥から犬を連れた二人の男性が下ってきた。話をすると、青森市内で居酒屋を経営していて、お通しにする山菜を採りに来たとのことだった。青森は銘柄関係なく日本酒が旨いですねと言うと、「うんだべ！」と頬を緩めた。

陸奥湾に注ぐ野内川に対し、大分水嶺稜線の南側は、三沢市の小川原湖《おがわらこ》に流れ込んだ後、太平洋に注ぐ高瀬川支流の大坪川の源頭部。

奥羽山脈の大分水嶺の多くが東西に分水する中で、折紙山は南北に分水する。隣県と接しない折紙山だが、枝尾根と沢が複雑に入り組んでいるのだろう。

野内川に流れ込む枝沢を三度ほど渡ると、作業道は葉を広げたフキに飲み込まれるように消え、地形図に記された登山ルート尾根の末端になる。地形図の等高線間隔からは予想出来ない急峻な尾根は、雪解け間もないのか、藪に覆われた斜面は雪解けとともに削られた地肌がむき出している。湿り気を帯びた地肌のすべてが踏み跡のように見え、右に左に移動するが、どの斜面もコテで均した後のようで滑りやすく、一歩一歩の踏ん張りに力が入り、思いのほか疲れる。そんな登りが、地肌が笹藪に飲み込まれるまで続く。

キツイ登りから解放されたのは、標高七二二メートルの測量点。ここまでの所要時間は三時間。予想の倍の時間がかかった。

雪の重みに折れた木々によって開けた北側斜面に、大毛無山と三角山《さんかくやま》が望めた。この景色を眺めながら一服。山頂までの時間を読みなおす。山頂までの標高差は残り二〇〇メートル。距離は一・四キロメートル程だが、予想の所要時間をオーバーするのは確実。硬く締まった残雪に野生動物の足跡はもとより、自分の足跡も残らない。変化のない周りの景色と斜面を覆う藪とブナ林で、登ってきたルートを見失う確率も高いだろう。有料道路職員が話していた、道迷いが多いとの話がよみがえる。

春セミが軽やかに羽を震わせる音が、ブナ林に広がる。登ったルートを忠実に下るが、登ってきた枝尾根への分岐を見失う。むやみに歩き回って見つかるでもなく、コンパスの示す方向と、僅かに残った作業道の轍を頼りに標高を下げるが、隙間なく茂る親指大の太さの灌木が邪魔をする。この灌木を掻き分けながらの下山は、登り以上の汗が滴り落ちる。鬱陶しい灌木の根元に緑鮮やかなウドを目にするが、採取するだけの余裕がない。

まさに折紙山は、折り紙を折って立てたような山だった。（二〇二一年五月）

△八甲田大岳《はっこうだおおだけ》（標高一五八五メートル）

偶然だが、岩木山《いわきさん》神社の秋の祭礼日にぶつかった。コロナ禍で規模を縮小した祭礼とのことで、祭りを祝う人影は疎らだった。それでも境内に立ち並ぶ色とりどりの幟旗が岩木山からの風に揺れ、雰囲気を醸し出している。例年と違い寂しい祭りのようだが、岩木山の登山口の一つ、標高一二三六メートルの岩木山スカイライン終点の駐車場は、岩木山神社奥の院へ参拝する人で賑わっていた。

この登山口から標高一六二五メートルの山頂までの標高差は四〇〇メートル。登山道は噴火岩が折り重なる砂礫の道だが、僅かな時間で青森県の最高峰、岩木山頂の奥の院に着く。

この日の岩木山頂は冷たい雲が流れ、裾野に広がるリンゴ畑も、八甲田山塊から流れ出し日本海に注ぐ岩木川も、五能線が走る海岸線も望むことが出来なかった。奥の院でお札を頂いた参拝者もそそくさと山を下って行く。明日の八甲田山を控えた我々も早々に下山する。津軽平野の独立峰は西風に晒され、寒かった。

岩木山頂での冷たい風が収まり、酸ヶ湯《すかゆ》温泉の駐車場から見上げる八甲田大岳は青空の

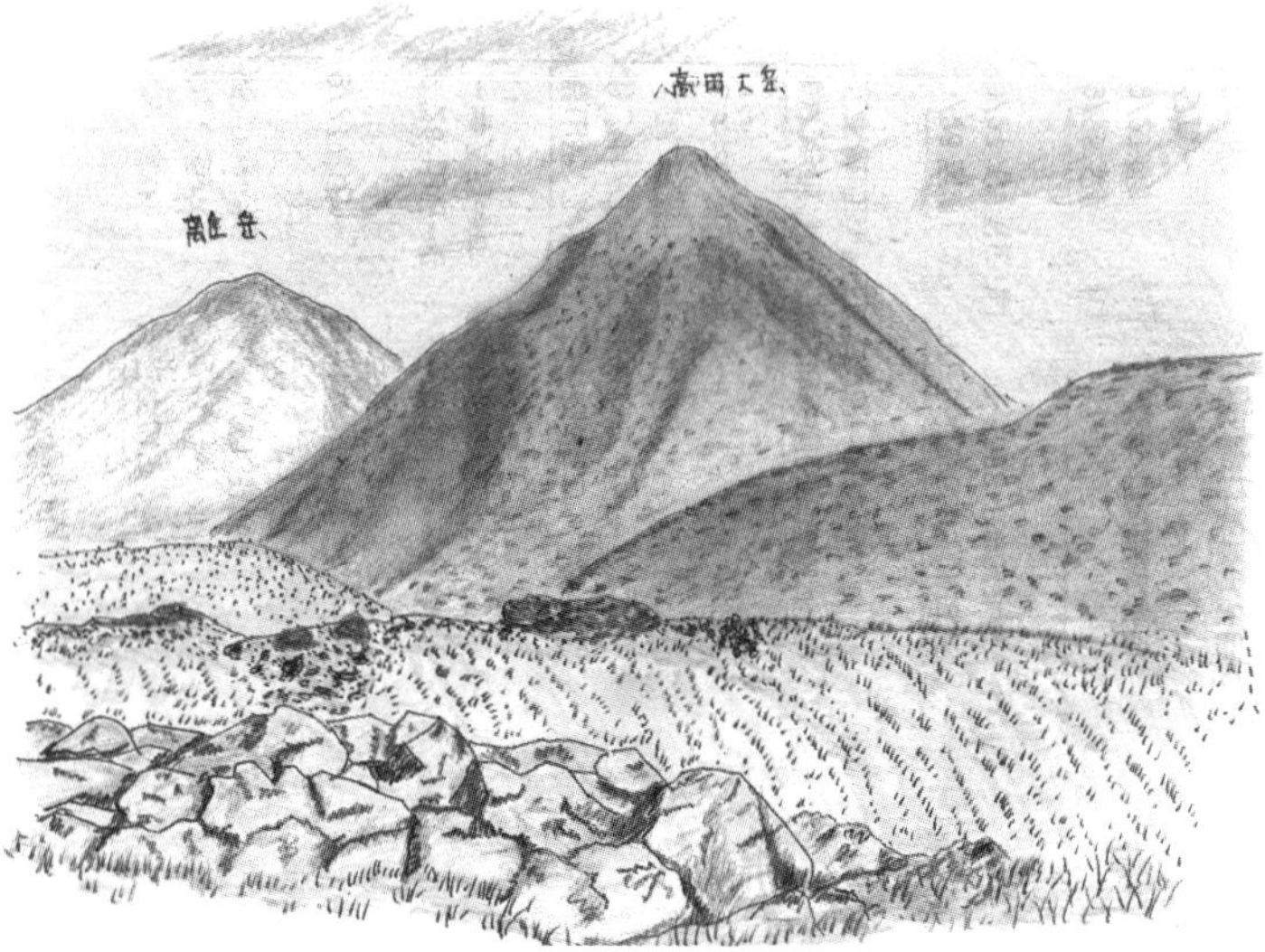
高田大岳
雛岳

青森市
七戸町
八甲田大岳
雛岳
酸ヶ湯温泉
高田大岳
黒森
十和田市

【青森県の分水嶺の山】


中にあった。流れる雲もなく、昨日の冷たい風が嘘のような上天気。クライアントが朝もやの残る空と、初めての八甲田大岳を目に言葉をなくし、思い出したかのようにカメラを向けている。八甲田山域は、陸奥湾を青森湾と野辺地湾に二分する夏泊半島の丘陵から始まる奥羽山脈最初の、大きな山塊だ。

十和田八幡平《とわだはちまんたい》国立公園の八甲田山塊は、最高峰の八甲田大岳を中心とした北八甲田域と十和田湖のある南八甲田域に分け、大分水嶺の稜線は南北八甲田地域を走った後、秋田県境を走り、岩手県に向かう。

青森県を東西に分ける八甲田山域は十七の山からなり、四方に広げる裾野は青森県を津軽地方と下北地方に分け、気象も文化も違うものにする。山々の大半は、標高一三〇〇メートル前後の低山の連なりだが、山裾はアオモリトドマツの原生林に覆われている。その原生林に上空を漂う雲が影を落とし、原生林の沢筋も尾根も濃淡の影を走らせ、どの沢が分水嶺の沢なのか判別出来ない。

明治三十五年一月。旧日本陸軍青森第五歩兵連隊の二一〇名が、北八甲田山域で雪中行軍の訓練を行った時、狂ったような猛吹雪にルートを見失い、現在地もわからなくなり遭難した。この遭難により一九九名が死亡した。八甲田山域は低山の集まりだが、冬期間は容易に登れる山域ではない。ちなみに、北海道の旭川市で、その当時の国内の最低気温（マイナス四十一度）を記録した日は、二一〇名が遭難した日だった。

前日と打って変わった穏やかな天気に心が緩んだのか、クライアントの一人が青森県出身歌手の歌を口ずさみ、草紅葉が始まった下毛無岱《しもけなしたい》をそよぐ風に歌声が流れる。下毛無岱を取り囲む山並みの北端の山は、八甲田ロープウエイ山頂駅のある田茂萢岳《たもやちだけ》（一三二四メートル）。この山の東側を流れる駒込川《こまごめがわ》は、八甲田山塊を南に半周ほど遡った先にある高田大岳《たかだおおだけ》（一五五九メートル）と雛岳《ひなだけ》（一二四〇メートル）の鞍部から流れ出し、青森湾に注ぐ。この駒込川と田茂萢岳に挟まれた場所に、一九九名が次々と倒れた遭難碑がある。

東への流れは、黒森（一〇二三メートル）の東斜面に発生した幾筋かの沢から流れ出し、熊ノ沢川となり奥入瀬川《おいらせがわ》に合流した後、八戸市内から太平洋に注ぐ。

青森県の中央部にある八甲田山系最高峰の八甲田大岳は、北八甲田山域中央にあるが、大分水嶺の稜線から僅かに外れている。

山頂から見る北八甲田の幾重にも折り重なる山並みの中、大分水嶺の高田大岳がある。その姿は端正そのもの。均整の取れた高田大岳は北八甲田山塊のランドマーク。目立つことこの上ない。北八甲田の大分水嶺の稜線は、高田大岳から八甲田大岳を繋ぐ稜線を通り、仙人岱《せんにんたい》ヒュッテ分岐から硫黄岳《いおうだけ》を経由して傘松峠《かさまつとうげ》に至る。山塊は、傘松峠を境に北八甲田と南八甲田に分かれる。（二〇二〇年九月）

△駒《こま》ヶ峯《がみね》（標高一四一六メートル）と傘松峠《かさまつとうげ》

八甲田山塊は、八甲田大岳を中心とした北八甲田山域と、十和田湖を中心とした南八甲田山域に分かれる。その分岐が、国道一〇三号線（八甲田・十和田ゴールドライン）の傘松峠。

標高一〇二〇メートルの傘松峠は、ゴールドラインルート上の最高地の大分水嶺の峠。この峠を境に北側の水源は青森湾に流れ、南側は太平洋に流れる。どちらの流れも、大量に降り積もった雪解け水が溜まった湿原が水源。傘松峠に広がる湿原は遊歩道で繋がり、雪解けが進むと山野草の花を楽しむハイカーで、峠は賑わう。

峠を横断した大分水嶺の稜線は駒ケ峯に向かった後、駒ケ峯から十和田市と平川市境を南に走り、十和田湖北岸の御鼻部山《おはなべやま》（峠）まで続く。駒ケ峯から南に向きを変えた大分水嶺稜線は、東西にたおやかに広がる台地状の稜線。この稜線に起伏はなく、分水する沢や谷は背丈ほどの灌木に覆われ大分水嶺を感じさせる流れは見えない。しかし、地形図を見ると台地東側には一五〇メートル程切れ込んだ沢が流れる。沢は奥入瀬川支流の黄瀬川《おうせがわ》の源頭部。台地西側は、一〇〇メートル程切れ込んだ下に岩木川支流の浅瀬石川《あせいしがわ》源流の田堰《たせき》沢《さわ》が流れる。東西どちらの流れも、駒ケ峯の山頂直下に点在する湿原から滲みだした雪解け水で始まる。まさしく駒ケ峯は大分水嶺の山。日本海と太平洋に分水するだけでなく、

駒ヶ峯

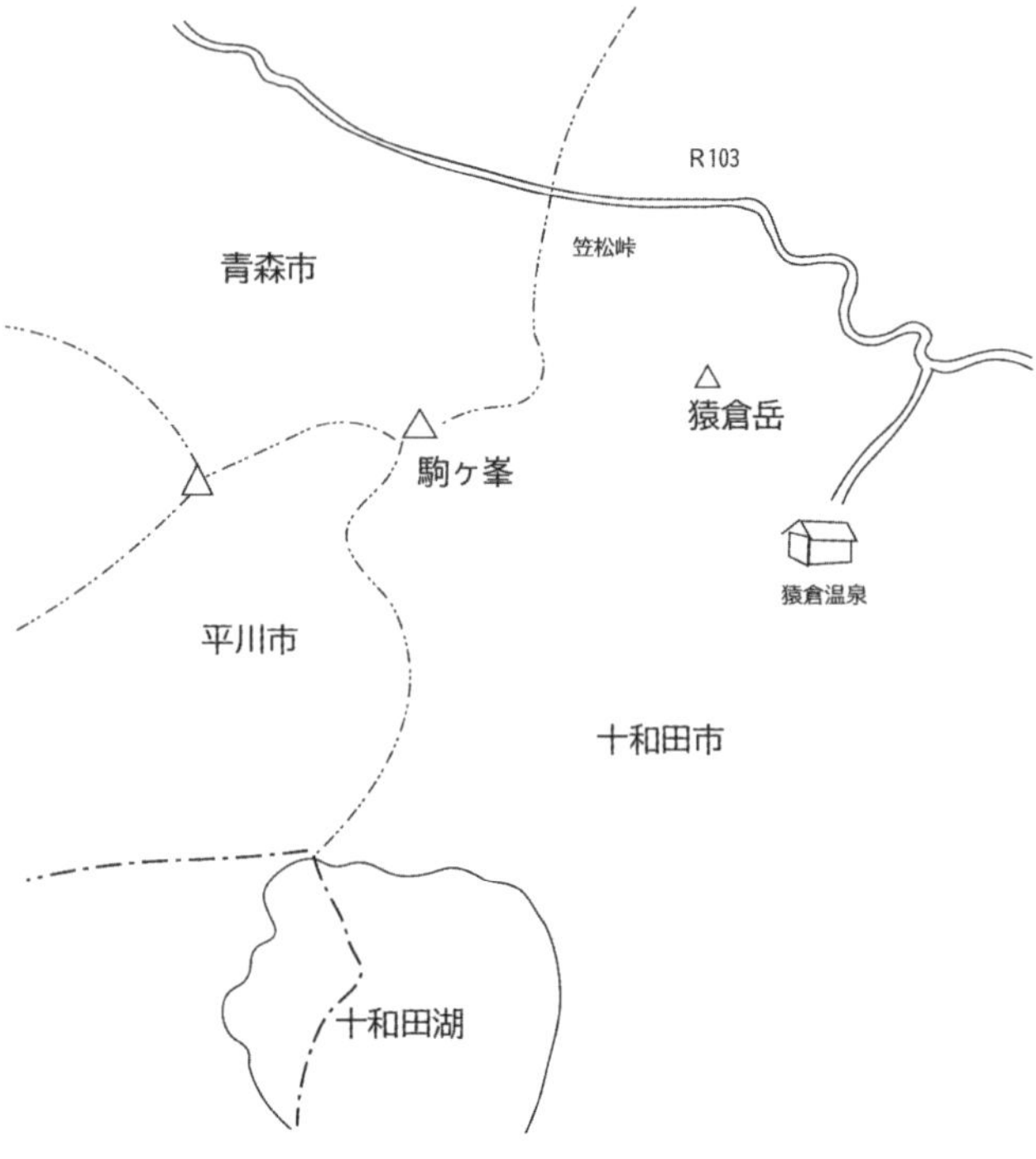
R103
笠松峠
青森市
猿倉岳
駒ヶ峯
猿倉温泉
平川市
十和田市
十和田湖

【青森県の分水嶺の山】

駒ケ峰北斜面から流れ出す水は、青森湾に注ぐ。

この駒ケ峯から東に走る尾根続きの猿倉岳《さるくらだけ》があり、その裾野にある猿倉温泉が登山口になる。江戸時代には小さな温泉小屋があったと伝わる古い猿倉温泉は、今も森に隠れるように一軒だけの山中の秘湯。猿倉の由来は諸説あるが、アイヌ言葉の「サロクラ（猿が入る温泉）」が訛って猿倉になったと伝えられる。登山口に佇む二体の石仏は猿倉温泉の守り神。石仏には薬師如来と刻まれていた。この石仏を過ぎると、ルートは二手に分かれる。一本は、猿倉温泉前を流れる猿倉川の対岸に走る尾根伝いに登り、猿倉岳を経由して駒ケ峰に至る稜線ルート。しかし、近年このルートを利用する登山者がなく、登山道は藪に覆われ、踏み跡も定かでないようだ。

もう一本の登山道は、旧県道ルートと呼ばれるルート。このルートは山頂までの距離が八キロメートル以上と長く、登山口の案内板には上級者向けと表示されているが、距離が長いだけの一般的なルートだった。今では登山道となった旧県道は、昭和初期に発生した大凶作に大恐慌が重なり、疲弊した農家の救農土木事業として青森県が開削した車道跡。道路は、昭和九年の着工から三年かけて完成したが、戦時下と重なり一台の車も走ることがなかったと伝えられる。その荒れ果てた道路は終戦後も使用されることなく、幻の県道と呼ばれる。

猿倉温泉の登山口から駒ケ峰までの標高差は五〇〇メートル。一キロ歩いて六十メートルの上りは、当時の車の走力を考慮した勾配なのだろう。たおやかな登山道が駒ケ峯基部まで続く。猿倉温泉登山口に立つのは二回目。五月に来た前回は、登山口は深い残雪に覆われ、登山口に立つ石仏も、猿倉川を渡る分岐も、幻の県道も、踏み跡のない雪に埋もれていた。登山道に覆いかぶさる鬱陶しい笹竹が残雪に埋もれ、硬く締まった雪面は歩きやすいだろうとの思いで来てみたが、ルート未経験者にとって残雪豊富な南八甲田の山々は、登山時期ではなかった。

今年の梅雨明けは例年より早く、六月には夏を思わせる高温の日が続いたが、七月中旬から八月上旬にかけ、連日のように前線が列島を横断し、梅雨が戻ったような天候が続いた。東北六県も豪雨に見舞われ、災害が発生した。週間予報天気図と山の天気をチェックする日が続いた。高気圧の勢力圏内に列島が覆われ、三日間は晴れると確信したのは八月下旬。台風シーズンを迎える前、残っている青森県の大分水嶺の山に出かけてみた。その最初の山が駒ケ峯。

猿倉温泉に着いた日の夕方、二人の登山者が下山してきた。駒ケ峯の東側にある乗鞍岳《のりくらだけ》から、残雪の時期しか歩けない斜面を下山してきたという二人にルートの情報を聞くと、ルート付近にクマの心配はないが、登山道がぬかるんでいるので長靴が良いとのアドバイス。挨拶しても返事もしない人が多い昨今、情報の中身以上にありがたみを感じ、明日の登山が楽しみになる。

歩き出して間もなく、旧県道の名残が目に付く。道幅の広い旧道は、日差しを浴びて背を伸ばした灌木と、茂る下草越しに苔《こけ》むした石積が途切れることなく矢櫃橋《やびつばし》跡まで続いていた。平成十一年に崩壊した矢櫃橋は、半ば岩に埋もれた橋台が残っているだけ。その橋台からむき出した鉄筋は折れ曲がり、岩の色に同化するように赤錆びていた。この鉄筋を目にしなかったら、この沢にコンクリートの橋があったとはわからなかっただろう。この沢を境にして、幻の県道は背丈の低い灌木に覆われ、登山道らしい道になった。

お盆が過ぎ、吹く風に秋のにおいを感じる南八甲田の山々。登山道にはアザミの赤紫色とゴマナの白い花が風に揺れ、足元には大文字草が沢山の花を咲かせている。秋色に染まり出した湿原の先に、葛飾北斎の富嶽百景の一作「凱風快晴」のような端麗な姿の高田大岳が青空に囲まれている。高田大岳はどこから見ても見間違うことのない無防備な姿を見せている。

この日、山で会った人は二人。いずれも単独登山者。その一人は、登山時間を競っているのか、挨拶しても返事はなかった。下山時に会ったもう一人は、年恰好が似ているからか、それとも長い登りに一息つける切っ掛けなのか、先方から話しかけてきた。このひと時は、僅かな時間でも登山の楽しみの一つだ。定年後に登山を始め、七十歳までに東北百名山の踏破を目標にしていると微笑む。

郡山から来たと話すと、勇気を得たのか、顔が一層輝き出した。（二〇二二年八月）

【青森・秋田県境の分水嶺】

△岩岳《いわだけ》（標高八八〇メートル）と発荷峠《はっかとうげ》（標高六三一メートル）

アイヌ言葉のト・ワタラ「岩に囲まれた湖」が変化した十和田湖は、標高一〇〇〇メートル前後の外輪山に守られ、波も立てずひっそりと佇んでいた。その姿は、春スキーで賑わう、北八甲田の山々と違って、眠りから目覚めていないようだ。

十和田湖を囲む外輪山の西側は、青森県と秋田県を分ける大分水嶺の稜線。稜線から西に分水する流れは、日本海に流れる岩木川支流の浅瀬石川の源頭部の一つ。東側の流れは、十和田湖に集まった後、奥入瀬渓谷を流れ下り、太平洋に至る。その外輪山の秋田・青森県境に、十和田湖を見下ろすように岩岳がある。

県境稜線の外輪山は、湖東側外輪山にある十和田山（一〇五四メートル）・十和利山《とわりさん》（九九一メートル）・戸来岳《へらいだけ》（一一五九メートル）の十和田三山より標高は低いが、標高四〇〇メートルの十和田湖の水面に、標高差五〇〇メートル前後の断崖が覆いかぶさるように迫り、西側外輪山は急峻そのもの。いつ、だれと来たのかすっかり忘れた十和田湖の記憶は、高村光太郎作の乙女の像の記憶だけ。それだけに、西側外輪山の中でも標高の高い

【青森・秋田県境の分水嶺】

岩岳

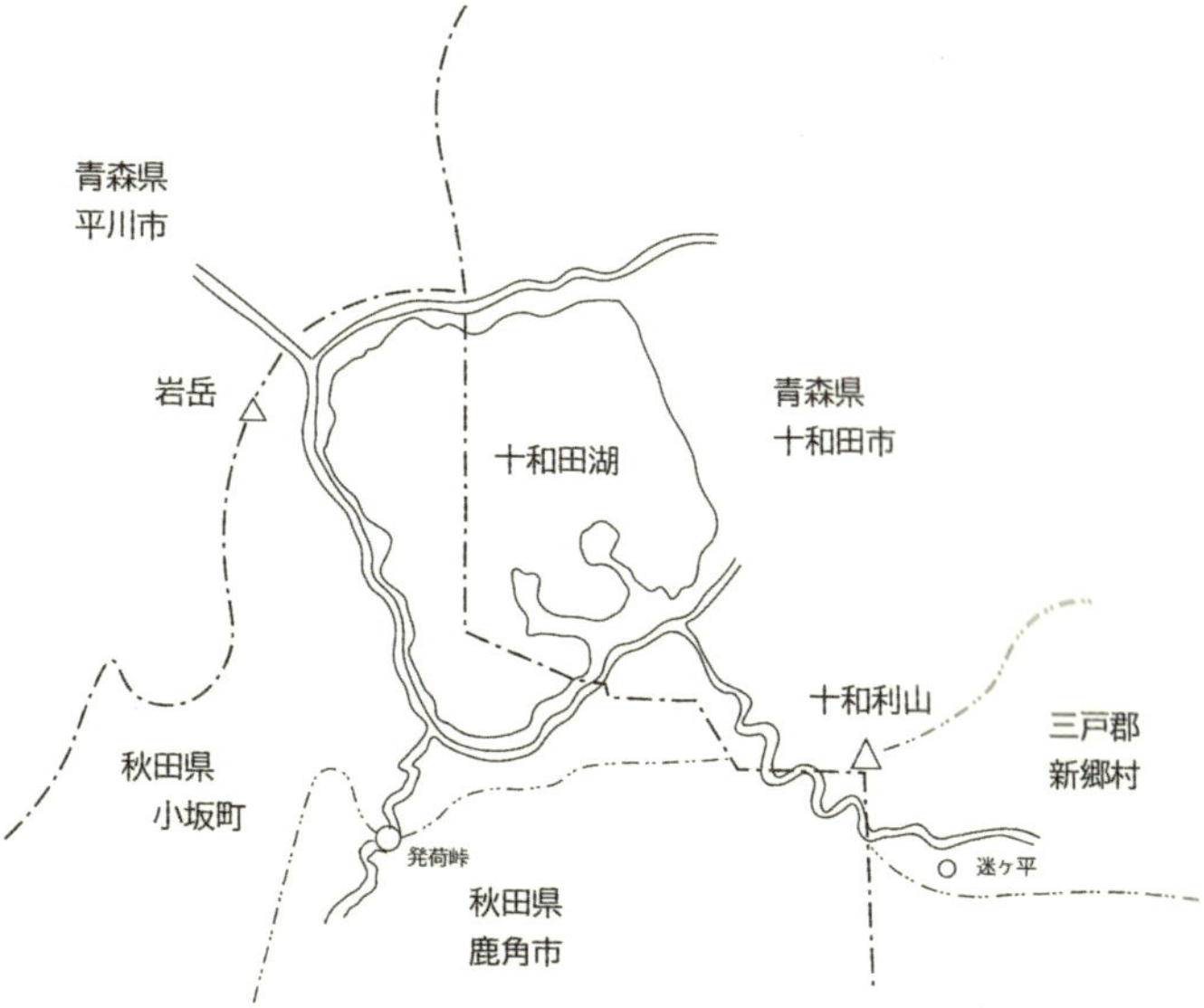

岩岳から眺める十和田湖の眺望は楽しみだった。

　芽吹きが始まると気がもめ、待ちきれないのか、曲がり竹目当てのおばさん二人が大音響のラジオを傍らに、密集した笹竹の中でゴソゴソと動き回っていた。山は目覚めたばかり、収穫は芳しくないようだ。そのおばさんに、郡山から来たと答えると、クマに出会ったかのように、目を丸くしていた。

　十和田湖北側、国道一〇二号線の滝ノ沢《たきのさわ》峠から岩岳へ向かう外輪山の周回コースは、観光地らしく整備された登山道から始まった。やがて期待の景色を焦らすように、背丈を超す笹竹に覆われ、登山道は行く手を塞がれた。この藪が県境なのか、両県とも藪を刈るのは越境行為と思い刈り残したのかわからないが、問題は藪に踏み入る場所だ。行き止まりになった登山道の左右に、色付きのテープが括られていた。道印だろうが、どちらの藪に踏み込んでも藪は深くなるばかりで行ったり来たりを繰り返す。たまらず空を仰ぐと、一本の細いロープが藪の上に張られていた。もしやと思いながら頭上のロープに従って、竹藪を掻き分け踏み入る。

　大分水嶺の奥羽山脈は、北上するにつれ藪に覆われた山が多くなる。進む方向を示す色付きテープは古く、色あせたものが多い中にあって、地元山岳会が取り付けたと思われる頭上のロープは素晴らしい。色あせたテープは、タケノコ採取の道迷い防止かもしれない。頭上のロープから一時間。眺望を期待した岩岳山頂も笹藪に囲まれていた。山頂表示板がブナの小枝に括り付けられていなかったら、ササの枯葉に隠れた三角点測量の石柱も見落とすだろう。

期待した十和田湖も東外輪山の眺望は得られなかったが、登山道の傍らに咲いたサンカヨウやカタバミの白い花。頭上に張られたロープは、思い出に残るに違いない。分水嶺の西側稜線は湖に沿ってさらに南下し、元山峠《もとやまとうげ》・鉛山峠《なまりやまとうげ》を経て、発荷峠へ続く。

発荷峠は昭和五十七年に発刊された『日本百名峠』（井出孫六著）の一つ。

峠はその昔「薄荷」峠と表記されていた。峠付近がハッカの自生地だったことと、地元で「ハッカ」はガケ坂を意味することに由来する。それが一七一八年、岩岳の南側にある鉛山付近で銀鉱が発見されると、「薄荷」では荷が薄く縁起が悪いとのことから、多くの鉱石を積んだ馬が出発する意味を込め、「発荷」になったと伝わる。

発荷峠は、二度の爆発によって陥没した複式火口の十和田湖の西外輪山にあり、大分水嶺の峠。峠を境に東側斜面から流れ出した水を集めた十和田湖は、奥入瀬渓流を作り、太平洋に流れる。西側斜面は、日本海に流れる米代川《よねしろがわ》支流の大湯川《おおゆがわ》が流れ出す。

峠は十和田観光の南の入り口。峠にある展望台から眺める十和田湖の水面は御倉《おぐら》半島の影を映し、鏡のような紺碧の水面に濃淡を作っている。対岸には、十和田山を中心に戸来岳・十和利山と続く東側外輪山が望め、岩岳山頂で期待した眺望が広がる。

十和田湖周辺が最も賑わうのは紅葉の季節だが、木々の梢が淡い薄緑色に染まるこの季

節もよいものだ。静寂で、僅かに吹き抜ける風に新緑の香りが混じり、森の生命力を感じる。（二〇二二年五月）

△十和利山《とわりさん》（標高九九一メートル）

一九三六年二月、国立公園に指定された十和田八幡平国立公園の十和田地区にある十和利山は、十和田湖を囲む外輪山の東南側にあり、青森県と秋田県に跨がる県境の山だ。戸来岳・十和田山とは稜線続きで十和田三山と呼ばれる十和利山は、三山の中で標高は低く、一〇〇〇メートルに満たない。

しかし、十和利山は大分水嶺の山。十和田三山を繋ぐ稜線西側から流れ出る水はすべて太平洋に流れる。対して、十和利山からの流れは、南西側斜面の水は大湯川を作り、米代川に合流した後、秋田県を横断して日本海。東斜面は、五戸川《ごのへがわ》の源頭部。流れは蛇行しながら、八戸市から太平洋に注ぐ。

夏泊半島から始まった大分水嶺の稜線は、十和田湖北岸から西側外輪山を反時計回りに半周し、対岸にある十和利山から南に向きを変える。十和利山に登るルートは、十和田湖東側湖畔から十和田山に登り、戸来岳を経由する縦走コースと、十和利山南麓に広がる迷ケ平《まよがたい》自然キャンプ場登山口からの二か所。どちらから登るにしても、東北自動車道十和

【青森・秋田県境の分水嶺】

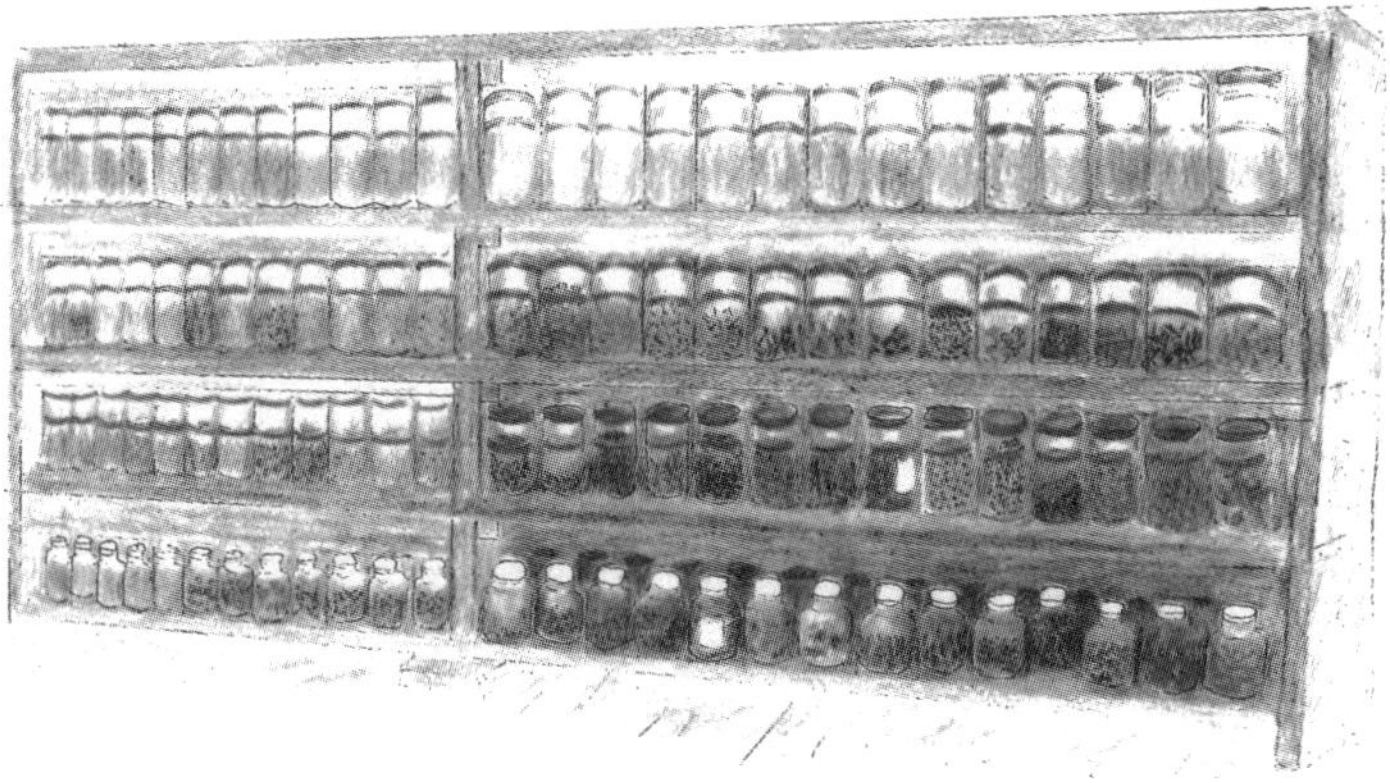

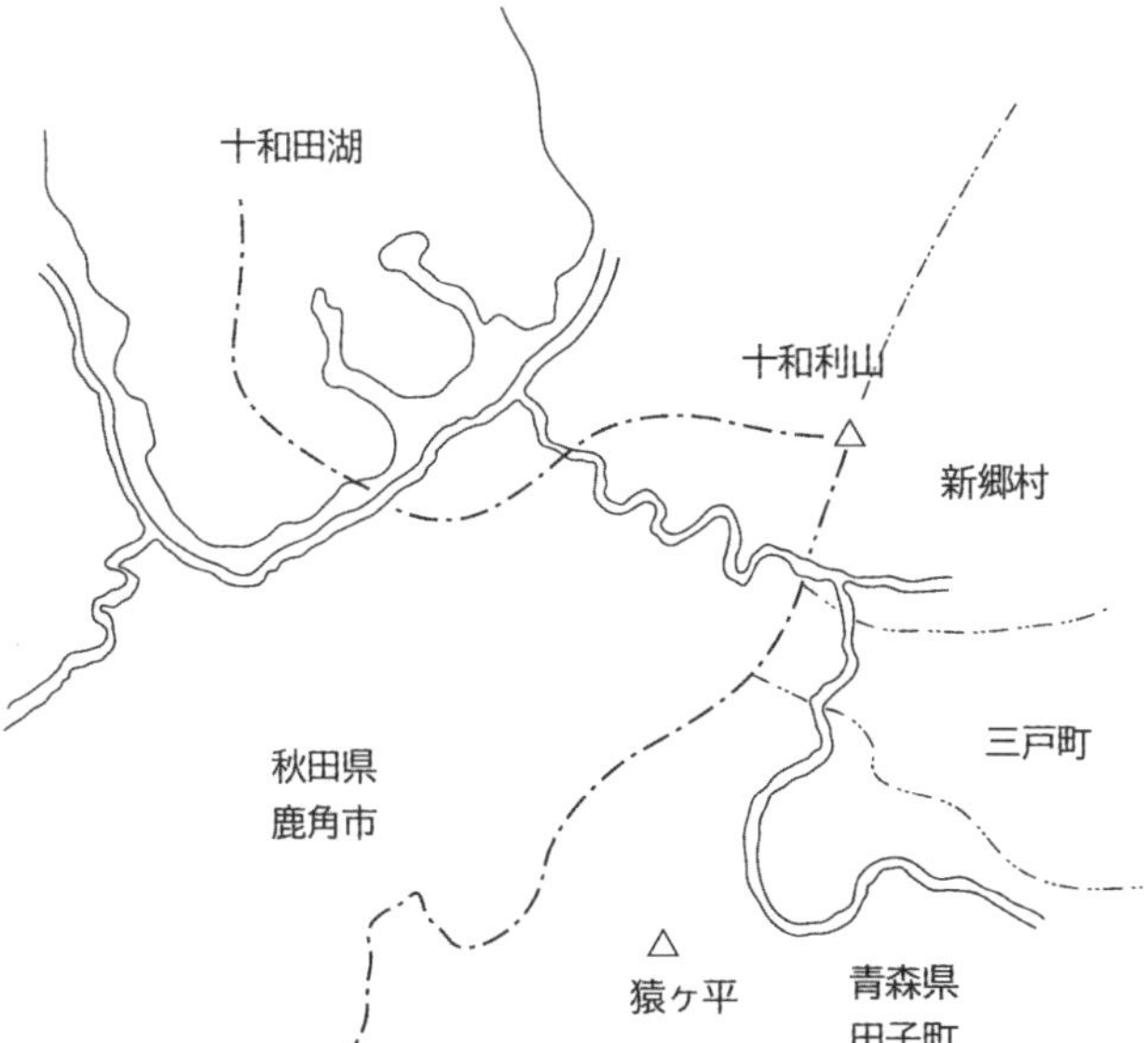

田インターから、大湯川に沿って走る国道一〇三号線を走り、十和田湖に向かう。

大湯川に沿って走る観光道路は道幅も広く、大湯川渓谷を眺めながらのドライブは楽しいが、十和田湖が近くなると道路は急峻な峠道に変わる。その急峻な峠道が、青森・秋田県境まで続き、登山口の迷ヶ平までは、距離以上に遠く感じる。峠道が迷ヶ平に近くなると、道路沿いの笹藪に「登山禁止」と書かれた立て看板が目立つ。その看板に「熊と鉢合わせの事故が多く、救助費用が負担になっている」と書かれ、プレッシャーを感じる。

そのプレッシャーを、迷ヶ平キャンプ場が解消させる。木立に囲まれたキャンプ場は、曇り空の下でも明るく、迷ヶ平から浮かぶイメージはない。道路脇の立て看板に書かれた登山禁止は、「クマに注意」に変わっている。広場にある一軒の食堂の外壁に、迷ヶ平の説明が青森訛りで書かれてあった。それによると、迷ヶ平一帯は白神山地《しらかみさんち》に勝るブナの原生林が広がっていたが、戦時下になると一帯のブナは切り倒され、兵器を作るために鉄を溶かす溶鉱炉の燃料にされたと書いてあった。森が豊かだった証だろうか、食堂に入ると壁一面に造られた四段棚に、木の芽や実を焼酎に漬け込んだ瓶が並んでいた。店一押しと思われる味噌餅を食べながら、棚に並んだ焼酎の味を聞くと、焼酎は、ひい爺さん時代のもので、何が漬けられているかわからない。毒かもしれないので、飲んだことはないと笑う。

十和田湖畔から青森市に抜ける樹海ライン（国道一〇三号線）は広大なブナの森に囲ま

れ、その美しさはため息が出る程。だが、林を埋めるブナの木すべてが、太さも樹高も似通っている。

息を呑むようなブナの森は、戦時に切り倒されたブナ林を再生した、二次林なのだろう。迷ヶ平の説明を読まなかったら、美しいブナの森の背景に思いを寄せることはなかっただろう。

そんなことを思いながら登山道に入ると、ブナの切り出しに使われた作業道跡なのか、広い道幅の登山道が続いている。

ギリシャで買ったカウベルの「ガラ～ン、カラ～ン」と高く低く鳴る音が森に響き渡る。聞きなれない音に警戒してか、小鳥の囀《さえず》りは消え、クマの気配さえ感じなくなった。気が緩んだのか、それまで気づかなかった甘い香りが森に漂っていた。

香りの元を探すように周りを見渡すと、森は大人四人で囲んでも足りないくらいの桂の巨木が占拠していた。名残のブナは遠慮がちに、痩せた姿でポツン、ポツンと見せるだけ。

山頂までの標高差は三〇〇メートル強。水平距離も三キロメートル弱。約一時間強の山頂は十和田湖の絶景ポイントとある。

その景色は低く垂れこめた雲によって得られなかった。それだけに、山の歴史が思い出に残る。（二〇二一年八月）

△猿《さる》ケ平《がたい》（標高六七九メートル）

十和利山から迷ヶ平キャンプ場に下山すると、雨天撤退に雨無しのたとえのように、山頂を覆った雲は流れ青空が広がり始めた。

キャンプ場から田子町《たっこまち》に向かう県道二十一号線（田子十和田線）は、十和利山から南に向かい、秋田・青森県境の分水嶺に沿って走る。

国有林の森に囲まれた県道が、放牧場に差しかかると一気に視界が広がる。放牧場は県道を挟む小高い山並みの稜線まで広がっている。

が、牛の姿は見えなかった。伸びきった牧草に覆われた広い牧場のあちらこちらに冬期間用の餌の残りだろうか、刈り取った牧草をロール状に丸め込んだ白いビニールの俵が、無造作に転がっている。

牧歌的な風景の先、風にそよぐ刈り残った牧草に溶け込むように横たわった猿ケ平が見える。丘陵地が広がる風景から分水嶺を感じるものはないが、道路は青森・秋田県境に沿って走る。道路を挟んだ西側は、日本海に流れる米代川支流の大湯川。東側は八戸港から太平洋に流れ込む馬淵川《まべちがわ》支流が流れ出す源頭部。

猿ケ平は国土地理院が測量した三等三角点の山。放牧場に登山ルートを示す破線が山頂まで示してあるが、膝高に伸びた牧草に覆われた放牧場は、牛の踏み跡さえなかった。遠

【青森・秋田県境の分水嶺】

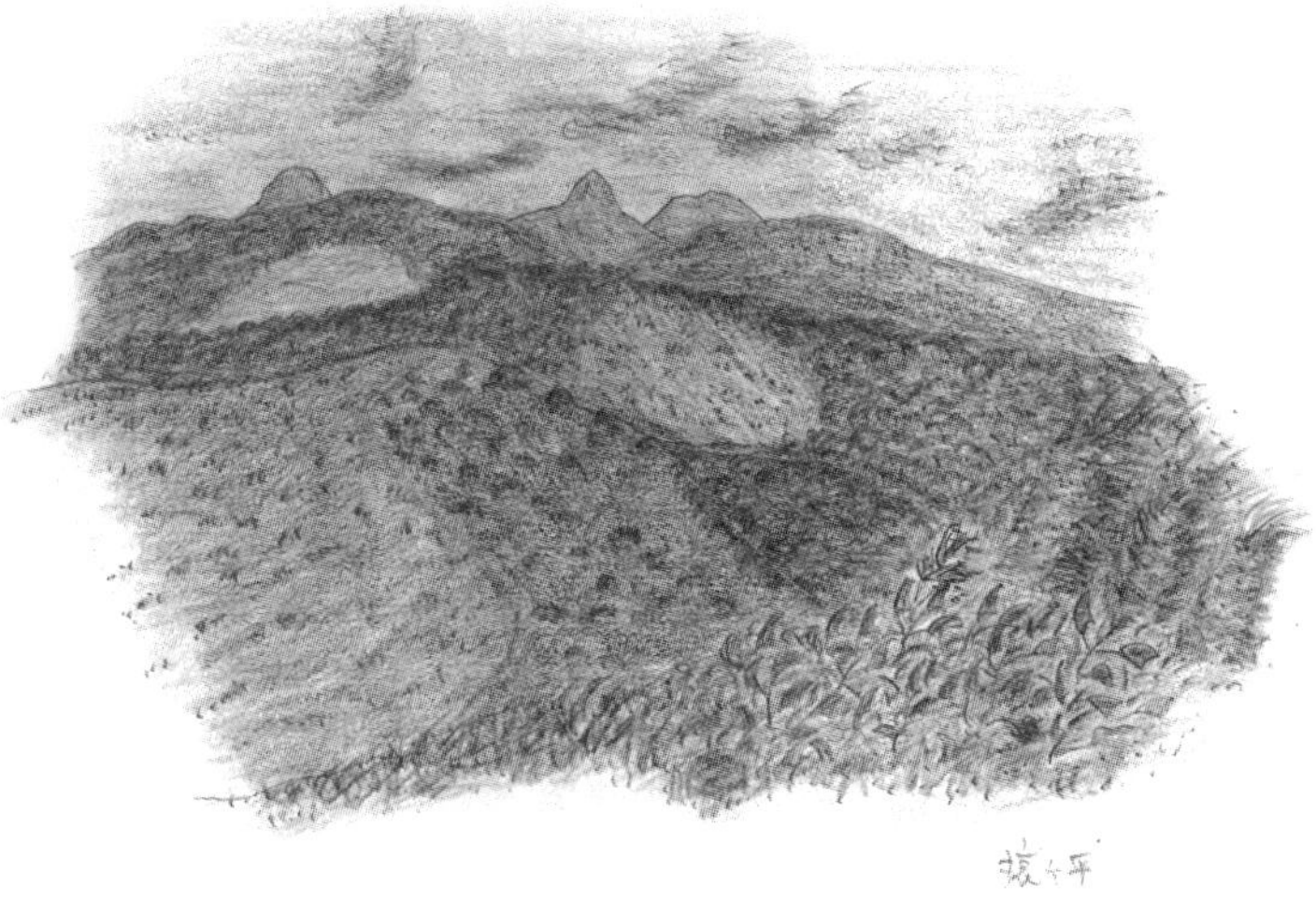

くから眺めた山裾に広がる牧場は、深みを増した濃草色に覆われ、一見歩きやすそうに見える。しかし、足を踏み入れると草がクッション材になり、ふわふわして歩きにくい。猿ケ平は民有地なのだろう。下草に覆われた山頂は、三角点測量杭以外に山頂を示す物は流れる雲が遮る青空だけ。

牧場関係者以外に登る人がいないと思われる山頂からの眺めは、さすが三角点測量の山。四方を囲む山並みは、猿ケ平から発生した波紋がうねりとなり、重なり合うようにしながらどこまでも広がっている。その大半が凡庸な牧草地の山並み。それだけに、高田大岳の尖った山頂が目立つ。この眺めは、富嶽三十六景の「相州箱根湖水」に描かれた景色のようだ。（二〇二一年八月）

【青森・秋田・岩手三県境分水嶺】

△四角岳《しかくだけ》（標高一〇〇三メートル）と来満峠《らいまんとうげ》

陽の明るいうちに登山口へと思い、国道一〇四号線を走り、登山口のある田子町を目指す。四角岳は、青森・秋田・岩手の三県に跨る山。登山道もそれぞれの県にあるが、どの登山口も長い林道と作業道を走った先にある。

地形図を見ると、林道は途中何か所も枝分かれ、登山口までの道のりは、分岐のたびに迷い悩みながらの運転になるだろう。

四角岳に登るのは初めて。それも、田子町からの登山は予定外の行動。当初の計画は、岩岳の登山口で出会った人のアドバイスによる。田子町ルートは藪に埋もれ、登る人はいない。秋田県側の大湯温泉からの林道利用を勧めるとのことだった。その話に従い、大湯温泉から始まる林道終点から登山口を目指したのは三日前だった。しかし、八月上旬の豪雨の影響なのだろう、林道は上折戸《かみおりと》付近の土砂崩れで塞がれていた。登山口までの残りの距離は約十キロメートル。登山口から山頂までの標高差を考えると、時間的に余裕がない。途中、林道を歩いているクマにも遭遇している。その代案としたのが今回の田子町ルート

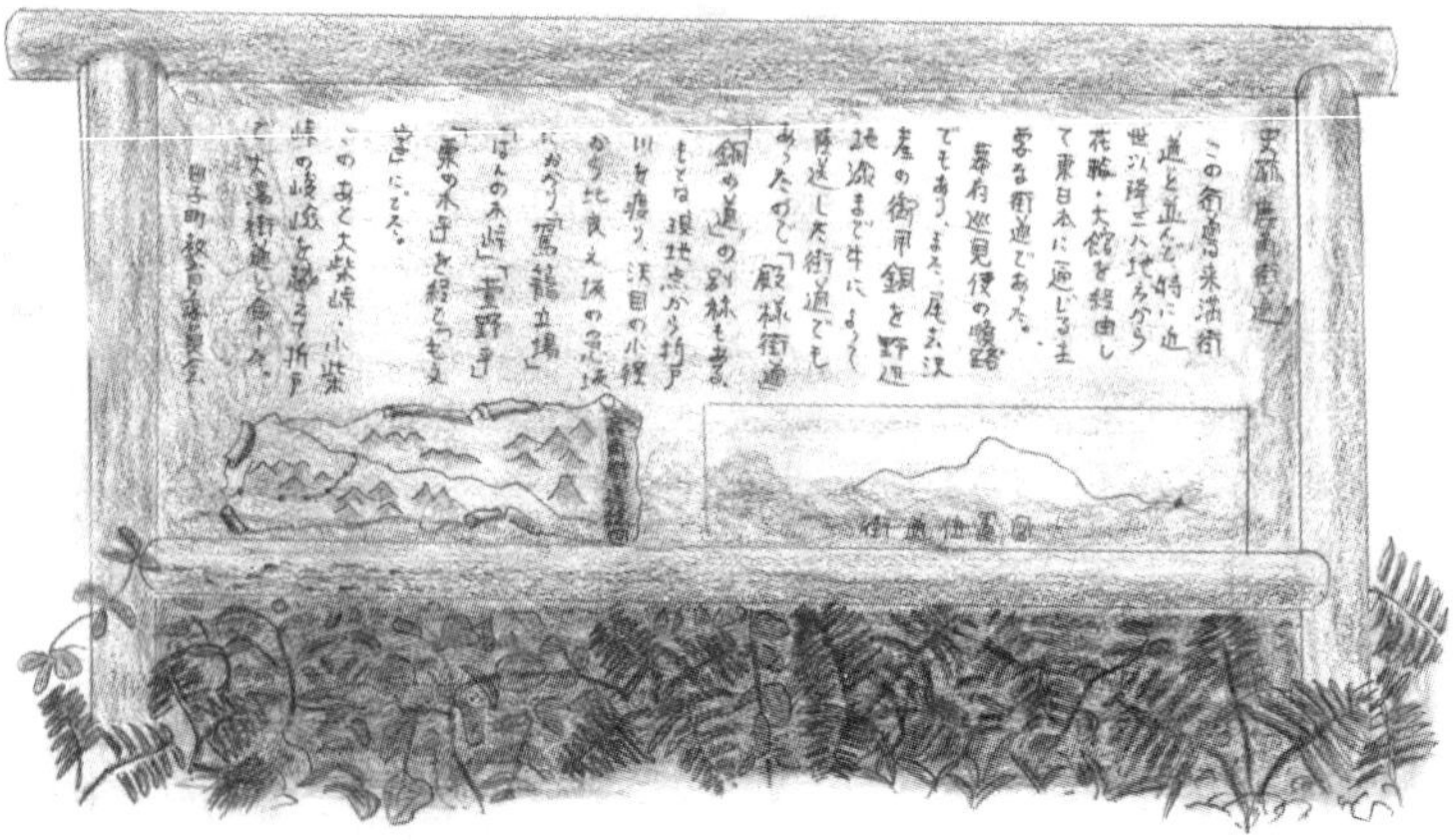

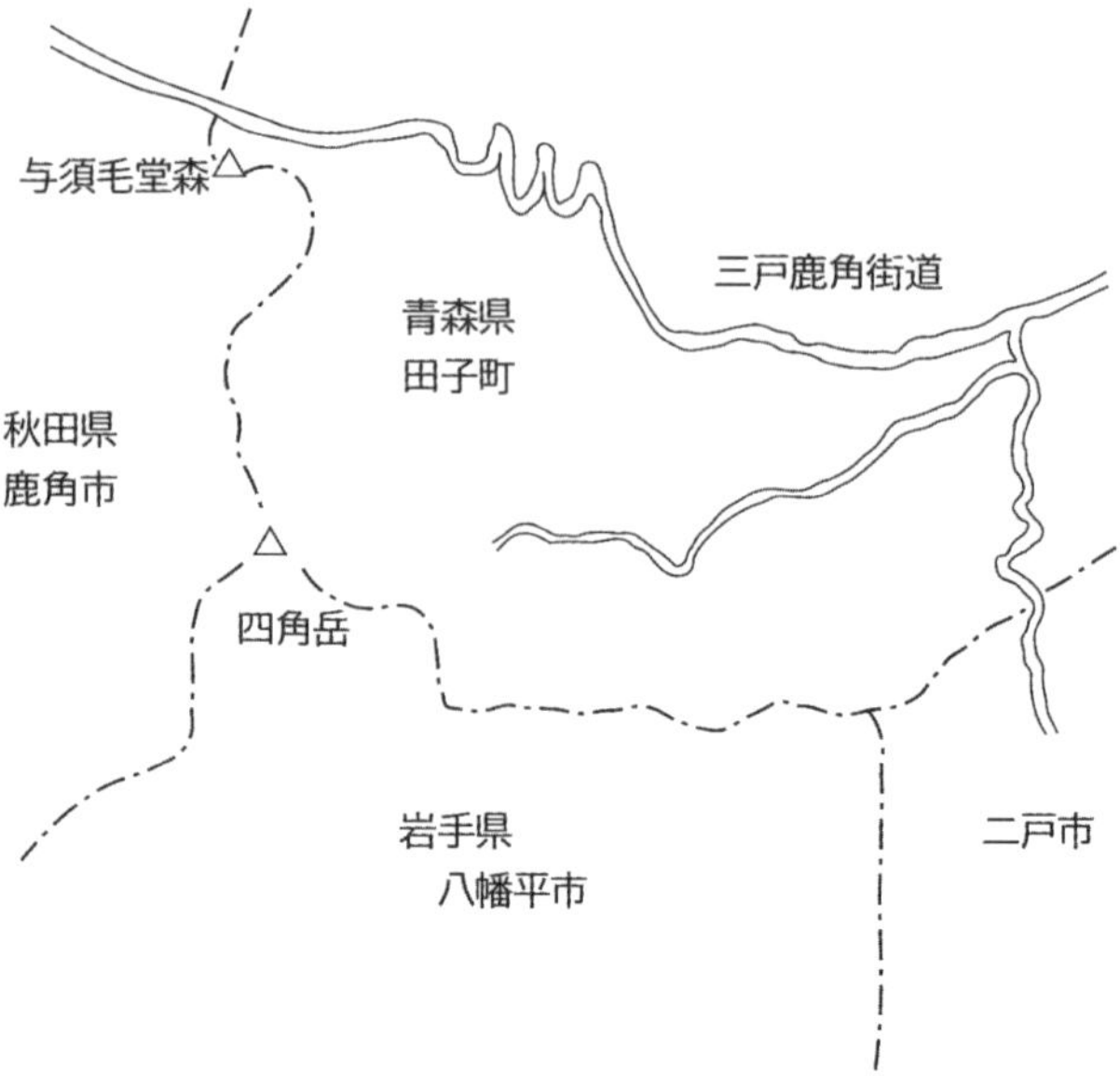
与須毛堂森
三戸鹿角街道
青森県
田子町
秋田県
鹿角市
四角岳
岩手県
八幡平市
二戸市

だった。

田子町から登山口までの地形図は持っているが、地形図に林道終点から先の登山道を示すルートはない。事前に調べた登山記録の記憶を参考に、地形図にルートを記入したが、確証はなかった。

奥羽山脈の大分水嶺稜線上に、山名のある三角点測量の山は一〇七。その中で日本百名山や東北百名山に選定された認知度の高い山は二十程。大分水嶺の山の大半は地元の人も登らないマイナーな山が多い。その中でも四角岳は三等測量もされていないマイナーな山。この四角岳から与《よ》須《す》毛《け》堂森《どうもり》（八四〇メートル）までの山並みは、アイヌ語で死（ライ）に行く（オマン）山が語源の来満山域。

江戸時代、この山域を越える峠は来満越えと呼ばれた。陸奥国《むつのくに》三戸《さんのへ》から奥州街道と分かれた三戸鹿角《かづの》街道は田子町を経て、来満峠を越え鹿角へ至った。陸奥国からは塩を運ぶ「塩の道」とも呼ばれ、鹿角からは、尾去沢《おさりざわ》鉱山で産出された銅を野辺地湊《みなと》まで運ぶ時に越えたと伝えられている。その名残か、大湯上折戸地区の林道に、当時を忍ばせる一里塚の跡があった。

距離は短いが急峻な来満峠は、与須毛堂森近くの大柴峠《おおしばとうげ》から鹿角街道に抜ける道が開削され、麓に宿場が出来ると来満峠を越える人は少なくなった。今では峠の痕跡さえ消えてしまったようだ。

三角点測量の山を中心にした分水嶺の山歩きだが、四角岳は三県に跨る山。この山を起点に分水嶺稜線は東に向きを変えた後、青森・岩手県境を東に進み、八幡平市と二戸《にのへ》市の市境に沿って岩手県の内陸部を南に走る。

国道一〇四号線が青森・岩手県境の峠を越え、田子町に入ると、植林されたスギ林の中に案内板が立っていた。見ると、「この街道は来満街道と並んで花輪《はなわ》・大館《おおだて》を経由して裏日本に通じる主要街道」とある。「幕府巡見使の順路でもあり、尾去沢鉱山から産出された御用銅を野辺地湊まで牛によって運んだ『銅の道』とも『殿様街道』とも呼ばれたと説明されている」と説明が書いてある。確かに、ここまでの移動中に山らしい山を越えたわけではないが、峠越えは改良された跡もなく道幅は狭く、昔のままと思われる峠は九十九折《つづらおり》の道だった。案内板にある主要街道は、大柴峠から鹿角街道に出る道が開削される前の来満峠越え時代以降の説明なのだろう。

山間を走る国道が田畑に囲まれ出すと、四角岳に向かう林道が分岐する。林道に入ると集落の入り口に「分水嶺の山・四角岳」と書かれた大きな案内板が立っていた。その後も要所には、真新しい文字で四角岳と書かれており、案内板は明瞭でわかりやすい。これらの案内板を見ると、地形図にはない登山ルートは藪が刈り払われ、整備されたのかと期待が膨らむ。

【青森・秋田・岩手三県境分水嶺】

切り出したスギやヒノキの原木を、大型トラックに積み込んでいた場所が林道終点だった。この日の切り倒し作業を終えた人たちが、作業着を脱ぎ、作業でかいた上半身の汗を拭く手を止め、一斉に「なんだ?」という顔で私を見る。四角岳に登ると言うと、親方らしい人が首をかしげながら、「登山道、あったっけ!」と仲間に声をかけた。「登山道かあ、ねがったな」。ネットで調べたらルートがあるようなので来たと話すと、「それって、いつの話だあ?」と言いながら首をかしげ、「山頂付近は笹藪で、クマいっから気つけでなあ」と言いながら、山を下りて行った。みんないい人だ。

標高差五〇〇メートル。距離、おおよそ三キロメートル。朝六時に出発すれば午前中には下山出来るだろう。作業員が下山していくと同時に山は陽が陰りだした。取り敢えず車の中で一杯始める。

メガネがない。車内を隅々まで探しても見つからない。確か、夜中にヘッドランプを手探りした時、メガネに触ったのは記憶にあるが、その後の記憶が思い出せない。飲み過ぎたようだ。

カミさんがいれば探し出してくれるが……困った。メガネなしで登るのは問題ないが、帰りの運転をどうするか!

夏草に覆われた踏み跡は、長いこと使われていない作業道の跡だろう。夏草に隠れた道の両側に、土側溝のような轍が残っている。

その作業道跡も標高八〇〇メートルを境にして、親指程の太さの曲がり竹が密集した藪に飲み込まれた。鬱陶しさこの上ない竹藪。掻き分けた手を次の竹藪に移すと、自由になった竹が容赦なく体を打ち付ける。人差し指程の太さの竹藪の根元に括りつけられた色ざめしたテープを目標に、四つん這いになり、上半身を低くして藪を掻き分け、滑る斜面を這い上がるが、藪は深まるばかりで一向に進めない。どうやらこのテープは、曲がり竹を採取する人が迷わないように括り付けたようだ。

現在の標高は九〇〇メートル。山頂までの標高差は僅か一〇〇メートル。ここまでの所要時間は二時間半。藪の向こうに山頂へ続くと思われる尾根らしい茂みも見え、午前中に下山出来ると思うが、藪から解放されるとは思えない。秋田県側の土砂崩れの林道、藪で進むことの出来ない青森側。四角岳はライオマン（アイヌ語で「死に行く山」という意味）を感じさせるに、ピッタリの山だった。（二〇二二年八月）

【岩手県の分水嶺】

△上《かみ》の木山《ぎやま》（標高七六八メートル）と貝梨峠《かいなしとうげ》

上の木山の中腹に広がる上平《わんだい》放牧場に向かう林道は、白樺林に囲まれていた。ブナの森が広がる奥羽山脈は、秋田・岩手・青森と北上するに連れて、その色合いが一層深くなる。その林装が白樺の林に変わったのは、東北の中央部の県境を縦断する奥羽山脈の稜線が、冬季の冷たい西風を緩衝し、東側に並行して走る大分水嶺稜線の木々を冷たい風から守るからなのだろうか？　そんなことを想像しながら白樺の林を横切ると、景色が開け放牧場が広がる。その牧草地の中に、白樺の木に囲まれるように作られた展望台があった。晴れていれば北上《きたかみ》山地の七時雨山《ななしぐれやま》や姫神山《ひめかみさん》、更に奥羽山脈の独立峰の岩手山《いわてさん》が望めるだろう展望台は、放牧場の管理人が放牧場を見渡すために作ったと思われ、周囲に広がるだろう山々を示す案内板はなく、空全体を覆った雲に、周囲の山は隠れていた。

放牧場としての役割を終えたのか、広大な放牧場に牛の姿はなく、生い茂った牧草と伸び放題のススキに覆われていた。その一角、黄色い花を咲かせた畑が広がっている。長く延びた柔らかい緑の畝《うね》と黄色い花。眺めると、畑の先に植え付け作業をしていると

上の木山(上平牧場)

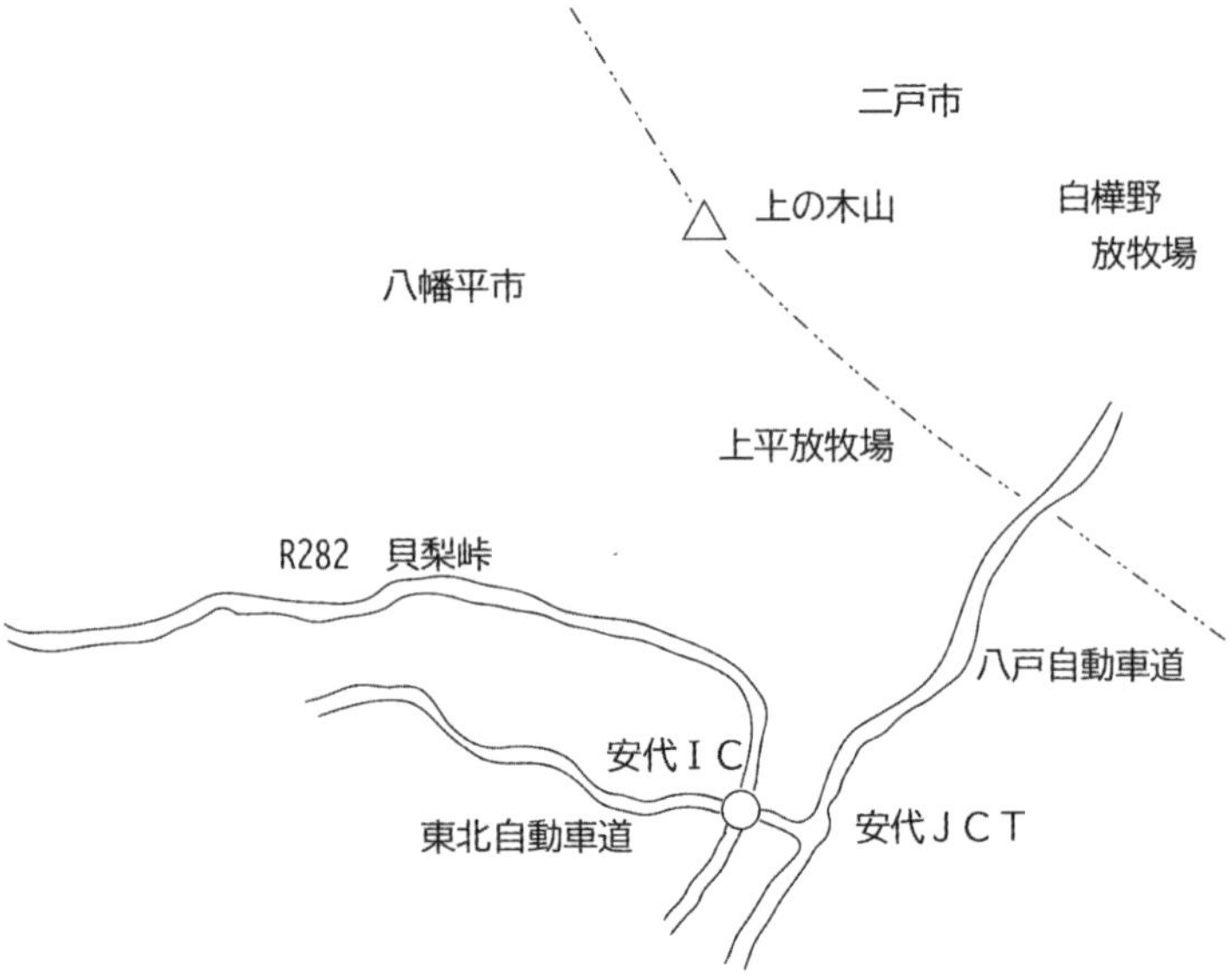
二戸市
上の木山
白樺野
放牧場
八幡平市
上平放牧場
R282　貝梨峠
八戸自動車道
安代ＩＣ
東北自動車道
安代ＪＣＴ

【岩手県の分水嶺】

思われる人影があった。

緩やかに傾斜した台地一面に広がる緑の葉と黄色い花。近づいてみると、畑一面に広がった緑の葉は大根とカブだった。長く伸びた緑の根元に白いカブが顔を出していた。黄色い花は大根とカブを植え付ける前に植えられていた野菜の名残と思われる。

上の木山の山頂を目指し、畑に囲まれた作業道を登ると、植え付け作業をしている人が、腰を伸ばすように背伸びし、私を見る。

風に揺れるススキが広がる牧草地は、山頂直下まで続いている。地肌がむき出しているのは、トラクターが走った跡だろう。

放牧場を冷たい風から守る林の木々は、色付きだした山ブドウの葉に覆われている。この山ブドウを目当てにクマが木に登るのも、そう先ではないだろう。まだ青いがアケビの実もぶら下がっている。

上の木山の山頂は背丈を超すササに覆われ、三角点測量石柱は藪に飲まれていた。この山頂から南西に延びる尾根末端に、貝梨峠《かいなしとうげ》（四三〇メートル）がある。貝梨峠は大分水嶺の峠。

峠は、上の木山から八幡平に続く稜線を横断する国道二八二号線の峠。緩やかな坂道の国道は、どこにもあるような奥羽山脈を越える峠道。分水嶺公園の案内板がなかったら、通り過ぎてしまうだろう。分水嶺の公園に、「高さ十メートル程のステンレス製の塔と、町内を二分する位置に存在する分水嶺は全国でも稀である」と書かれた案内板が立っていたが、私以外に立ち寄る車はなかった。

峠を境に東側には、八幡平の安比岳麓から流れる安比川支流の目名市川《めないちがわ》。西は、上の木山西斜面から流れ出す米代川《よねしろがわ》支流の大沢川を始めとした沢が流れ出す。（二〇二二年八月）

△安比岳《あっぴだけ》（標高一四九三メートル）

安比岳は十和田八幡平国立公園の南部、八幡平地域にある山。

青森・秋田・岩手の三県に跨がる国立公園の八幡平地域は、八甲田山塊と十和田湖を中心とした北部地域から南に五十キロ程離れている。八幡平地区には、秋田・岩手県境に広がる八幡平（一六一三メートル）と奥羽山脈最高峰の岩手山（二〇三八メートル）の二つの日本百名山に、深田クラブが選定した日本二百名山の秋田駒ケ岳《あきたこまがたけ》といった奥羽山脈を代表する山がある。

この山域は、火山の連続する地域。火山の種類も、アスピーテ火山と長い間言われていた八幡平、トロイデ火山の畚岳《もっこだけ》、コニーデ火山の岩手山や秋田駒ケ岳といった火山が集まり、今でも活発に活動を続けている。麓に湧き出す温泉は豊富で、源泉かけ流しの温泉がそろっている。

【岩手県の分水嶺】

安比岳

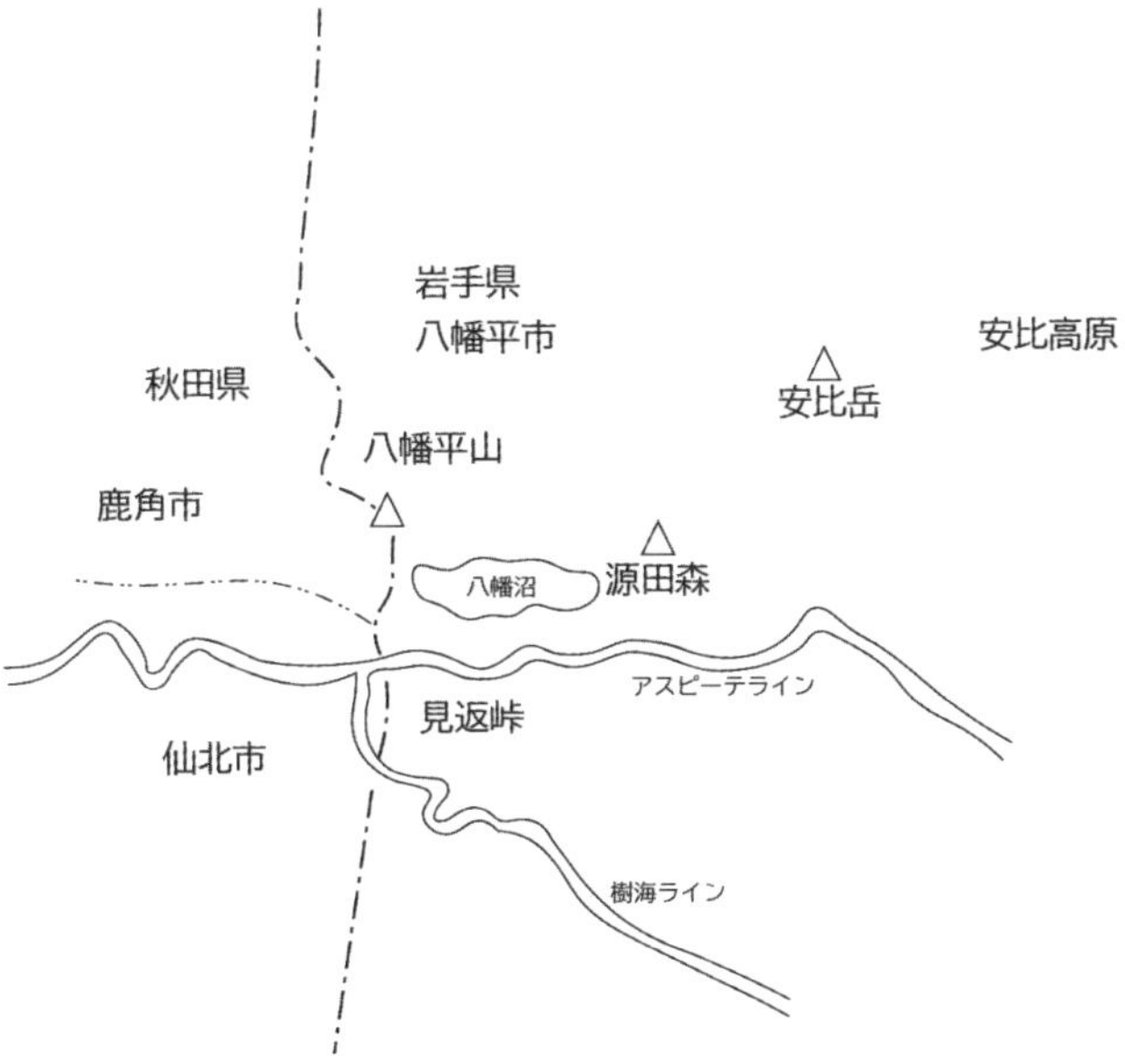

安比岳は、安比高原から岩手山まで続く総延長五十キロに及ぶ縦走路の最初の山だが、麓の八幡平市から眺めても、茶臼岳《ちゃうすだけ》（一五七八メートル）から西森山《にしもりやま》（一三二八メートル）に続く尾根上の山に隠れ、その姿は見えない。八幡平には何度か訪れているが、八幡平の山頂が大分水嶺稜線上にあったら、安比岳に興味を持つことはなかっただろう。八幡平から青森県までの大分水嶺は複雑。大分水嶺の奥羽山脈の多くが県境に沿って走るが、八幡平の山頂直下にあるアスピーテラインの見返峠から大分水嶺の稜線は、青森・秋田・岩手県境の四角岳までの間県境を離れ、岩手県内を縦断する。安比岳や源太森《げんたもり》（一五九五メートル）はその稜線上の山。県境を離れた南端に位置する。

大分水嶺の流れもまた複雑。八幡平の西側はもとより、八幡平山頂東側から流れ出す知《ち》恵《え》ノ沢は、日本海に注ぐ米代川支流。

一方、太平洋側への流れは、北上川に合流した後、宮城県から太平洋に注ぐように思われるが、源太森から安比岳と続く稜線の東側に源頭部をもつ安比川は、馬淵川に合流したのち、青森県八戸《はちのへ》市へ流れ、太平洋に注ぐ。安比岳は安比川と知恵ノ沢に挟まれた大分水嶺の山。その姿は源太森の山頂に立つと一望できるが、山は周囲を囲む山同様にトドマツとカンバの木々に覆われた平凡な山。岳と付く山らしい姿ではなかった。しかし、見た目と違って源太森山から安比岳へ向かい縦走路に入ると、濃淡重なり合った緑に覆われていた山は残雪に覆われていた。

ブナの原生林に覆われた東北の山も北部になり、山並みが県境から東側に移るこの辺りから、トドマツやシラビソの木に覆われた山になるのだろう。成木した木々を眺めていると、トドマツはブナの木と違って、左右に広げた枝が周りの枝と重なり合うのが少なく、樹間に差し込んだ陽差しが幹元を温め、雪解けを促すようにショウジョウバカマやイワカガミの薄赤紫に混じってサンカヨウやキヌガサソウの純白の花が幹の根元に現れる。また、これらの花に遅れまいとヒメユリの茎が、足の踏み場に困る程伸びだしている。

八幡平アスピーテラインの岩手側登り口にあるビジターセンター職員の情報では、安比岳は木々に覆われ景色はなく、単に縦走路の通りすがりの山とのことだった。しかし、芽吹き間もない新芽の薄緑色と咲き出したばかりの薄赤紫や白い花々は、景色のなさを補って余りある。

奥羽山脈も北部に入ると、山の名前に森やカムロ、モッコと付いた山が多くなる。その中でアッピは唯一安比岳のみ。この安比岳はアイヌの言葉ではないかと調べてみた。案の定、アッピはまさしくアイヌの言葉だった。その意味は、釣り針のように曲がった川の曲流部や、その土地を示すとあり、改めて国土地理院地図を広げてみた。奥羽山脈の山間を流れる川は、裾野に出るまでどの川も曲がりくねりながら流れ下る。その中で安比川の曲がりは釣り針のように細かく、右に左に曲がりながら続いている。その流れに安比岳の北側斜面が深く切れ落ちている。ビジターセンター職員が、山頂から北斜面は腰が引ける急斜面と言っていた通りだ。

源太森の山頂から見た安比岳は平凡な山に見えたが、地形図上の北斜面に見せる安比岳の姿は、岳と呼ぶにふさわしい急峻な山に違いない。山の姿はそれぞれだ。四方に尾根を走らせる山、尾根で繋がる山、兜を纏《まと》ったように岩肌を露出した山など、その姿は様々だが、源太森から見た安比岳は、裏側に本当の姿を見せるようだ。安比岳裏側を安比川に向かって急斜面を下り、安比川を渡った先に安比温泉がある。温泉は湯溜まりがあるだけの野趣にあふれたものらしいが、営林署の指導で、温泉への入り口は閉鎖されているようだ。

（二〇二二年六月）

【岩手・秋田県境の分水嶺】裏岩手縦走路

△畚岳《もっこだけ》（標高一五七八メートル）と見返峠《みかえりとうげ》（標高一六〇〇メートル）

溶岩台地が山域全体に広がる八幡平地域は夏山シーズンを迎えていた。山肌を覆うシラビソやトドマツなどの針葉樹が緑色を増し、山は深緑色に包まれている。この深緑色が、稜線に点在する沼辺や湿原に咲く花をより一層、鮮やかにしている。

この景色が見返峠を境にして、様子を変える。見返峠は岩手県と秋田県を繋ぐ観光道路の八幡平アスピーテラインの頂上。この道路も、きっと古道を改良したのだろうと想像し、古道について八幡平市郷土資料課に問い合わせてみた。郷土資料学芸員によると、アスピーテライン開設以前は、山の民が歩いたと思われる僅かな踏跡が残っていたようだ。詳しいことは不明だが、岩手日報社が発行した「縄文の秘密」の中に、八幡平山頂直下にある八幡沼付近から縄文時代の石器が発見されたとあり、三〇〇〇年前には人が住んでいたのだろうとのことだったが、標高が高く雪に覆われる八幡平に人が住んでいたとは思われない。八幡沼は、縄文人が祭事を行った、神聖な場所だったのではないかと想像する。

安比高原から岩手山まで続く縦走路を横断する観光道路は、安比高原と裏岩手縦走路を

畚岳

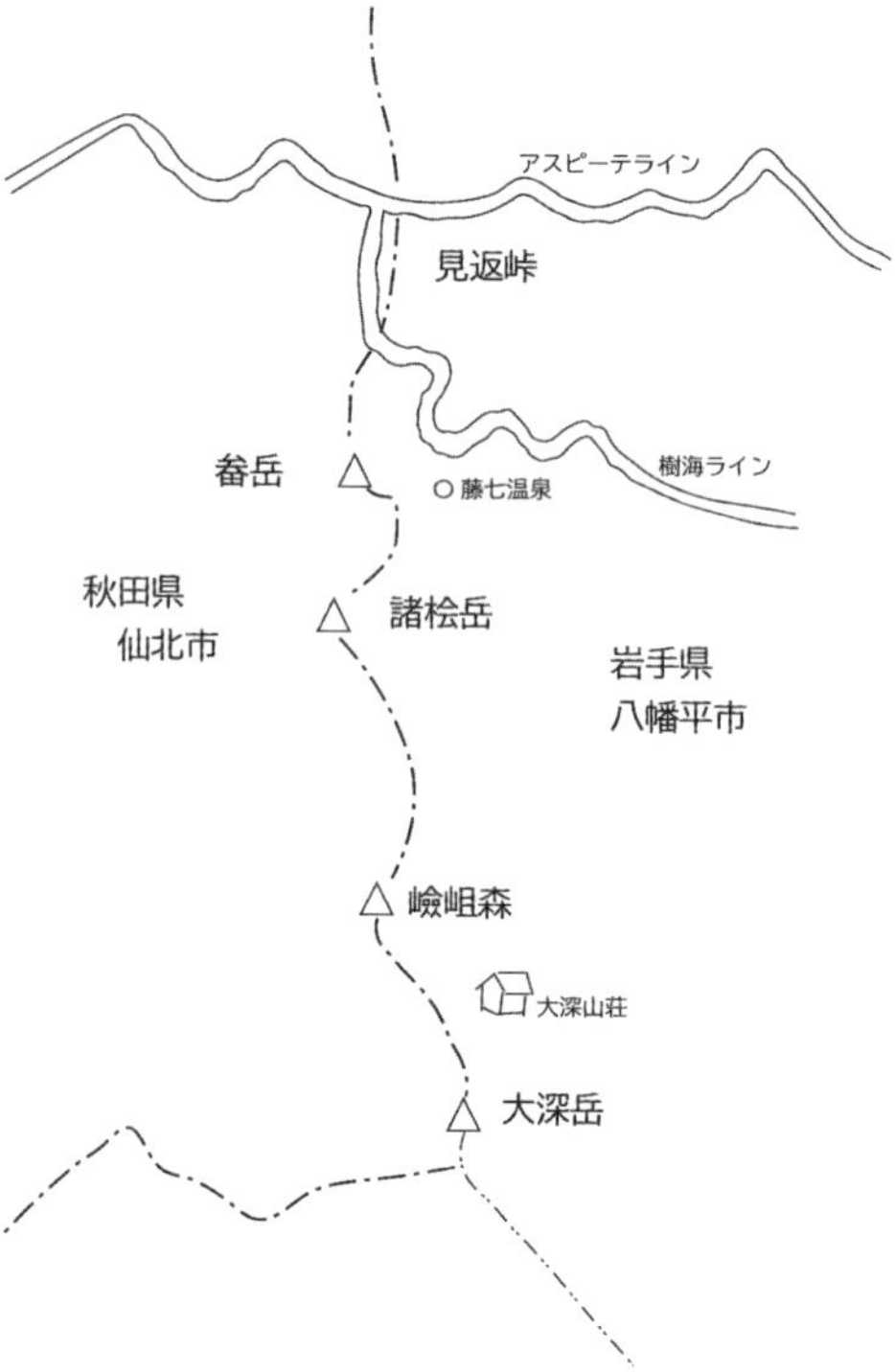
アスピーテライン
見返峠
樹海ライン
畚岳
藤七温泉
秋田県
仙北市
諸桧岳
岩手県
八幡平市
嶮岨森
大深山荘
大深岳

【岩手・秋田県境の分水嶺】

繋ぐ分岐の峠。峠の北側には八幡平の山頂、南側には畚岳。どちらも至近距離だが、観光で訪れた人の大半は日本百名山の八幡平山頂に向かう。

畚岳は、裏岩手縦走路の最初の山。見返峠から眺める縦走路は畚岳の先に続く山々が折り重なり、全体が緩やかに上り下りする大きな一つの山に見え、どれが諸桧岳《もろびだけ》でどれが嶮《けん》岨森《そもり》なのか明確に判別出来ない。その中で、畚岳はどこから見ても畚岳とわかる。

その姿は、太古に噴出した溶岩が盛り上がり固まったままの姿で大きく、稜線上に突き出している。明日歩く裏岩手縦走路の山並みを眺めるにも、秋田県側に広がる山並みを眺めるにもこれ以上の山頂はないだろう。ちなみに、岩手県の人たちはこの山をウンコ山と呼ぶようだ。

見返峠から松川温泉郷に向かう樹海ラインを十分程歩くと、縦走路の登山口。この登山口から畚岳山頂までの距離は短いが、溶岩を覆う表土は薄く、痩せた下草の登山道は急峻。初めての山頂から眺めた裏岩手の縦走路は針葉樹林に覆われ、縦走路上にある諸桧岳も嶮岨森も針葉樹林に飲み込まれ、大分水嶺の稜線らしくない山並みが続いている。その稜線が空と接する最奥に、僅かに頭を持ち上げた台地のような山が大深岳《おおぶかだけ》と思われるが、岳と付いた山のイメージから、確証は持てない。高曇りの空から漏れ出した光が、大分水嶺の稜線に濃淡を走らせている。遠くに見えるのは秋田駒ケ岳だろう。

人影が見えなかった畚岳山頂に先客がいた。お茶を飲みながら見飽きることなく景色を堪能している。以前に来た時、見渡すことが出来なかった景色を見るため、函館から来たという。

広がる景色を前に、あれこれ話すのは無粋というものだろう。ご夫婦は独り言のように、「好《よ》い景色だ……。本当にいい景色、来てよかった」と呟いていた。「お先に」と言って二人が下った後の山頂は、空と周囲に広がる山並みを独り占め。ザックに忍ばせていた缶ビールを取り出し、時間が止まったような贅沢な時間を味わう。（二〇二一年六月）

△諸桧岳《もろびだけ》・嶮岨森《けんそもり》・大深岳《おおぶかだけ》

裏岩手の大分水嶺の縦走は、畚岳の山頂から眺めた通りたおやかな下りから始まった。腰の高さほどの笹竹が広がる登山道は初夏の日差しをまともに浴び、吹き抜ける風も気持ちよく感じる。

雪解け後間もないのか、湿り気を帯びた登山道はツマトリソウ、赤い萼《がく》に支えられたような蕾《つぼみ》のイワナシなどの白い花に覆われている。雪解けを追いかけるように咲き出す山野草の花だが、棲み分けしているようだ。登山道が標高を下げ針葉樹の木に囲まれ出すと、足元に咲く花はミツバオウレンにゴゼンタチバナの白とイワカガミのピンクの花に変わる。更に半日陰が好きなのか、背丈が高くなった笹竹に登山道が囲まれると、株立ちしたシラ

【岩手・秋田県境の分水嶺】

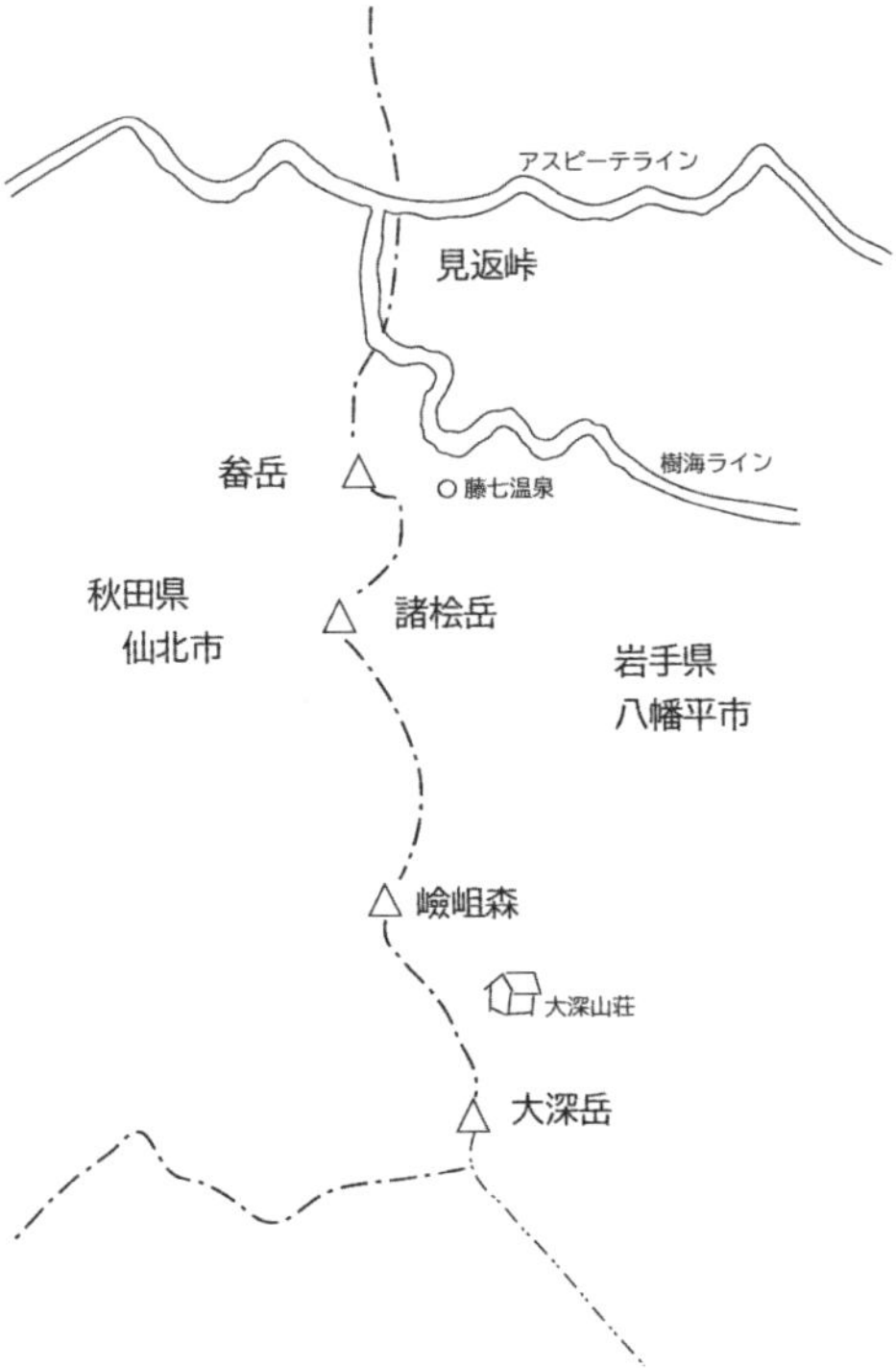

ネアオイの薄紫の花や、雨に濡れると透き通るような花弁が美しいサンカヨウに、八枚の大ぶりの葉の中心に白い大ぶりの花を付けるキヌガサソウなどが次々と現れ、歩みが遅くなる。雪解けの進み具合に合わせ、競うように花を咲かせる裏岩手縦走路の山野草に見飽きることがなく、その都度に歩みを止め、歩行ペースが乱れる。

緩やかな下りから始まった登山道が登りに変わると、緩やかな登りでも体は汗ばむ。今日最初の登りは諸桧岳（一五一六メートル）。鞍部から山頂までの標高差は僅か九〇メートルだが、乱れたペースに体は重く、息遣いが荒くなる。小高い丘のような諸桧岳山頂は背丈の高い笹竹に囲まれ風が通らず、日差しを遮る木もなく、差し込む日差しが火照った体をより熱くする。歩いてきた登山道とこれから歩く登山道の刈り払われた狭い隙間以外に景色は得られず、日差しを浴びて力を得たのか、小さな虫が群れ飛び交って鬱陶しい。刈り払いされた登山道の先に見える嶮岨森（一四四八メートル）へ向かう。

嶮岨森は三角点測量の山。山は火山だった名残だろうか、噴火口跡と思われる鏡沼が山頂直下にあった。沼は周囲を薄緑色の若葉に囲まれ、群青色の雪解け水に満たされている。その沼に向かって山頂東側は切れ落ち、赤茶けた岩肌がむき出しになっている。まぎれもなく嶮岨森は太古に噴火した山の一つと思われる。

穏やかな裏岩手縦走コースの中にあって、諸桧岳の山頂から見た嶮岨森は山らしい山。森と付いた嶮岨森だが、嶮岨森は岳がふさわしい山だ。縦走路は大分水嶺の稜線上を走るが、たおやかな稜線は水の流れ先に迷うのか、諸桧岳から八〇メートル程標高を下げると、満々と水を蓄えた沼があった。地形図に名前のない沼の水は木道を飲み込み、石沼と書かれた柱が水面に立っていた。

この沼が稜線上の最低鞍部ではない。最低鞍部は、諸桧岳の南にある前諸桧岳に登り返した後になる。緩やかな上り下りを繰り返す裏岩手の縦走路は稜線漫歩そのものだが、登山道が密集した笹竹に囲まれ出すと景色は隠れ、足元に咲く花もまばらになり、急勾配が恋しくなる。

急勾配の登りは、それまでのダラダラした歩行のペースも正常に戻してくれ、山との一体感を感じさせる。最低鞍部から嶮岨森の山頂までの距離は僅かだが、諸桧岳から眺めた通り、嶮岨森の登りは急峻だった。嶮岨森の山頂は、距離も歩行時間も畚岳と大深岳までの中間地。

ガイド山行時、クライアントから「後どのくらい」と聞かれることがよくある。その答えに対する反応は、まだ半分と、あと半分に分かれる。どちらの半分かは、その日の体調や歩いてきた行動時間によって変わるだろうが、何より初めてのコースで先が読めない心理的不安が大きく左右するに違いない。

今回の縦走路を歩くのは初めてだが、事前の地図読み通り約一時間で諸桧岳、さらに一時間で嶮岨森。次の大深岳までも、読み通りの時間で行けるだろうと思うと、残りはあと半分。だが、復路が待っている。遠くに見えた岩手山が近くなり、その姿が大きくなった。次の目標の大深山荘までは緩やかな下り。山荘から大深岳（一五四一メートル）までは、約一時間の距離だ。

大深山荘は、見るからに清潔そう。中を覗いてみた。ごみ一つない室内に、非常用と書かれた毛布があり、ヒノキの匂いに満たされたトイレは、山小屋のトイレとは思えない。水場も近く、一杯やりながら星を眺めるのに最高な山荘だ。この山荘に泊まるだけの目的で来るのもいいかなと、思わずにはいられない。

畚岳の山頂から見た大深岳らしい山は、三角点測量の山とも思えないような、なだらかな山頂だった。

だが、大深岳は大分水嶺の山。大深岳西側斜面は、日本海に注ぐ雄物川《おものがわ》支流玉川源流の大深沢が流れ出し、東斜面は、北上川に合流する松川源流の湯の沢が流れ出す源頭になる。大深岳は、畚岳から眺めた通りの山だった。山頂を目の前にした登山道はあぜ道のように幅広く刈り払いされ、周囲は耕作放棄地のような、伸びきった背の高い笹藪に囲まれている。笹藪に景色を隔てる高木はないが、背丈の低いハイマツとミネサクラが混在する藪は、大深岳の裾野に延びるだろう分水嶺の稜線を隠している。山頂標識がなかったら、登山者の多くは通り過ぎてしまうと思われる山頂から縦走路を振り返る。

畚岳から眺めたおだやかな稜線上に重なり合う山は、一山ごとに標高を上げ、歩いてきた山が読み取れる。その山並みに、どこから見ても判別できる畚岳の全容は隠れ、黒々とした岩肌の山頂部だけが飛び出していた。山並みの行く着く先は八幡平だが、大深岳同様、平らな山から山頂は判然としない。その八幡平の斜面に残った、矢印形をした雪形が、八幡平の山頂を指していた。

大分水嶺稜線は大深岳山頂から更に南下して、小畚との中間点から九十度向きを西に変えた後、馬蹄形のように半円を描いて大白森《おおしろもり》・乳頭山《にゅうとうざん》へと続く。

岳と付いた大深岳だが、途切れることのない花の登山道とたおやかな稜線は、山か森が似合うかもしれない。(二〇二二年六月)

△大白森《おおしろもり》(標高一二一五メートル)

米作り農家が、田植時期を迎えると始めるのが代掻《しろか》き作業。代掻きとは、硬くなった田圃の表土を掘り起こした後、水を流し込んで軟らかくした土を掻き均す作業。子供の頃、この代掻板を引いていたのは牛だった。代掻板は、校庭のグラウンドを均すトンボ板を大きくしたものだった。代掻きは、苗を植える前の大事な作業だ。その代掻きの「代」は田を指し、山頂が平らに田圃のように広がった山は、田圃を表す「代」からきているに違いない。大白森の白は「代」が変化したものだろうと推測する。森は山と同義であり、「大

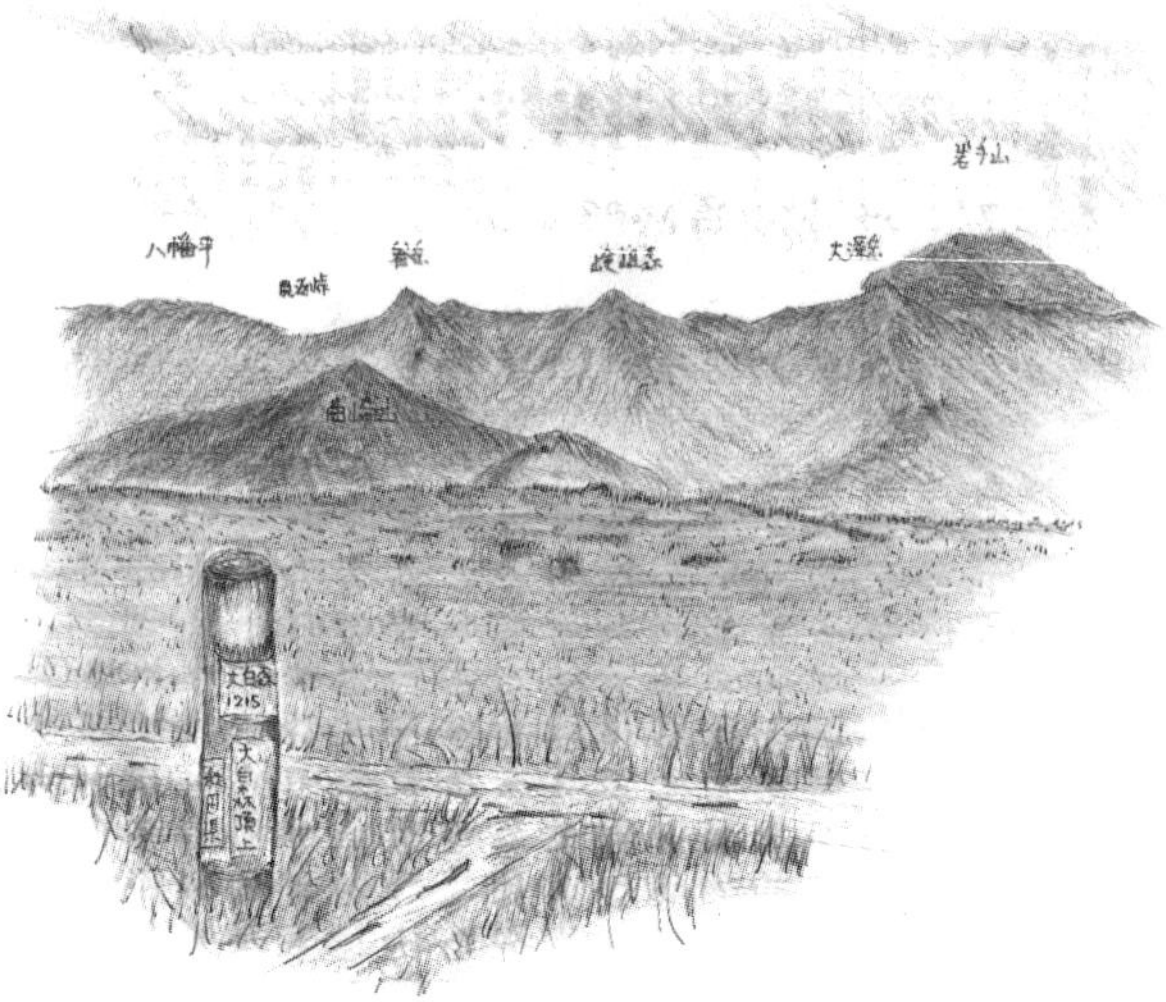
岩手山
八幡平
大深岳
大白森
1215

大白森山荘
秋田県
仙北市
大白森
岩手県
雫石町
小白森
乳頭山
鶴の湯
乳頭温泉郷

白森」は大きな田圃のような山から付いた名前だろうと想像する。

青森県中央部を南北に縦断し、十和田湖を反時計回りに半周した大分水嶺稜線は四角岳を過ぎると県境から離れ、八幡平の見返峠まで岩手県内を縦断し、再び秋田県境を南下する。

その後、大分水嶺稜線は大深岳と小畚《こもっこ》の中間部から九十度西に向きを変え、馬蹄形のように湾曲しながら関東森《かんとうもり》（一一五四メートル）・八瀬森《はちせもり》（一二三〇メートル）と標高を下げた後、大白森に繋がる。

この稜線上の縦走路は深い森に囲まれ、距離も長く、途中一泊の行程になる。歩く人は少ないようだ。対して、秋田県側からのルートは、湾曲に走る稜線が終わる乳頭山からの稜線歩きと、秘湯が人気の乳頭温泉郷から直接稜線に出るルートになる。

距離は長いが、静かな裏岩手縦走路をノンビリ歩くか、距離の短い乳頭温泉からのルートを選ぶかはそれぞれだが、秘湯で有名な乳頭温泉郷の一つ、鶴の湯温泉からの登山道は整備され、利用する人が多いようだ。

私が大白森に登ったのは、紅葉盛りの十一月の初めだった。その日は紅葉と白濁した温泉を楽しむ人で、鶴の湯は賑わっていた。

鶴の湯の由来はどこでも聞くような話。その昔、ケガをした一羽の鶴が、湧き出ていた温泉で傷を治したことに由来するらしい。

鶴の湯温泉の宿泊者が起き出し、朝風呂に入るまで二時間。木立に囲まれた温泉神社から見上げると、黒々と伸ばした梢越《こずえ》しの青みがかった空に星が輝いていた。星空を仰ぎ見ると、山頂に待っている景色が楽しみになる。温泉神社から始まる初めての大白森への登山道は、温泉神社裏から一旦林道まで下った後、向かい合うように張り出した尾根から本格的な登山道になる。

青みがかった空が薄い紫色に変わり、星が少しずつ輝きを失っていく。聞こえる音は、枯れ落ちた小枝を踏み折る音だけ。秋田県境に馬蹄形のように食い込んだ大分水嶺の稜線までの標高差は約四〇〇メートル。所要時間約一時間。大分水嶺の稜線分岐から大白森山山頂までの標高差約一三〇メートル。距離二・五キロメートル程。山頂までは急がずとも二時間程だろう。

大分水嶺稜線は平坦で、幅広く刈り払いされていた。落葉した梢から薄日が差し込む登山道は、ブナやクヌギにカエデの落葉に覆われている。カサカサと落ち葉を踏みしめながら歩く登山道は気持ちがよいものだ。だが、平坦な道は水はけが悪い。何気なく踏み込むと、落ち葉に覆われた登山道は田圃状態。登山靴はくるぶしまで泥に埋まり、抜け出すのが容易ではなかった。この登山道が小白森の登りに入ると、滑りやすい木道に変わった。今日も登山者に会うことはないだろうと思うと、転倒による捻挫や骨折は避けなくてはと足運びは慎重になり、稜線を吹き抜ける風が冷たく感じる。小白森と大白森との間の鞍部

【岩手・秋田県境の分水嶺】

まで下り、大白森への木道の登りに入ると、登山道を囲んでいた木々は低木に変わった。星が輝いていた空は雲に覆われ、冷たい西風が吹き抜ける。

　そろそろ山頂かと顔を上げると、すっかり色づいた枯れ草の草原台地が広がっていた。台地を吹き抜ける風に枯れ草が波打ち、影が走っている。台地は、見慣れた湿原の景色とは違っていた。湿原の縁を囲む木立はなく、セピア色の湿地は重そうな黒い雲に囲まれていた。いつ降り出しても不思議でない、厚い雲に頭を隠すようにした岩手山の裾野と、寒々とした裏岩手稜線が八幡平まで続く。

　湾曲に走る分水嶺稜線上の関東森や曲崎山《まがりさきやま》は雲の色に同化し、見分けることは出来ない。それでも広がる景色は雄大。青空に見る山並みと違って、凄味さえ感じる。この稜線は、東側は国内第四位の流域面積と第五位の長さの北上川支流、葛根田川《かっこんだがわ》源頭の滝ノ又沢や中ノ又沢が流れ出す。西側は、日本海に注ぐ雄物川の支流、玉川源流の先達川《せんだつがわ》に合流する複数の沢が流れ出す大分水嶺。

　山の楽しみは百人百様。登山形態も好みの山もそれぞれ。この山は一度でいいかなと思う山。何度でも登ろうと思いたくなる山並みもある。その中で、大白森から裏岩手に続く分水嶺の山々の眺めは、黒雲に覆われていても、奥深さ、凄味、引き付ける魅力を感じる山並みだ。（二〇二一年十一月）

【秋田駒ケ岳の分水嶺】乳頭山・横岳・笹森山と国見峠――

△乳頭山《にゅうとうざん》（烏帽子岳《えぼしだけ》）（標高一四七八メートル）

岩手県側では烏帽子岳と呼ぶ乳頭山は、秋田・岩手県境の山。裏岩手縦走路の大深岳から西側に大きく湾曲した大分水嶺稜線は、大白森を頂点に東へ向きを変える。乳頭山は大深岳同様に、南北に走っていた稜線が西側に湾曲する始まりの山。乳頭山は三角点測量の山ではないが、山頂から見渡す馬蹄形の稜線が一望出来る。

岩手県側の呼び名「烏帽子岳」の由来は、山頂の東斜面の岩手県側が鋭く切れ落ち、噴火の名残と思われる赤茶けた岩肌がむき出している、その姿が烏帽子に見えることによると思われる。

秋田県側での呼び名乳頭山は、麓の乳頭温泉郷側から見る姿が、女性のオッパイに見えることによる。ただ、その乳首は安達太良山《あだたらやま》のようにゴツゴツした岩肌と違って、ミヤマシオガマの薄紅色の花のようだ。

乳頭山への登山は、秋田駒ケ岳からの縦走も出来るが下山後の移動を考えると、乳頭温泉郷の孫六温泉と黒湯温泉の周回ルートが一般的。孫六温泉からの登山道は急登から始ま

【秋田駒ケ岳の分水嶺】

るが、その辛さを忘れさせる楽しみがある。花の咲く季節、ポケットに網目の袋でも忍ばせておけば、辛い登りの合間に芽吹きだした木の芽を採取する楽しみが稜線近くまで続く。

乳頭山は、山頂南側に流れる一本松沢《いっぽんまつざわ》対岸に広がる秋田駒ケ岳に負けず劣らず花の山。乳頭温泉郷の孫六温泉からの灌木に囲まれた登山道が木道に変わると、小さな湿原のある大分水嶺の稜線に出る。湿原は、秋田駒ケ岳と大白森を繋ぐ大分水嶺稜線の中間地だ。

この稜線縦走路に出ると、木の芽に代わって山野草の花の道になり、乱れ咲く花が途切れることなく山頂まで続く。山野草を楽しんだ後は、山頂からの眺望になる。晴れていれば、稜線続きの北側に大白森から岩手山が広がり、森吉山《もりよしさん》や焼山《やけやま》が稜線越しに眺められる。南側は、田沢湖から残雪をまとった秋田駒ケ岳が広がる。

花の季節に入ると、秋田駒ケ岳は大勢の登山者で賑わう。対して、乳頭山は静か。残雪の秋田駒ケ岳を背景に、花を愛でながらの登山は、秋田駒ケ岳では味わえない良さがある。

大分水嶺の稜線は、東側が花森沢や田代沢の流れが葛根田川になり、雫石川《しずくいしがわ》に合流した後、盛岡市で北上川に合流して石巻市から太平洋に流れる。西側は、乳頭山と秋田駒ケ岳から流れ出した一本松沢や松ノ沢の流れが、乳頭温泉上流から流れる先達川に合流後玉川になり、雄物川に合流し、秋田市から日本海に注ぐ。

八幡平から続く大分水嶺の山並み。山野草の花が乱れ咲く登山道。下山後に汗を流す白濁した温泉。乳頭山は登山の楽しみ三拍子がそろった山だ。（二〇二〇年六月）

△秋田駒《あきたこま》・横岳《よこだけ》（標高一五八二メートル）

秋田駒ケ岳は最高峰の男女岳《おなめだけ》（一六三七メートル）を中心に、男岳《おだけ》・女岳《めだけ》・小岳《こだけ》・横岳の五座で形成された火山の総称。その中で横岳は、四座と離れた外輪山東側分水嶺の稜線上にある。

稜線は岩手県と秋田県の県境。横岳は秋田県側にある四座に登るルートの分岐の山。花のシーズンは多くの登山者で賑わっている。

東北では有数な花の山で知られている秋田駒ケ岳だが、田中澄江さんの『花の百名山』に紹介されてはいないのは、咲き誇る花の種類が多過ぎて、書き切れなかったからか？花の時期を迎えると、山裾は曲がり竹が顔を出す季節。八合目まで続く道路は曲がり竹を収穫する人の車が連なって駐車し、山はタケノコ目当ての人と花が目当ての人で賑わう。

青森県の中央を縦断した奥羽山脈が岩手・秋田県境に入ると、山の名前に森の付く山が更に多くなる。秋田駒ケ岳の南にある国見峠から裏岩手と八幡平を分ける見返峠間の主稜線だけでも笹森山《ささもりやま》・湯森山・笊森山《ざるもりやま》・小白森・大白森・大沢森・八瀬森・関東森・崘岨森と続く。これら大分水嶺上の山を囲むようにある周囲の山の大半にも、森が付いている。森と付いた山が多いのは、マタギを含めた森の中を仕事場とした、山の民の仕事言葉から来たのではないかと思う。この山域も降雪量が多く、分水嶺の稜線には雪解け水が作った

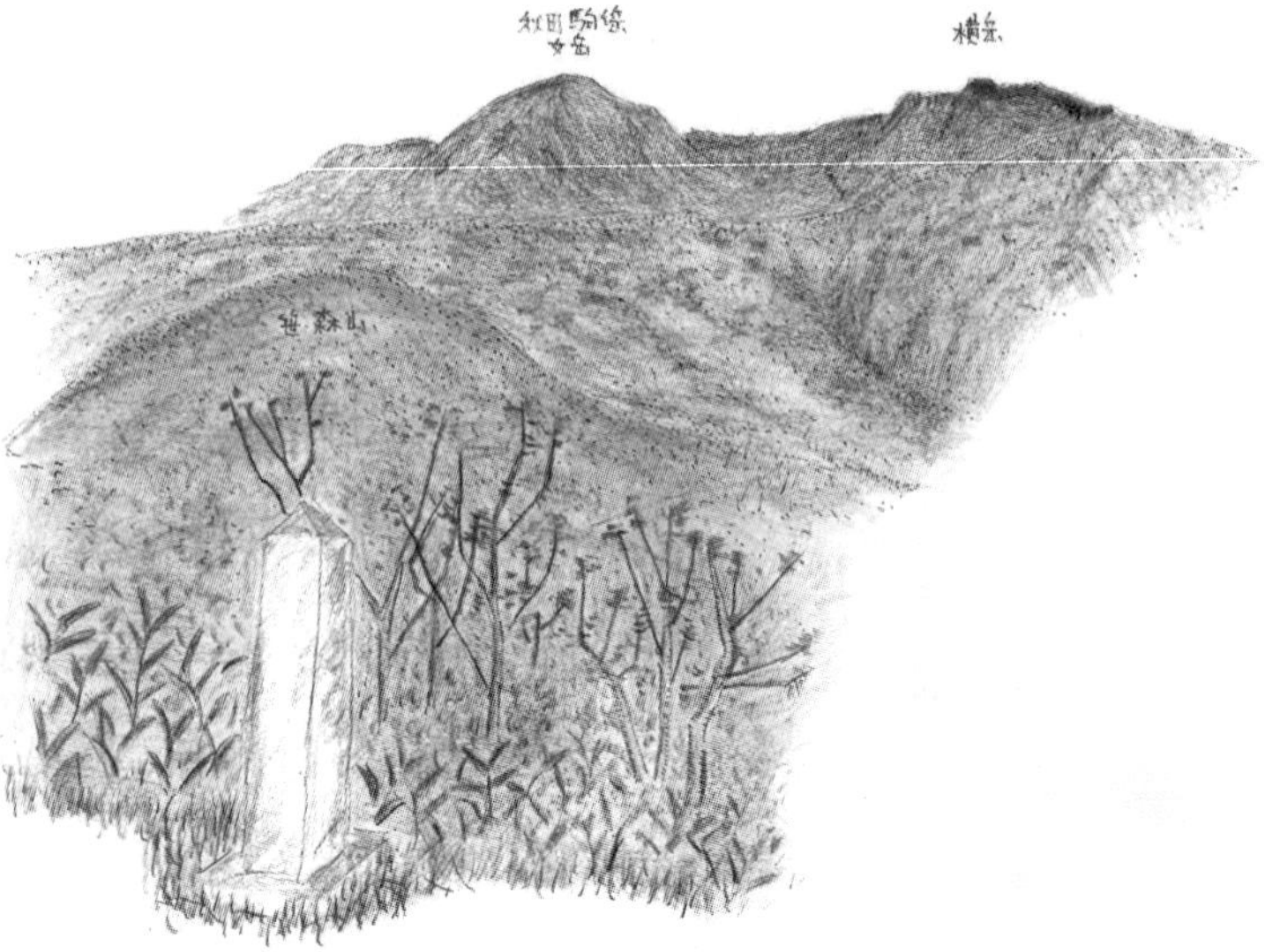
秋田駒ヶ岳
女岳
横岳
笹森山

八合目小屋
秋田駒ケ岳
男女岳
男岳
女岳
小岳
横岳
岩手県
雫石町
田沢湖
秋田県仙北市

【秋田駒ケ岳の分水嶺】

湿地が点在する。その湿地は雪解けとともに花園になる。

木々が芽吹き、山野草が花を咲かせる時期になると、クマとの遭遇による事故がニュースになる。クマは雑食。山野草の花も食べている。

山野草の宝庫、秋田駒ケ岳にもクマは生息しているに違いない。だが、この山でクマに遭遇した話を聞いたことはない。森と付く山裾に広がる笹竹が、雪解けとともに笹竹の数だけ、タケノコを芽吹かせるからと思われる。曲がり竹は熊の大好物。

このあたりはマタギの故郷。山は深い森に囲まれている。原生林に覆われる奥羽山脈の森は、クマを始め野生動物の生息地。森を仕事場とする山の民がクマに襲われないのは、お互いに尊重しているからだろう。秋田駒ケ岳の登山口は、岩手県側の国見温泉から横長尾根を登って横岳に登るコース。秋田県側の登山口は、八合目の避難小屋からが一般的。八合目まで舗装された林道は、花の季節を迎えると一般車は通行止めになり、シャトルバスの利用になる。どちらのルートも、週末は花を求めた多くの登山者で賑わう。

分水嶺の流れは、東側は横岳の大焼砂沢《おおやけすなさわ》から始まった流れと周辺の沢が荒沢を作り、竜川《りゅうがわ》に合流した後盛岡市で北上川に合流して太平洋に流れる。一方、西側の流れは八合目登山口上部から流れ出す片倉沢と赤倉沢が、乳頭温泉郷から流れる先達川に合流した後、玉川の流れに交わる。その後、雄物川に合流し、秋田市から日本海へ流れる。（二〇二〇年六月）

△笹森山《ささもりやま》（標高九九四メートル）と国見峠《くにみとうげ》

盛岡市と秋田市を結ぶ国道四十六号線を車で走り、盛岡市から雫石町に入ると、右側に広がる奥羽山脈最高峰の岩手山が一段と大きくなる。裾野に広がる小岩井牧場に岩手山を隠す山や林はなく、なだらかに広がる放牧場が、岩手山をより高く大きく見せるからだろう。

見飽きることのない岩手山。その姿が国道沿いの丘陵や林に隠れると、緩やかな尾根を東側に走らせ、優美な姿の横岳が姿を見せる。その姿は、田沢湖側に見せる男岳と女岳に囲まれた最高峰の男女岳の男性的な山とは別の山だ。国道四十六号線と山裾に挟まれて走るＪＲ田沢湖線の秋田新幹線の姿と、優美な秋田駒ケ岳の景色は風情がある。その風情は奥羽山脈の国見峠に差し掛かるまでしばらく続く。

標高九四〇メートルの国見峠は、岩手山麓の雫石町と武家屋敷の家並みが残る角館町《かくのだてまち》を結ぶ秋田街道と呼ばれた古道。この古道は、国道四十六号線に並行するように、国道の南側山腹を走っている。

国見峠は奥羽山脈の東と西を結ぶ峠の中で最も古く、康平五年（一〇六二年）に発生した前九年の役で、源頼家が阿部一族に奇襲を仕掛けるのに切り開いたと伝えられる。それ以降、秋田街道は奥羽街道と羽州街道の連絡道として、軍事的にも経済的にも重要な峠と

【秋田駒ケ岳の分水嶺】

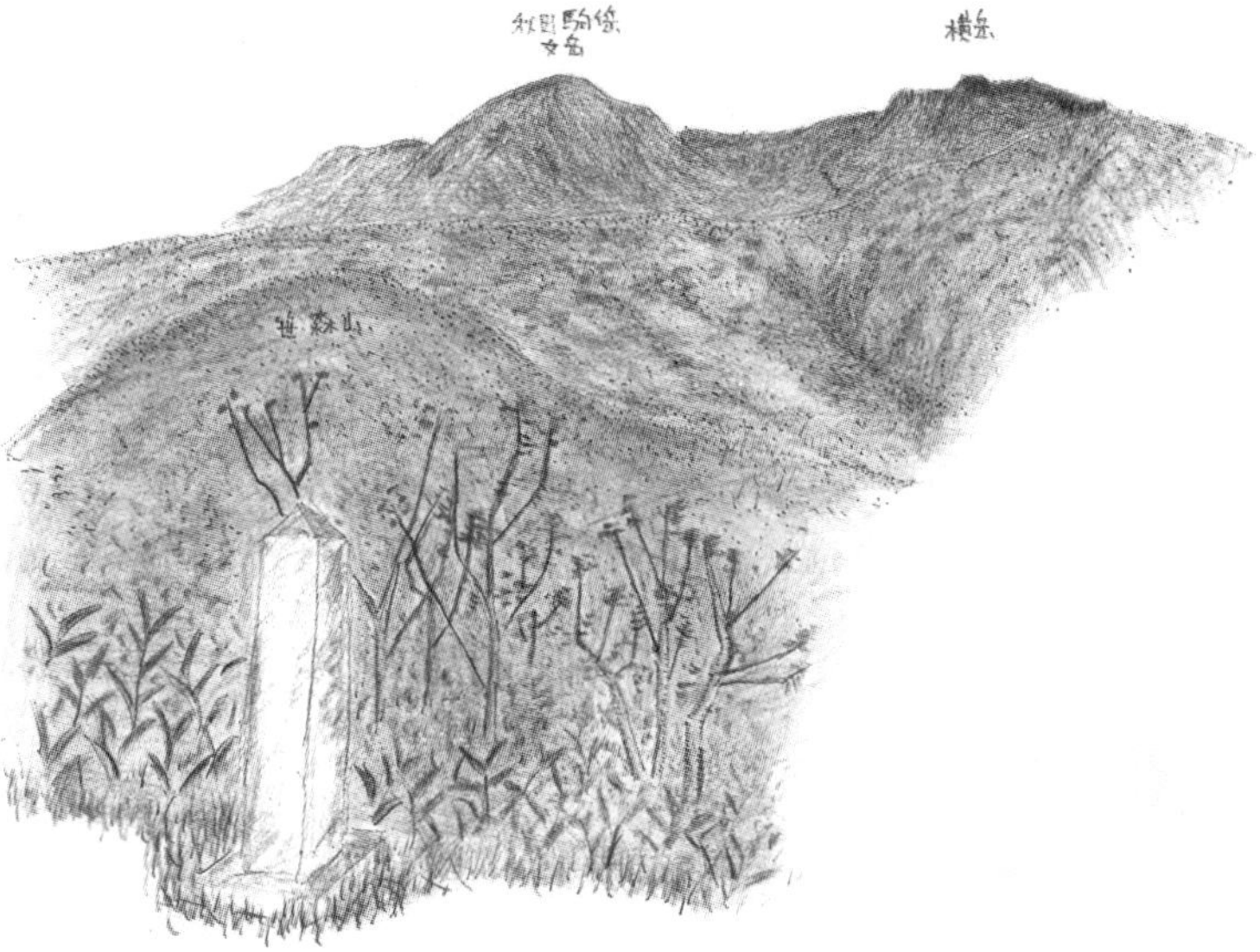

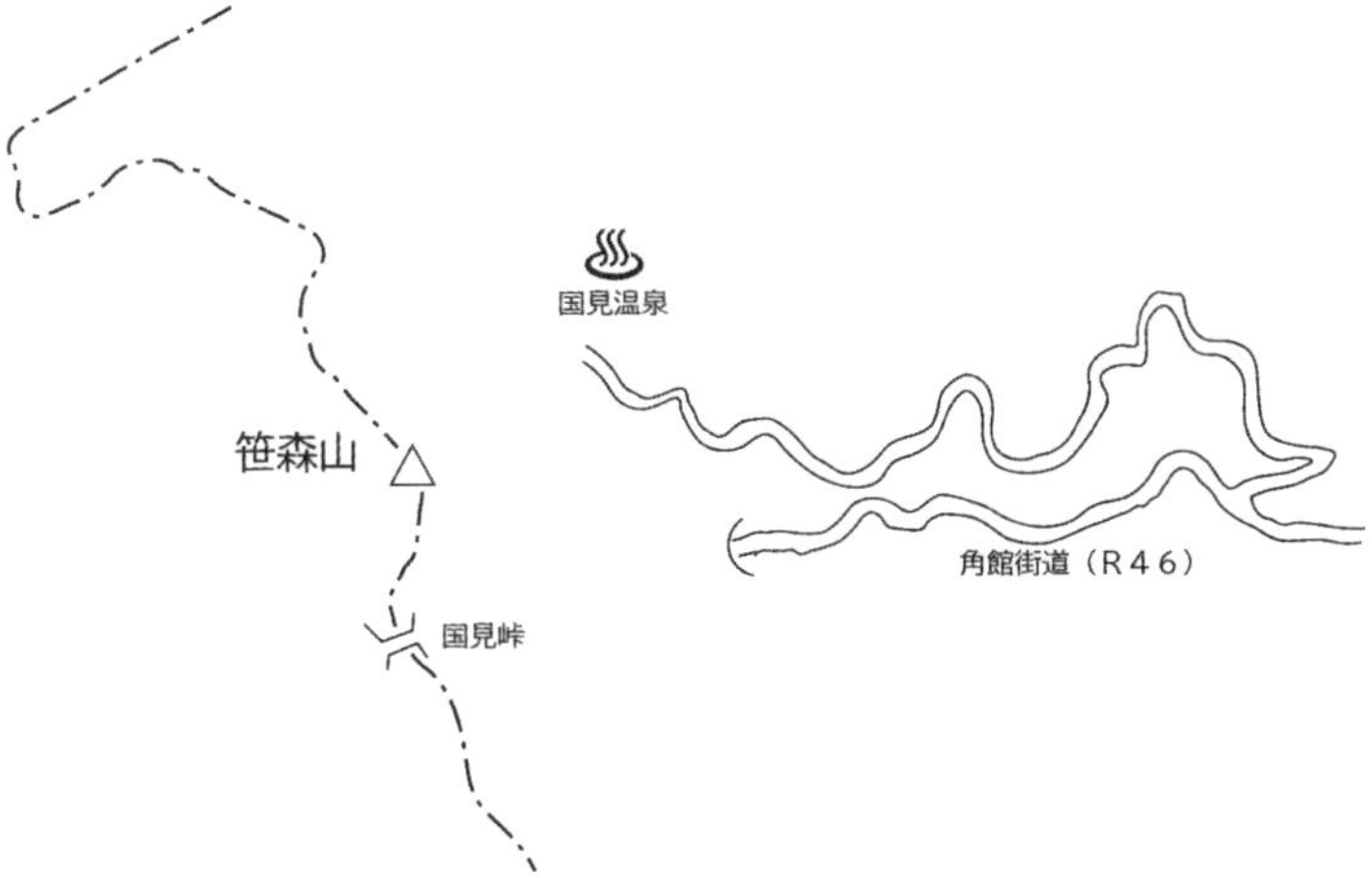

なった。その重要性は今でも変わらない。峠のある笹森山の山腹に、新旧三本の道路と鉄道トンネルが走っている。

国見峠は、秋田駒ケ岳の外輪山から発生した横長根尾根末端の笹森山から五十メートルほど標高を下げた稜線鞍部から南側に続く尾根を登り返した場所にある。昭和三十六年七月、岩手・秋田両県の有志が創立した「峠の会」が創刊した雑誌『峠』に、国見峠の歴史が紹介されている。その中に、角館生まれの日本画家であり歌人の平福百穂《ひらふくひゃくすい》は、能代市から日本海に注ぐ米代川の川面が光って見えると言われた峠に立ち、「ここにして岩鷲山《がんしゅうざん》のひむがしの　岩手の国は傾き見ゆ」と詠んだ句が紹介されていた。その国見峠に国見温泉から登ってみた。国道四十六号線がいよいよ県境の仙岩《せんがん》トンネルに向かって登りに入ると、国見温泉に向かう道路が分かれる。道路は、秘境の温泉のイメージに合わない立派なものだがバスは走っておらず、JR田沢湖線の赤渕《あかぶち》駅からタクシー利用になる。秘境の温泉は辺鄙《へんぴ》だ。

国見温泉入り口にある秋田駒ケ岳登山者向けの駐車場から、竜川源流まで一旦下る。国見温泉からあふれ出した湯が混じる小さな滝川の流れに白い湯花が混じっていた。笹森山までは、この流れから標高差一九五メートルの登りになる。落葉した木立越しに見る国見温泉は日差しを浴びて明るく、国道から分かれた道路同様、秘境の雰囲気は感じなかった。峠道は急登だが、しっかりした踏み跡を四十分程登ると、笹森山への分岐。直進すれば国

【秋田駒ケ岳の分水嶺】

見峠に向かうが、分岐から十分程の笹森山へ寄り道する。何時《いつ》の時代のものか不明な石積みの基礎が残る山頂から、名残の紅葉を補うような赤い屋根の国見温泉旅館が見えた。

笹森山から一旦分岐に戻り、「一八〇五年」の刻銘の石標が建つ峠に向かう。降り出した雨に穂先を垂れ下げた鬱陶しい稜線鞍部から、緩やかな上りの先に、雨に濡れた石標が建っている。周囲は刈り払いされさっぱりとしている。

石柱に彫り上げられた文字は風雪に晒され、崩れた上に苔が生えて明確ではないが、「従是北東盛岡領」と読める浮彫と、建立された年と思われる「一八〇五年」と浮き彫られている。

国見峠からの分水は、標高八五〇メートル付近から流れ出す滝川で始まり、安栖沢《あずまいざわ》と合流した後に雫石川になり、北上川に合流し太平洋に注ぐ。西側の流れは六枚沢から始まり、生保内川《おぼないがわ》に合流後玉川、雄物川となって日本海に注ぐ。

空模様が変わり、平福百穂が眺めた「ひむがしの岩手山」も「川面が光る米代川」も望めなかったが、笹森山の向こう側に広がる秋田駒ケ岳最高峰の男女岳を囲むように緩やかに弧を描いた外輪と分水嶺の横長尾根に包まれた秋田駒ケ岳は、優美で見飽きることのない姿だった。（二〇二一年十一月）

【真昼山塊の分水嶺】

女神山と笹峠・和賀岳・真昼岳と善知鳥峠・沢尻岳――

△女神山《めがみやま》（標高九五五メートル）と笹峠《ささとうげ》（標高六〇〇メートル）

ヤマウルシやナナカマド、オオカメノキなどの木の葉が赤く染まる十月、奥羽山脈はとりわけ魅力的な季節を迎える。鮮やかに彩られた紅葉と笹竹の濃い緑の葉が、澄んだ青空と渓谷に映るさまは、ため息が出る美しさ。また山が燃えるとたとえられるように、視界の限り赤茶色に染まったブナ林は、息を呑む凄さで、圧倒される。

この日の計画は、登ったことのない女神山と、岩手側から登るのは初めての真昼岳《まひるだけ》の組み合わせ。二座の所要時間は六時間。下山時間を三時半とすると、登山開始は九時。

東北自動車道の北上ジャンクションから秋田自動車道に入ると大粒の雨が降り出し、対向車線を走る車が跳ね上げる水しぶきと合わせ、視界が悪くなる。午前中は雨との予報通りの空模様の中、片側一車線の秋田自動車道の湯田インターから国道一〇七号線に入る。そこはJR北上線のほっとゆだ駅のある西和賀町《にしわがまち》の中心地。

秋田県に接するこの山間の町は、石炭採掘で発展した町とのこと。石炭採掘が最盛期の当時、坑口に近い湯川《ゆがわ》温泉にはストリップ劇場や映画館もあり、大いに賑わったらしい。

【真昼山塊の分水嶺】

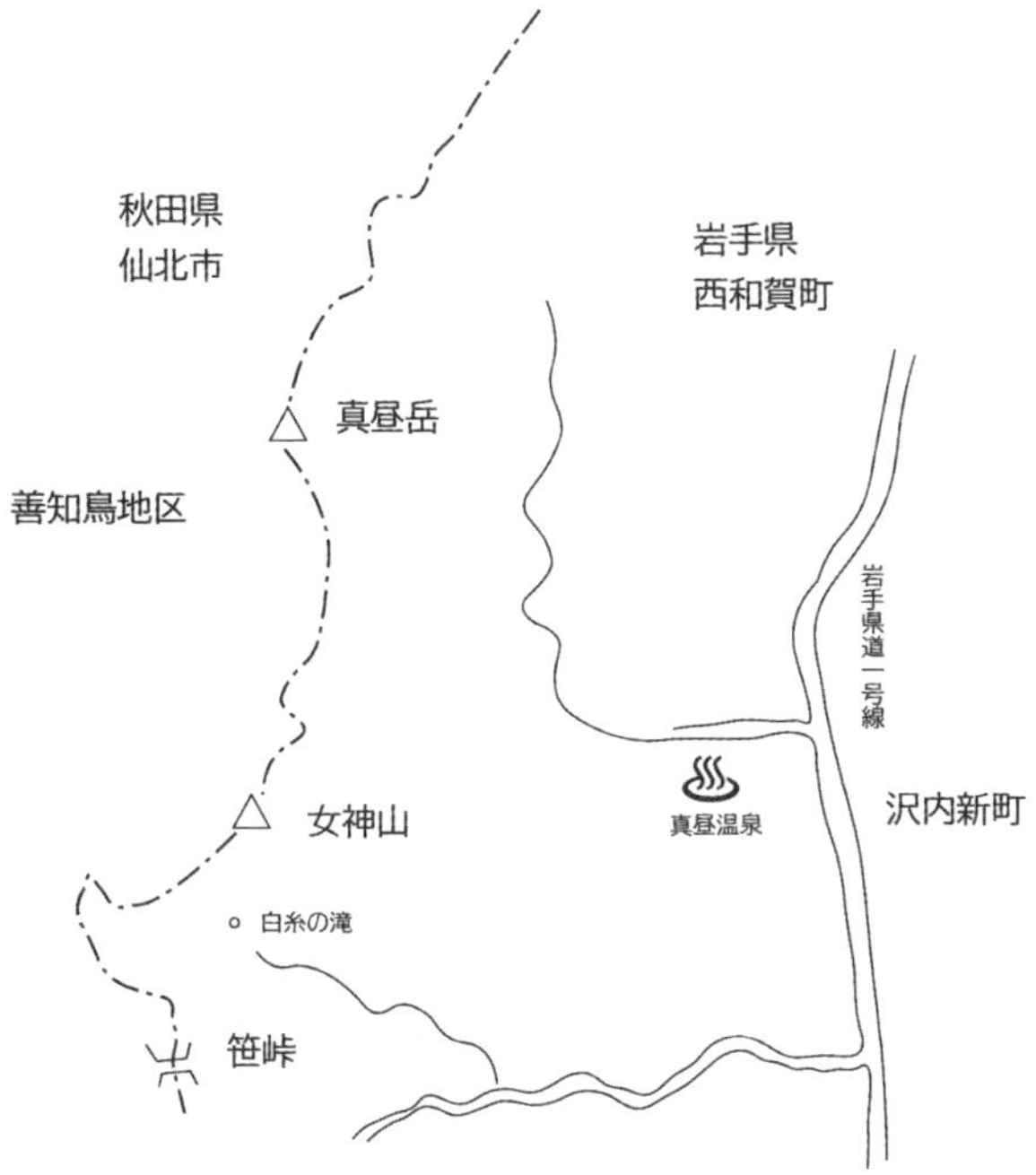

その西和賀町が二〇三〇年には限界集落になるとの予測があるらしい。

街の中心地から盛岡市に通じる岩手県道一号線は、大分水嶺の山並みに沿って走る。その都度眺めていた女神山も真昼岳も、今日は雲に隠れて見えない。山の存在を示すのは、県道一号線からの分岐に立つ案内板だが、書かれた案内先は女神山登山口のある「白糸の滝」や真昼岳の登山口に通じる「真昼温泉」のみ。案内板の片隅にさえ、山の名前は書かれていない。

今日の登山口になる兎平《うさぎだいら》登山口は、真昼温泉から続く林道沿いにあり、案内板に従って県道から分かれ林道に向かう。

女神山も真昼岳も、登山口は稜線の東西に数か所ある。その中で兎平登山口は、女神山と真昼岳を繋ぐ稜線に登る中間地。兎平登山口から分水嶺の稜線までおおよそ一時間。分岐から女神山も真昼岳もそれぞれ一時間。両方登っても、六時間程で下山出来る。

兎平登山口に続く林道は、今が盛りとばかりに燃えるような紅葉が広がっている。その赤茶色一色に染まったブナ林に薄日が差し、雨に濡れた葉の一枚一枚がキラキラ光るさまは山が燃えるたとえそのもの。赤く染まった落ち葉が、駐車スペースに停められた無人の車に張り付いている。この原生林は白神山地に匹敵するブナの森。森の中に充満した枯れ葉のにおいが、運転で疲れた体に息を吹き込んでくれる。聞こえてくるのは、葉擦れの音と本内川《ほんないがわ》の瀬音だけ。

【真昼山塊の分水嶺】

本内川は分水嶺の川。太平洋に注ぐ北上川支流の一つ。駐車スペースから、本内川は近い。川幅三十メートル程の流れに架かる吊り橋を渡ると、標高差四五〇メートルの登山道に至る。

登山道を埋め尽くした落ち葉を踏みしめながらの一人歩きは、解放感に満ちている。振り返ると、本内川の対岸に横たわる山は、混じりけのない赤茶色に染まっている。分水嶺稜線は、たおやかだった。

この山並みは、冬の期間、雄物川に沿って流れ込む西風に晒され、山並み西側の森林限界は低く、稜線は背丈の低いササに覆われている。そのササに混じって、名残のベニドウダンツツジの紅葉とサラサドウダンの黄色い葉が、風に揺れている。陽が射せば、冬枯れの灌木越しに鳥海山も姿を見せるだろうが、吹き抜ける風が冷たい。

女神山は真昼山塊の南端の山。標高は一〇〇〇メートルに満たないが、日本海に注ぐ雄物川支流の丸子川越しに見る姿は、端正な三角形を稜線上に見せ、女神山と一目でわかる三角点測量の山だ。

秋田駒ケ岳や和賀岳《わがだけ》からの帰り道に目線を奪う女神山に登ることは、分水嶺の山旅の中でも楽しみの一つだった。その山頂に二つの三角点石柱があった。大きさはどちらも同じだが、よく見ると一方の石柱は頭部四面が面取りされている。珍しいので調べてみると、面取りされた石柱は農林省が設置した国有林境を示す石柱だった。二つの三角点が埋め込まれた山頂は、北西からの風を遮るように三方が灌木に囲まれ、南側だけが切り開かれていた。県境の大分水嶺から枝分かれした尾根の裾野に広がる畑に、煙が立ち上っている。稲わらを燃やしているのだろう。晩秋のにおいがするようだ。この山頂から稜線を南に下れば、白糸の滝登山口だ。

白糸の滝は、切り立った岩肌全体に、白い絹糸を垂らしたように水が流れ落ちる姿が名前の由来。周辺には、姥滝《うばたき》・降る滝・ひやげ滝・姫滝・爺滝《じじたき》・不動の滝などがあり、そのすべてが太平洋に流れ込む分水嶺の始まり。この七滝の近くに、奥の細道を遊旅した正岡子規が越えた笹峠がある。

明治二十六年に峠越えした正岡子規も、白糸の滝を眺めたのであろう。峠道の麓に、「近国無比の勝地なり」と刻まれた句碑が建っている。（二〇二一年十一月）

△和賀岳《わがだけ》（標高一四四〇メートル）

和賀岳の聳える真昼山塊は、岩手・秋田県境を南北に走る奥羽山脈のほぼ中央部に位置し、和賀岳は山塊の最高峰。山塊は、北端の国見峠から始まり、白木峠《しろきとうげ》までの七十キロメートルに及び、岩手・秋田両県を分ける分水嶺稜線の三分の一を占める。

山塊を作る山のすべてが標高一五〇〇メートル以下の低山だが山塊は高緯度に位置し、

【真昼山塊の分水嶺】

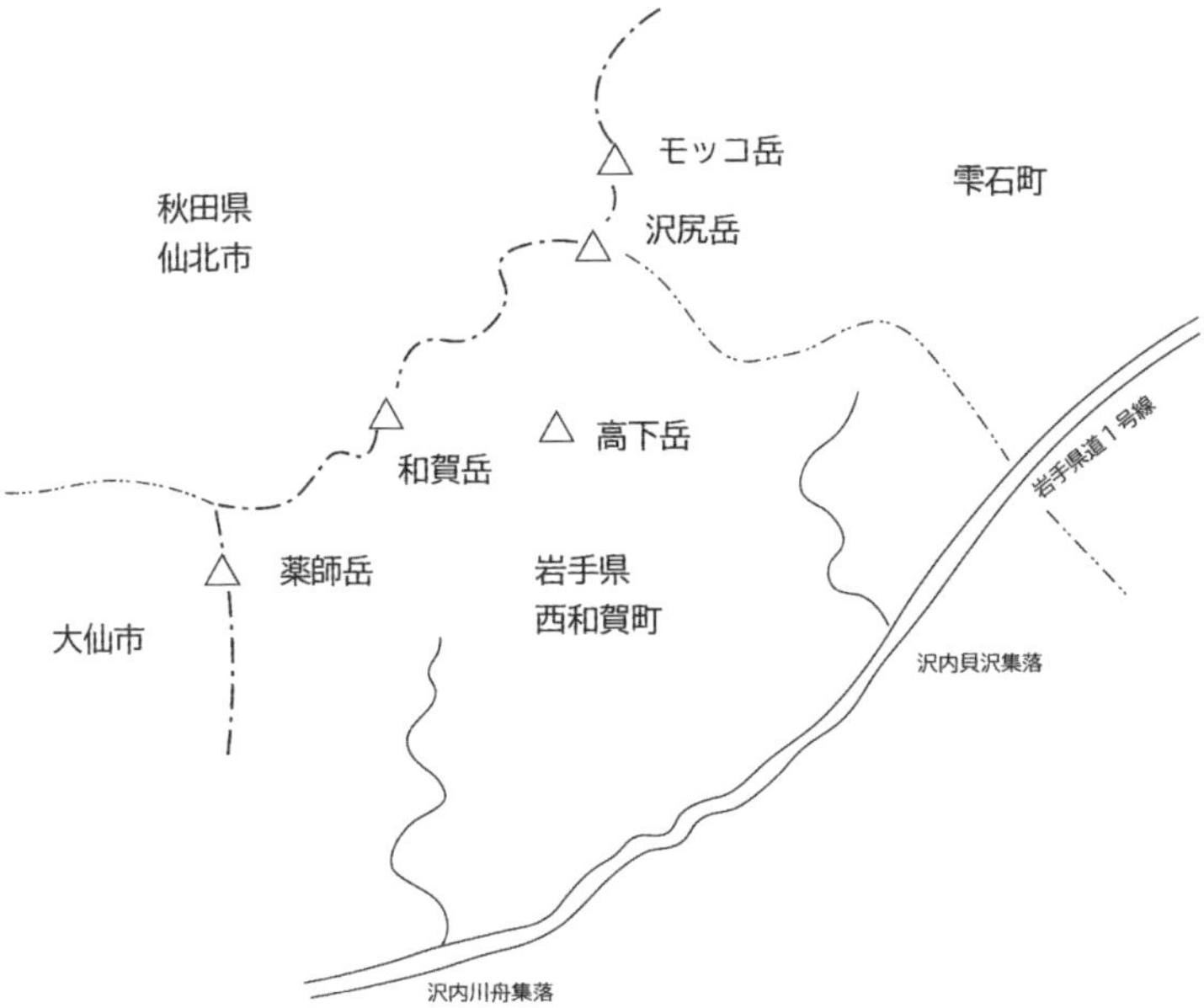
モッコ岳
雫石町
秋田県
仙北市
沢尻岳
岩手県道1号線
高下岳
和賀岳
薬師岳
岩手県
西和賀町
大仙市
沢内貝沢集落
沢内川舟集落

冬期間の気象条件はきびしく森林限界は低く、背丈の低い笹竹に覆われた稜線は、山塊を成す山々を見渡す。

火山のない山塊は、見渡す山すべてが裾野を大きく広げ、岩手県・秋田県のどちらからも、距離の長い林道を走らなければ登山口に着けない。加えて和賀岳は、登山口から山頂までの累積標高差は岩手県側で一二〇〇メートル。秋田県側でも一〇〇〇メートルを超える。山頂までの距離は、どちらも八キロメートル以上ある。その登りは、東西どちらも急峻な登りから始まり、山頂まで六時間の登山道に、避難小屋も水場もない。和賀岳は低山だが、奥深い山だ。

以前、角館側から登った時は、林道終点近くで車中泊。同じく二年前の登山は、角館側の林道が工事中で、登山口まで行くことさえ出来なかった。今回は、岩手県道一号線から分岐する林道を利用し、西和賀町側の登山口を目指した。

岩手県道一号線から分岐する林道入り口に立つ案内板は、真昼山塊の他の山と違って、大きく和賀岳と書かれ、登山口までの道に迷うことはない。だが、その案内板の脇に立てられた小さな案内板に、七キロ先で車は通行止めと書かれていた。角館側からの林道が通行止めだったことを思い出す。またかよと思いながら、事前に測った県道分岐から登山口までの距離が八キロだったことを思い出す。一キロの林道歩きは、行程に影響はない距離と判断し、林道に乗り入れる。

【真昼山塊の分水嶺】

この日は、規制チェーンの手前で車中泊。夜通し降っていた雨は上がり、夜明けとともに出発する。ほどなく一台の軽自動車が乗り捨てられ、林道を塞いでいた。見ると谷側は崩落し、道幅が狭くなっている。七キロ先通行止め箇所だろう。軽自動車は崩落した谷側を避け、山裾に寄り過ぎたに違いない。落ち葉の吹き溜まった、山裾に掘られた素掘りの排水路に気づかなかったのだろう。脱輪した車は、山側に大きく傾いている。ワイヤーロープで無理に引っ張ったのだろうか、ナンバープレートの付いた無人の車は、前輪がホイールごと引きちぎられていた。この現場から登山口は近く、程よく体が温まった頃に標高差四〇〇メートルの急登が始まる。

急峻な上りは半端でなく、ふくらはぎが伸びっぱなしの直線の登山道は、前日入浴した真昼温泉の管理人が話していた通りだ。この急登が原因なのか、のどに絡みつくようなイライラ感とともに、咳が止まらない。水を飲み、イライラ感を解消すると、鼻に付くような甘い匂いが広がる。登山道を覆い尽くした落ち葉に混じったカツラの落ち葉が発する甘い匂いが、急登の登りで深く吸い込んだ空気に含まれ、のどを刺激したのだ。ブナ林の紅葉に目を奪われていたが、真昼山塊は、カツラの木を含む幾種類もの樹木に埋め尽くされた豊かな森だった。

四〇〇メートルの急登が終わると登山道は平坦な道に変わる。その後登山道は、和賀岳東側裾野を流れる和賀川岸まで二三〇メートルを一気に下る。この下りは、下山時の疲れた体での登り返しに堪えるに違いない。そんなことを思いながら川岸に着くと、夜半まで降り続いた雨で、川が増水していた。川は、和賀岳の東斜面から流れ出す北上川支流の和賀川の源頭部。

流れに沿って渡れそうな場所を探すが、流れから頭を出した濡れた飛び石の間隔は広く、ポールの補助があっても滑りそうだ。

溺れはしない水量だが、流れは速く、素足になって晩秋の川を渡る勇気が湧いてこないのは、歳のせいだろう。

雄物川支流の玉川と北上川支流の和賀川の源流が流れ出す大分水嶺の山、和賀岳登山は三回目だが、山頂を踏んだのは一回。

山の中には、毎回雨に降られる山、山頂を踏んでも景色の得られない山がある。次回があるのかわからない和賀岳も、そんな山の一つになりそう。和賀岳は、深田クラブが選んだ日本二百名山の一つだが、和賀岳が登山者を引き付けるのは、二百名山に選ばれた冠以上に、山頂に立つのが容易ではないことにあるのかもしれない。

和賀岳を始め、真昼山塊には何度か足を運んでわかったことの一つに、西和賀町は、山塊の秋田県側には少ない温泉が数か所ある温泉の街。JR北上線のほっとゆだ駅舎が温泉施設を併設しているのを始め、町内には八か所の公営の温泉施設がある。

奥の細道を旅した正岡子規が宿泊した温泉宿もある。湯田《ゆだ》の由来は、田圃からお湯が湧きだしたことによる。和賀岳を諦め、田圃から涌き出した温泉につかり、地元の人たちの素朴な会話を耳にすれば、登れなかった和賀岳の思い出も深くなるに違いない。（二〇二一年十一月）

△真昼岳《まひるだけ》（標高一〇五九メートル）と善知鳥越《うとうごえ》（松坂峠《まつさかとうげ》）

紅葉も終盤を迎える十一月、東北の山は登山シーズンが終わり、山仕舞いの季節を迎える。木々の葉が燃え尽きる前の紅葉を楽しむ人と、山が冬ごもりに入る前の登山を楽しむ人だろう。紅葉に包まれた林道を、右に左に揺れながら車が登山口に向かって走っている。

十一月三日、女神山に登った後、真昼岳に向かう稜線中間点の兎平分岐に戻ると、突然あられ混じりの雨が降り出し、真昼岳から下山してきた家族連れの登山者が、足早に兎平登山口に向かって下山していく。分岐から真昼岳までは一時間の距離だが、下山する人達に引き込まれるように下山を始めたのは、真昼岳には何度か登っているのと、明日登る和賀岳登山口に余裕をもって着きたかったからだ。

また、予備日に登ることも出来る。そのように考えると、十一月の雨の稜線を俯いて歩く必要はない。

今日は予備日とした登山日程の四日目。前日は大白森山頂からの景色に満足し、乳頭温

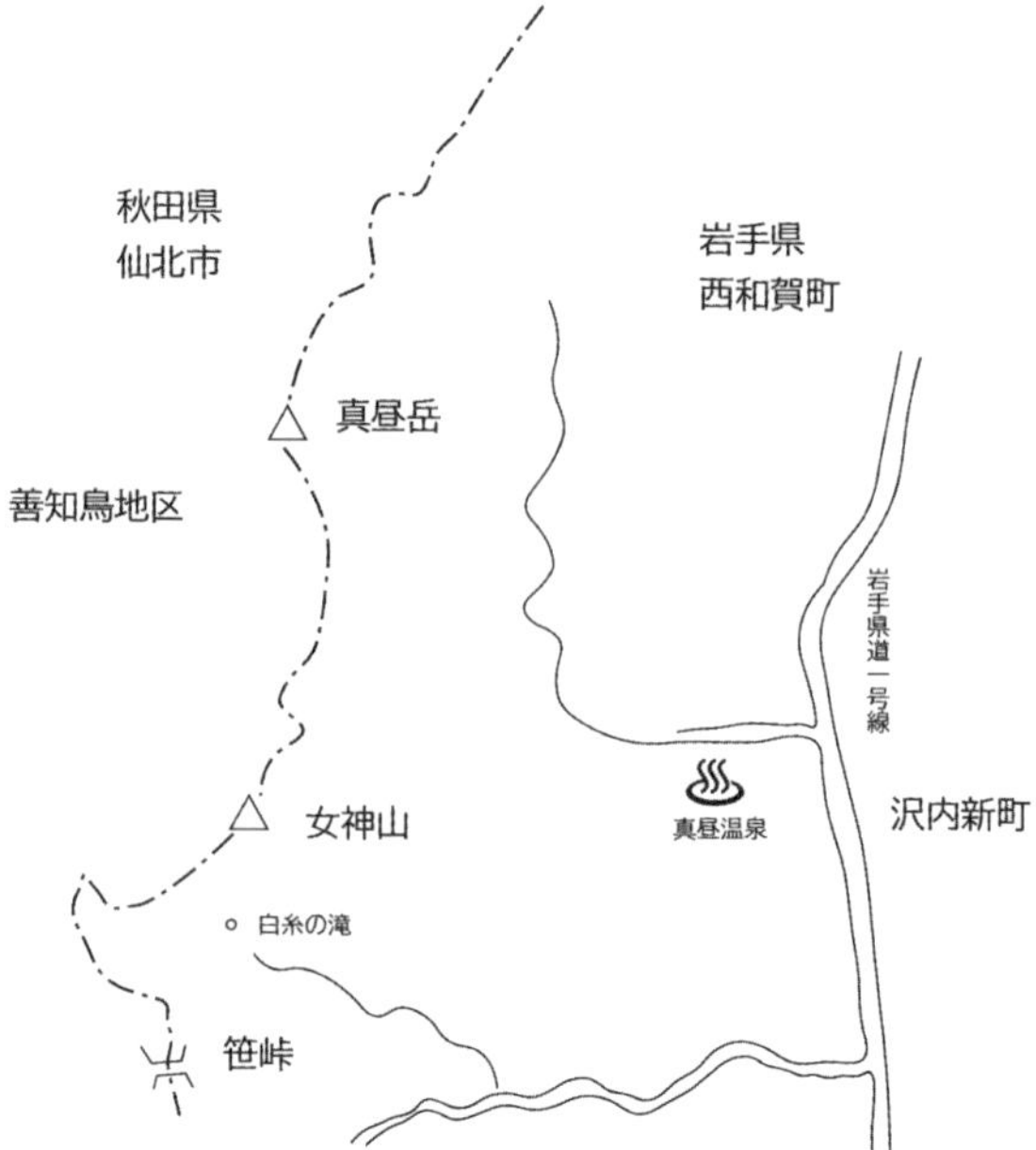
秋田県
仙北市
岩手県
西和賀町
真昼岳
善知鳥地区
岩手県道一号線
女神山
真昼温泉
沢内新町
白糸の滝
笹峠

泉の白濁した温泉を堪能した。それでも余裕で兎平登山口に入ることが出来た。

昨日の大白森は、どんよりと黒い雲に覆われ、冷たい風が吹き抜けていたが、兎平駐車場を覆い尽くした紅葉の一枚一枚は、そよりともしない。開けた林道の上空は星に埋め尽くされている。張り出した移動性高気圧に覆われたのだろう。今日は、今回の山旅一番の好天が期待出来る。木々にまとわりついた朝霧の森に、ブナ特有の木肌が浮かび上がる。空気もひんやりとしている。四日前の途中下山が正解だったようだ。

今日歩く大分水嶺稜線の登山道は、盛岡藩と久保田藩を結んだ善知鳥越《うとうごえ》の古道。途中下山した真昼岳への分岐から、真昼岳へ向かう古道には松坂峠がある。藩政時代の古道は、生活物資を運ぶ道であり、キリシタンの山越え道として知られ、両藩の峠口には番所が置かれていたと伝わる。今日の上天気は、その古道稜線歩きを満喫出来るだろうと思うと、目覚めの水さえ甘く感じる。

真昼本沢の流れる水音を聞きながら、登山口に向かう。歩き出すこと三分、先日渡った吊り橋を渡れば本格的な登山道が始まる。

天気良し、体調良し。今日の往復四時間強の山旅は素晴らしいものになるだろう。

だが予期しなかった出来事が待っていた。真昼本沢に架かる吊り橋の床板が消えてなくなっている。床板を支える横木がむき出し、泡立つ流れが音を立てている。床板はどこに行ったのかと、周囲を見渡す。渡り板は、吊り橋のワイヤーロープを固定した大木の幹に、しっかり括り付けられていた。両岸の大木から延ばされたワイヤーロープに吊り下げられた、渡り板を載せる横木が恨めしい。横木の間隔は一メートル程。何とかならないかと横木に足をかけるが吊り橋に横揺れを防ぐ張り綱はなく、横木は登山者を笑うように大きく揺れ、足は股裂き状態になるだけ。

この揺れに、横木に足を掛ける勇気も、自信も揺れる。なんとか渡れそうな場所はないものかと、流れに沿ってうろうろするが、増水している流れにその場所もない。つい先ほどまで思っていた、四日前の下山判断は、一人よがりだったようだ。

吊り橋は、地元の山岳会がボランティアで設置し、床板の撤去も手弁当の作業らしい。地元の人たちだからこその安全対策だろう。

奥羽山脈大分水嶺の山々は、冬の訪れが早い。木々の紅葉が舞い飛ぶ西風が吹き出すのも近いだろう。前日までの天候はその前ぶれなのだろう。落ち葉が舞い散る前に行う山仕舞いに散るもみじ、残るもみじも散るもみじ。潔い山仕舞いは、それこそ引き際千両。心地よく感じる真昼岳だった。（二〇二二年十一月）

△沢尻岳《さわしりだけ》（標高一一六〇メートル）

夢でも見ているのか……。我が家の向かい側のテレビアンテナに止まり、尾羽を上下に

【真昼山塊の分水嶺】

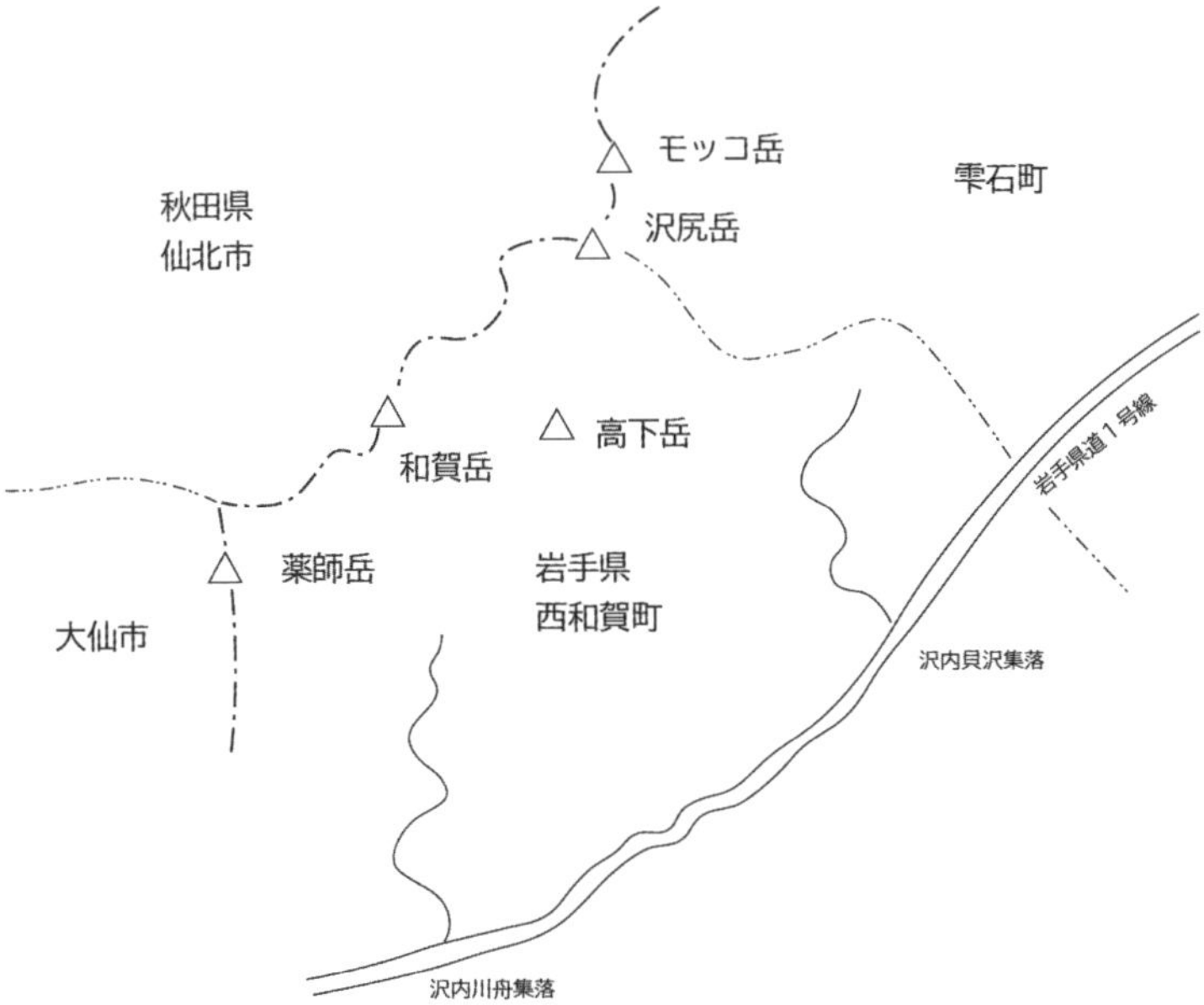
モッコ岳
雫石町
秋田県
仙北市
沢尻岳
岩手県道１号線
高下岳
和賀岳
薬師岳
岩手県
西和賀町
大仙市
沢内貝沢集落
沢内川舟集落

動かしながら体全体で甲高い声を発しているカッコウの鳴き声とは違って、やわらかく丸みを帯びた鳴き声が、途切れることなく聞こえてくる。

覚醒しない頭で、カッコウ以外の音を探すが、何も聞こえない。その静かさに意識が蘇る。目隠しのカーテンを手繰り上げると、朝霧が林に漂っていた。

時計を見ると四・五・六の四。四は四時起床の四。五は朝食をすます五時。六は出発時刻の六時。体で覚えたローテーション通りの目覚めだ。

今日のモッコ岳山頂までの標高差は約八〇〇メートル。水平距離が約六・五キロメートル。往復七時間とみるが、モッコ岳の情報は皆無。登山記録を調べても、雪山の記録が一件あるだけだ。

地元の役場に問い合わせてみたが、モッコ岳そのものがわからないようだ。麓を走る岩手県道一号線沿いにある登山案内板にもモッコ岳の表示はなく、高下岳《こうげだけ》と書かれた案内板があるだけ。大分水嶺の山の中でも、モッコ岳は何とかなるような山ではなさそう。

野生動物の生息域と人間の生活域の緩衝地帯がなくなり、人里に下りてくる野生動物が増えたと、麓の人たちが言っていた。

耕作放棄地なのか、作業道の登山道は下草に覆われ、朝霧の漂う周囲の耕作跡地は、高さ一メートル程の枯れたカヤに覆われている。耕作跡地の先に広がるスギ林は、日差しが差し込まず、嫌な感じ。

【真昼山塊の分水嶺】

目覚め切らない五感のまま、日差しの届かない薄暗いスギ林に入ると、陽が射さない分、下草の生えない明瞭な登山道になった。

やがて登山道を囲む木々はスギ林からナラやクヌギに変わり、登山道も急峻な本格的な登りになった。主稜線から枝分かれした尾根は、西和賀町と雫石町の郡界分岐。この郡界分岐から前山分岐と標高を上げるにつれ、ますます傾斜が増し、汗が噴き出す。

一息入れ、周りを見渡すと、林はブナとホオノキが混在した森に変わっていた。朝霧は山肌を覆う笹藪を飲み込み、山間の沼を覆い隠したように濃さを増し、よどんでいる。根元を霧に隠した林は幻想的だが、木は空から吊り下げられ、漂っているようにも見える。

高気圧の勢力範囲内なのだろう。無風状態の中で、ホオノキの大きな葉二枚が、何故だか上下に大きく揺れている。

雪解け間もないのだろう。湿りの残る登山道沿いにカタクリが薄紫の花の道を作り、木陰に差し込んだ朝日を浴び、陰影が縞模様を作る斜面にイワカガミやシラネアオイが花を咲かせている。

それらの花に代わって、登山道はマイヅルソウの道に変わった。

若葉が芽吹きだしたブナの梢から漏れる陽光を浴びたマイヅルソウの小さな花が、見て見てとささやいているように輝いている。

そのマイヅルソウの道が終わると、真っ青な大天井の空が広がり、大分水嶺の稜線が近いことがわかる。

ゆるゆると沸き上がる雲間に姿を見せたのは、登山口の案内板に書かれた高下岳だろうか。木々に覆われた山頂を見せるのがモッコ岳だろうか。そのモッコ岳と思われる山頂の東側半分が雲に覆われている。東北地方特有の山背の季節が始まったのだろう。大分水嶺の稜線西側に広がる青空とは対照的だ。

大分水嶺稜線のピークに出ると、高さ二メートルを超す太い丸太に「沢尻岳」と刻まれた山頂標識柱があった。国土地理院地形図にもその名はなく、登山口の案内板に表示されたのは高下岳のみ。単なるモッコ岳への分岐点と思っていた無名ピークだったが、山頂からの眺望が素晴らしい。

和賀川に流れ込む沢の対岸に、青空を背負って南北に走る大分水嶺の稜線で繋がる和賀岳と薬師岳。枝分かれした稜線上の山は、高下岳に違いない。その姿は対岸の和賀岳や薬師岳に負けず堂々としている。それらの山肌に残る雪形は、背伸びした猫の姿や如来像の横顔、小型犬のプードル、逃げる鹿と襲い掛かるヒョウなど次々と想像を膨らませ、見飽きることがない。

山頂東側が雲に覆われたモッコ岳は、手の届く近さ。モッコ岳の中間鞍部まで一〇〇メートル下り、山頂まで一二〇メートル登り返せばモッコ岳山頂だが、その稜線は灌木に覆われている。地形図上に記された分岐周辺も藪と灌木が密集し、踏み跡らしい痕跡も見当たらない。藪に踏み入れれば、ササに隠れた根曲がりの灌木に足を取られ、バランスを崩してしまうのは明らか。まともに進むことは出来ないだろう。無理をすることはない。コーヒーでも飲みながら、地形図に名前のない沢尻岳からの見飽きない眺望を楽しみ、記憶に残すほうが思い出になる。（二〇二一年六月）

△大森山《おおもりやま》（標高一一四九メートル）と旧仙北街道《きゅうせんぼくかいどう》

東北自動車道平泉前沢インターから岩手県道三十七号線を経由し、国道三九七号線に入る。国道は、奥州市と秋田県東成瀬村を経由して横手市を結ぶ。この国道を秋田県境に向かって走ると、道路沿いに、苔むして変色した木製案内板が立っていた。

案内板を見ると「この国道三九七号線は、坂上田村麻呂の胆沢《いさわ》城築城に伴い、陸奥と出羽を結ぶ交易ルートとして賑わいを見せた仙北街道と軌を一つにしています」と書かれてあった。

大分水嶺の山と峠探訪を始めてから、道路沿いに立つ年季を感じる石碑や案内板を目にすると、立ち止まるようになった。

特に苔むした古い案内板には興味をそそられる。案内板の多くは、歴史的古道や旧街道の案内が多く、道の先にあるだろう峠についても参考になる。国道は、その昔、岩手県奥

大森山

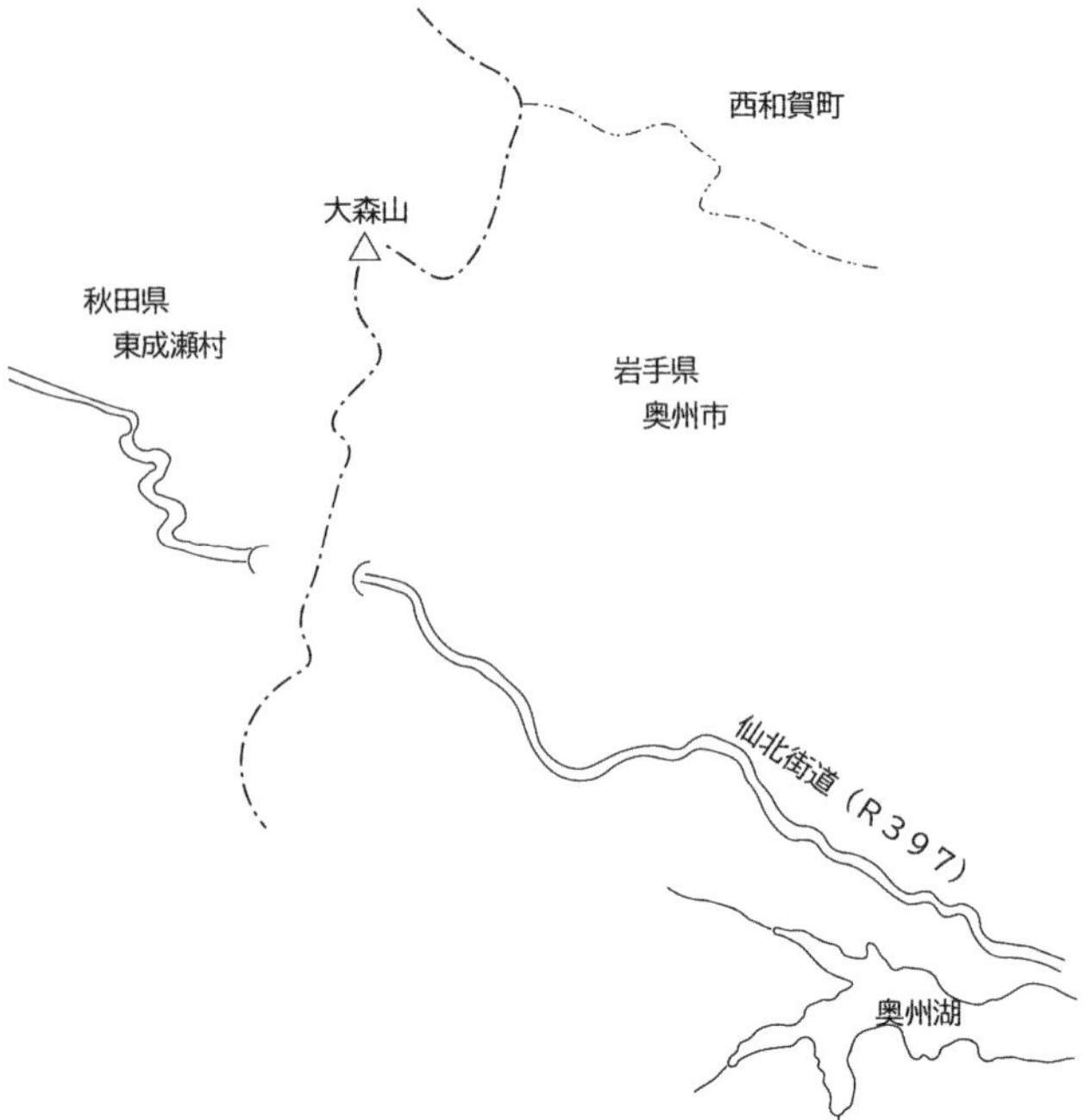
西和賀町
大森山
秋田県
東成瀬村
岩手県
奥州市
仙北街道（R397）
奥州湖

【真昼山塊の分水嶺】

州市（旧水沢市）から秋田県仙北地方を結ぶ古道だった。旧仙北街道は、胆沢ダムの建設によってダム湖に水没したからなのか、国土地理院地形図に旧街道名も県境を越えたであろう十里峠《じゅうりとうげ》の表示も記載されてはいない。

自称「歴女」の古道探訪が静かなブームらしいが、案内板に書かれた「賑わいを見せた仙北街道」に人の気配はなかった。

案内板に書かれた「賑わいを見せた」は、どこでも見かける案内文同様、色付けされたのだろうと思いながら、国道沿いに続く花を落とした桜並木を眺める。

帰宅後、改めて調べてみると、国土地理院地形図に載らない旧仙北街道の開削は古く八〇二年（延暦二十一年）、今から約一二〇〇年前、蝦夷《えみし》対策の拠点として設けられた胆沢城と雄勝城《おがちじょう》を結ぶ道として開削されたようだ。また、インターネットを検索すると、旧仙北街道を復活させようとする人たちの旧街道の整備に取り組んでいる記録が紹介されていた。『山と高原地図』を見ると、古道案内板の近くの胆沢ダム湖の対岸から、旧仙北街道と表示された破線が秋田県境に向かって走り、柏峠《かしわとうげ》、十里峠と続いている。

仙北街道が開削された時代は律令制度による中央集権国家の蝦夷対策が始まった時代。案内板に胆沢城と書かれたのは、周辺に点在した蝦夷対策の城柵をまとめた役所施設と周辺を警備する軍施設を備えた拠点施設だったようだ。

今でこそ国道沿いに古い神社や農家が点在するが、案内板に書かれた当時の街道は、枯れススキに囲まれた原野の道だったに違いない。行き交う人は限られ、寂しい道だったことだろうと想像する。

胆沢ダム湖に流れ込む幾筋もの沢を渡り、ダム湖に突き出した尾根裾を右に左に曲がりながら進むと、道路沿いの至るところに軽トラックやバンが停められている。根曲がり竹のシーズンを迎えたのだろう。この人たちにとって大森山は通いなれた身近な山だろうが、登るための大森山はマイナーな存在。登った記録が見当たらず、登山口のある東成瀬村役場に問い合わせてみたが、存在さえ知らないようだった。曲がり竹の山とでも言えば理解したかもしれない。

大森山は、日本二百名山の焼石岳《やけいしだけ》の秋田県側の縦走路にある、三角点測量の山。県境の大森山トンネル秋田県側に登山口がある。だが、その登山口駐車場の案内板や、立てられた幟旗に印刷されたプリントは焼石岳のみ。大森山は焼石岳の引立役にもならない山なのか。焼石岳は、岩手県側も秋田県側も山頂までの距離は長いが、花の群落を目当てにする登山者に人気の山。開花には早いのか、駐車場に停められた車はなく、雨に濡れた幟旗ははためきもせず、兵《つわもの》どもの夢の跡のようだ。

雨模様の空と藪漕ぎを予想し、雨具着用の長靴姿で登りだす。予想した藪道の登山道は刈り払いされ、踏み跡は明瞭。駐車場から大分水嶺の稜線までの標高差一〇〇メートルを登れば、大分水嶺の稜線歩きになる。雪解けは、福島県の山々より一か月は遅いだろう。

雨模様の天候もあってか、稜線歩きの登山道のスミレ、カタバミ、ツバメオモト、ショウジョウバカマ、マイヅルソウなどの蕾は閉じられていた。僅かに、コブシ、オオカメノキの花が霧雨に濡れ咲き、コシアブラやタラが芽吹きだしている。

この稜線の東側は、山頂直下から流れ出す大森沢に向かって切れ落ちた断崖だ。その流れは胆沢ダム湖を経由して、北上川へ合流して太平洋に注ぐ。一方、西側斜面は日本海に注ぐ雄物川の源流、成瀬川支流の合居川《かっきょがわ》や柳沢が流れ出す。

一人の男性が「チリンチリン」と熊鈴を鳴らしながら登ってきた。話をすると、曲がり竹が目当てとのこと。大森山についても詳しく、「山頂は藪に覆われクマの住処。何度もクマに出会っているから、注意して」とアドバイス。この時期は、曲がり竹を求めて熊の動きが活発になり、曲がり竹をめぐってクマと鉢合わせすることも多いらしい。クマと人間の競争と言いながら、コシアブラの新芽をちぎって食べだす。話の通り、山頂直下の巻《ま》き道《みち》の登山道に、雨に崩れたクマの糞があった。この巻き道から山頂までの標高差は一三〇メートル。時間にすると三十分程だが、それは踏み跡が残っている予測。灌木と笹藪が一面を覆う斜面を、クマとの遭遇に怯えながらの山頂に眺望は期待出来ない。ここで下山するのが妥当だろう。（二〇二二年六月）

◆ちょっと寄り道　大分水嶺の温泉と白木峠《しろきとうげ》

東北六県の中央部を南北に連ねる奥羽山脈は、東西の気候を変え、同じ東北の地でも生活様式や文化も違うものにする。

日本海側の住民と太平洋側の住民との往来が始まったのは、律令時代が始まってからのようだ。当時の東北地方は蝦夷《えみし》と呼ばれ、中央政府の意向が届かない辺境の地だった。その対策として中央政府は陸奥国多賀城と出羽国酒田に城柵を設け、蝦夷支配の拠点とした。その後、酒田城柵を出羽国秋田へ移すと、その後方支援を行うため、中央政府は陸奥国に支援道の開削を命じた。ルートは、多賀城〜色麻《しかま》（宮城県加美《かみ》町《まち》）〜加美郡（加美郡西部）〜奥羽山脈越〜出羽国最上郡（尾花沢市玉野）に至る。

この奥羽山脈を越える道が開削されたことによって、奥羽山脈を挟んだ東西に往来が始まった。平安時代が始まった頃と伝えられる。

国土地理院地形図に、秋田県横手市と北隣町の三郷町と大曲市の境に、払田柵跡《ほったのさくあと》と示された史跡がある。この柵は、出羽国酒田から移転された城柵で、出羽清原氏が所領する地だったと思われる。

その横手市周辺の仙北地方と岩手県北上市を結ぶ国道一〇七号線と並行するように、二本の古道がある。一本は、国道南側にある秀衡《ひでひら》街道と呼ばれる古道。

【真昼山塊の分水嶺】

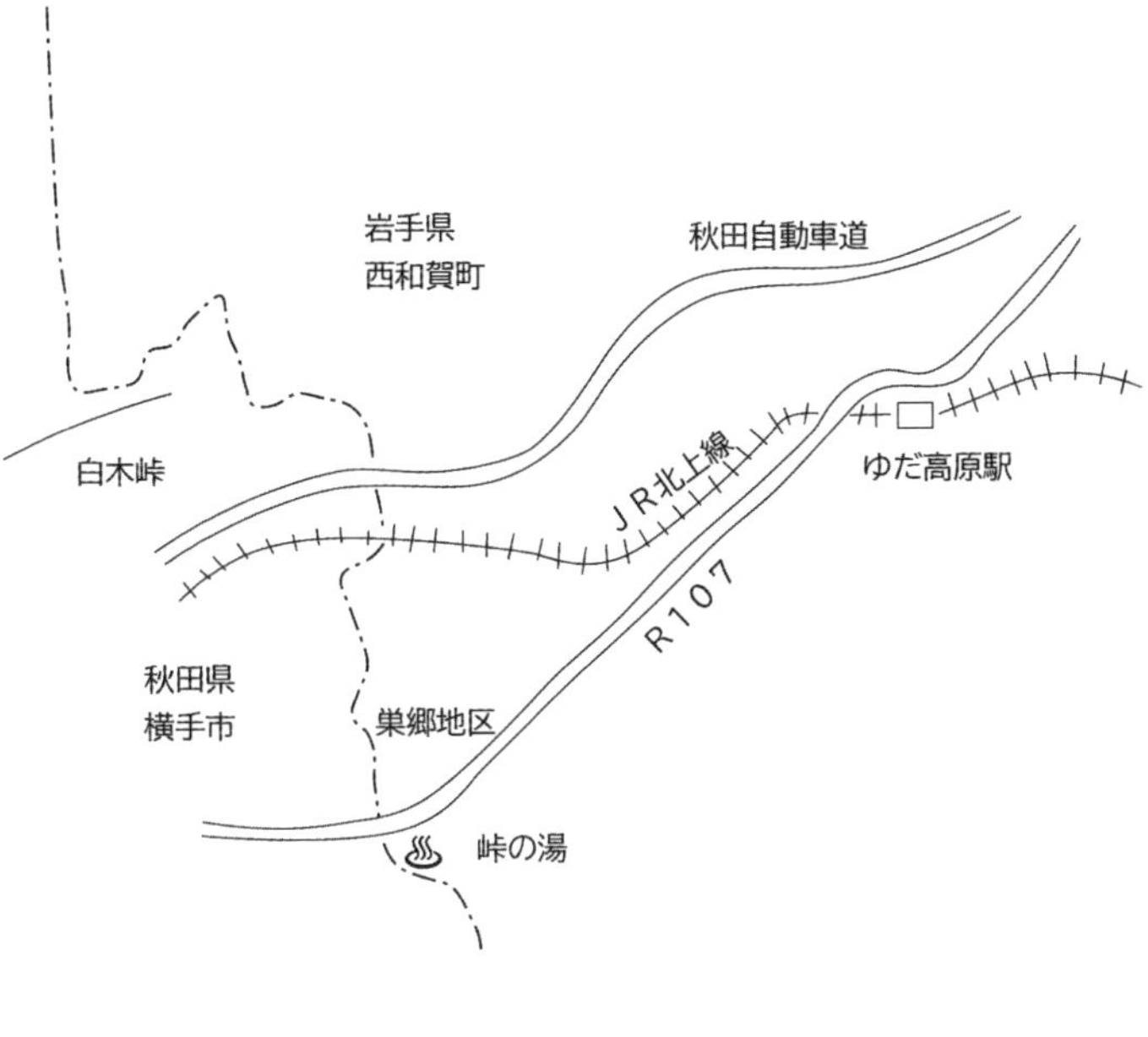

秀衡街道は、平安時代末期に起きた前九年の役前後に開削され、近くで発見された金を平泉に運んだ道と伝えられる。もう一本は、国道北側にある白木嶺道《しろきれいどう》。この道には白木峠がある。この峠は、後三年の役で陸奥国守の源義家《みなもとのよしいえ》と清衡《きよひら》軍が出羽国沼柵まで家衡《いえひら》を攻めた時に越えた峠のようだ。後三年の役が終わった後、白木嶺道は佐竹藩と南部藩を結ぶ主街道になり、往来する人で賑わったようだ。今はハイキングコースとして、地元の人に親しまれている。

　北上市と横手市を結ぶ国道一〇七号線は、奥羽山脈を横断するが、国道は山間の耕作地に囲まれた平坦な道路。国道沿いにはゴルフ場もあり、大分水嶺を感じさせる険しさはないが、県境の巣郷峠《すごうとうげ》は大分水嶺の峠。峠は奥羽山脈の中でももっとも低く、標高は二九六メートルだが、峠を境に北上川や雄物川の支流が分水する。

　新緑が芽生え出した林の中に巣郷温泉がある。その温泉の一角、大きくせり出した切妻の庇《ひさし》に負けない大きさのスギ板の看板に、峠の湯と書かれた建物があった。四〇〇円の入浴料では、石鹸もシャンプーもドライヤーもないだろうと思いながら、温泉色に染められた暖簾をくぐる。日帰り限定温泉は、昼下がりの早い時間で入浴客はいない様子。柾目の綺麗なスギ板が張られたロビーを所在なさそうに行ったり来たりする老人は峠の湯の主。

　予想は外れた。清掃の行き届いた脱衣所にはドライヤーが備え付けられ、温泉が溢れ流れる浴室には石鹸とシャンプーがあり、シャワーまでついている。浴室の窓越しに見えるタンクは、汲みあげた源泉用だろう。新緑の裏山を背負ったタンクに色気はないが、源泉かけ流しを証明している。入浴後、秋田県側に通じると思われる秀衡街道の情報を主人に聞いたが、無口なのか、行けばわかるとつれない返事だった。

西和賀町の奥羽山脈の山裾には多くの温泉が湧きだしているが、湯質は源泉によって違う。施設も現代風の建物もあるが、日帰り温泉の多くは湯治場を思わせる建物だ。峠の湯も飾り気のない建物ゆえに、湯上がりの体をなでる奥羽山脈の風がより爽快に感じる。（二〇二二年六月）

◆ちょっと寄り道　堺田駅《さかいだ》と中山峠《なかやまとうげ》

東北地方を太平洋側と日本海側に分ける奥羽山脈の奥羽は、白河の関以北の太平洋側に面した奥州と、日本海側に面した出羽の併称。また、奥州は陸奥州の略称であり、出羽は律令国家の統治が及ばなかった出端《いではし》から変化した名称。

この奥州と出羽を隔てる奥羽山脈の東西を繋ぐ峠道は、律令国家が始まった聖武天皇時代の辺境対策として開削されたようだ。

その大半が、蝦夷支配を行う拠点として設けられた陸奥の国多賀城と出羽の国酒田に造られた城柵の連絡道として、開削したのが始まりと伝えられる。朝廷から開削を命じられた大野東人《おおののあずまびと》が残した報告に「あるいは石をきざみ樹を伐い、あるいは谷を埋め嶺をけずりながら道を切り開いた」と書籍『蝦夷と城柵の時代』にあった。現在の国道四十七号線「北羽前街道中山峠越（旧堺田峠）」もその一つと思われる。後に、この北羽前街道を越え、山形県の尾花沢を目指した松尾芭蕉は、峠を越える時に足止めにあったらしい。

その理由は、関所を守る封人《ほうじん》が松尾芭蕉を知らず、身なりの貧しい旅人を間者と疑ったことによるらしい。当時の武士は、武術に励んでも文術を嗜むことはなかったと言われ、武士の八割は読み書きが苦手だったらしい。奥州の関所を守る封人が松尾

【真昼山塊の分水嶺】

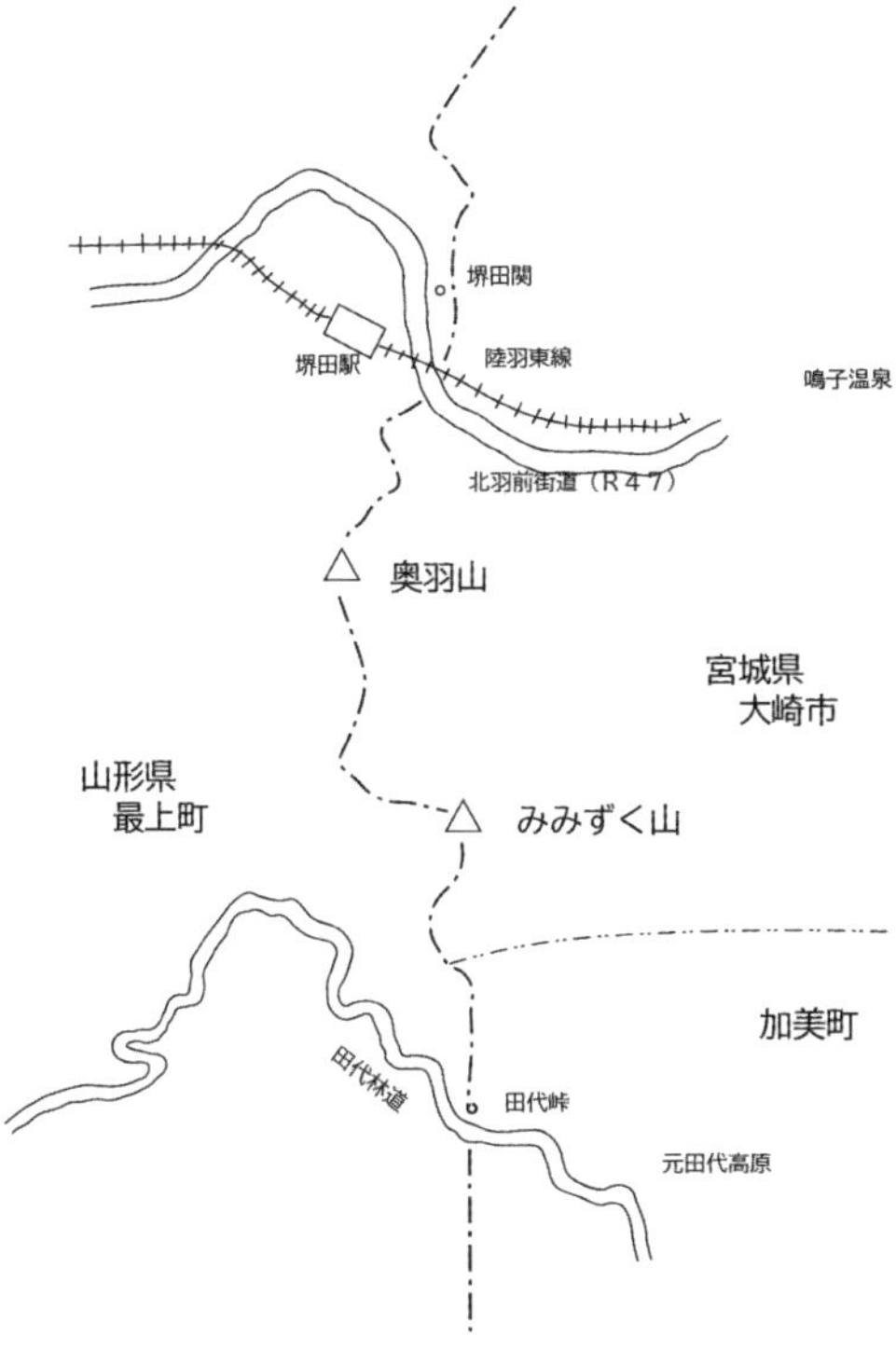

堺田関
陸羽東線
堺田駅
鳴子温泉
北羽前街道（Ｒ４７）
奥羽山
宮城県
大崎市
山形県
最上町
みみずく山
加美町
田代林道
田代峠
元田代高原

芭蕉を知らなくても、不思議なことではないだろうと思われる。

　足止めにあった関所は陸奥国鳴子《なるこ》の尿前《しとまえ》の関とも出羽側の境田の関とも伝えられ、どちらの関所跡にも、芭蕉が通った関とした案内板がある。関守の家で一夜を過ごした芭蕉の寝床は、馬と一緒の馬小屋だったらしく、枕元で馬が放尿し、ノミ・シラミで眠ることは出来なかったとある。同様なことが、郡山宿翌日の飯坂《いいざか》温泉の木賃宿で過ごした一夜にも残されている。堺田の関所跡から歩いて五分程にある堺田駅は、JR東北本線古川駅とJR奥羽本線新庄《しんじょう》駅を繋ぐ陸羽東線《りくうとうせん》の駅。駅舎は奥羽山脈の分水嶺にあり、山形県側の最初の駅。分水嶺の奥羽山脈を横断する鉄道には温泉施設を併設した駅舎や古道が交差する駅もあるが、分水嶺の駅として案内するのは堺田駅以外には見当たらない。

　この峠は、今まで日本海側から登っていた大分水嶺の山を太平洋側から登る、切り替えの峠だ。ここから先の大分水嶺は、太平洋側から登る山が多くなる。

　この山形側と宮城県を繋ぐ国道四十七号線に、分水嶺の駅「堺田駅」と「芭蕉が立ち寄った関所跡」の案内板と幟旗が立ち並び、興味を引かれ寄り道してみた。無人駅の小さな駅駐車場広場に、作家藤沢周平随筆の「山峡の道」に書かれた「汽車は県境を越えたところにある堺田駅につくと、しばらく停車した。がらんとしたホームに降りると、掲示板で、そこは封人（関所の役人）の家が残っている集落だとわかる」と書かれた大きな案内板があった。

　駅駐車場から二十段ほどの階段を降りたホームに人影はなく、二〇〇メートルはありそうな長いホームは風の通り道だった。ホームに覆いかぶさる梢に残った僅かな葉を引き離すように風が吹き抜け、切り離されないように葉が右に左に揺れている。ホームに立てられた駅名案内板は、中央に縦書きで書かれた駅名から左右に矢印が伸び、西・日本海。東・太平洋と書かれ、分水嶺の駅と書いてある。堺田駅の標高は三三八メートル。決して高い標高ではないが、駅は鬼首《おにこうべ》火山西側外輪山の標高一〇〇〇メートル前後の山に囲まれている。鬼首火山が盛んに噴火を繰り返した時代、堺田駅周辺は火口だったのかもしれない。

　江戸時代、周囲を山に囲まれたこの辺りは出羽国唯一の馬の飼育地だったらしい。鬼首カルデラ火山の東側外輪山の麓、鬼首地区は江戸時代からの馬産地。その鬼首から、馬喰《ばくろう》の通り道だったと伝わる花立峠《はなだてとうげ》を越えれば、堺田だ。その距離は短く、この地区は馬を介して奥州側との交流が盛んに行われていたのだろう。

　堺田駅から案内板に従って、関所跡に通じる畦道を歩くと、両側に刈り取られたソバの茎だけが残る畑が広がっている。関所跡の見学者用駐車場に立てられた、キノコ蕎麦と書かれた幟旗が、国道を走るトラックの風にはためいている。

　夏泊半島から栃木県まで縦断する奥羽山脈分水嶺は、この地が中間点。ここから南は山形・宮城県境の山々を経て山形・福島県境。北は、須金岳《すがねだけ》から岩手県と秋田県の県境を北上し、青森県まで続く。この先にも、地元ならではの食材や地酒、ソバもあるだろう。先々の麓の温泉と合わせ、地場の食べ物は楽しみの一つ。

「大分水嶺・奥羽山脈の山と峠」探訪の前半が終わり、桜前線が北上する季節まで、一休み。(二〇二一年十一月)

【岩手・秋田・宮城県境の分水嶺】

△栗駒山《くりこまやま》（標高一六二六メートル）と花山峠《はなやまとうげ》

栗駒山は奥羽山脈のど真ん中にあり、秋田・岩手・宮城の三県に跨る山。延長五〇〇キロに渡って東北地方を南北に縦断する奥羽山脈の中でも三県に跨る山は、青森・秋田・岩手県境の四角岳と栗駒山のみ。栗駒山の呼び名は、県によって変わる。秋田県では大日岳《だいにちだけ》、岩手県では須川岳《すかわだけ》と呼ばれ、一般的に呼ぶ栗駒山は宮城県側の呼び名。駒ケ岳と呼ばれた山が栗駒山と呼ばれるようになったのは、都の貴族が「くりこまの」で詠み始める和歌の歌枕に由来するらしい。栗駒国定公園の中心、栗駒山は雪解けから紅葉の季節まで、多くのハイカーで賑わう。深田久弥《ふかだきゅうや》は、日本百名山の選定にあたり、後立山連峰《うしろたてやまれんぽう》にある針ノ木岳《はりのきだけ》と栗駒山は最後まで悩んだと、著書『日本百名山』に残している。

山には相性があるようだ。何度も登っている栗駒山だが、残る記憶は霧であり、吹き抜ける冷たい風。今年も、クライアントを引率して三回登ったが、晴れたのは最後の一回だけ。初めての無風快晴の山頂で、あの山は何山ですか？　とクライアントに聞かれても、聞かれた山を眺めた記憶はない。「多分……焼石岳」と答えるまで時間がかかった。活火

仙台藩
花山村寒湯番所跡

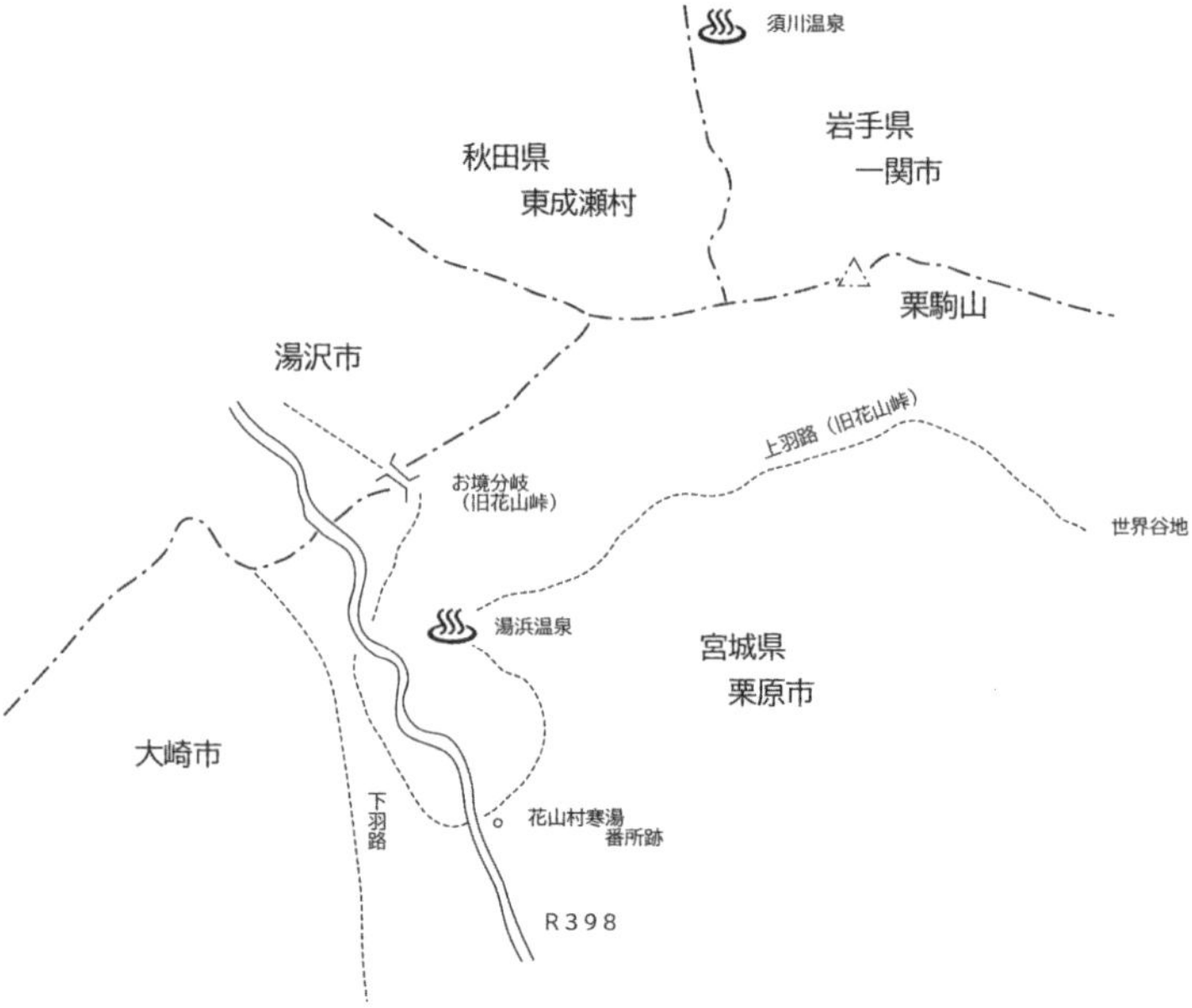
須川温泉
秋田県
東成瀬村
岩手県
一関市
栗駒山
湯沢市
上羽路（旧花山峠）
お境分岐
（旧花山峠）
世界谷地
湯浜温泉
宮城県
栗原市
大崎市
下羽路
花山村寒湯
番所跡
R398

山の栗駒山の山頂は、三県境から一・五キロメートル程東にあるが、円錐形の広い裾野を三県に広げている。その裾野に三本の古道が走っている。

その一つ、奥州から奥羽山脈を越え、羽州仙北地方に通じる古道栗駒越えが最も古い古道で、陸奥国の阿部一族が朝廷に反乱を起こして始まった、前九年の役頃に開削されたと伝わる。ルートは、宮城県側の栗駒山登山口の一つ、世界谷地《せかいやち》湿原入り口から始まり、秋田仙台藩境の花山峠を越え、秋田藩領に続いている。

江戸時代に入ると、栗駒越えは仙台藩仙北通り上羽路《うわばみち》と呼ばれ、五か所の一里塚とお助け小屋が整備された。また、栗駒山から流れ出す二迫川《にはさまがわ》沿いの文字村《もんじむら》に柿木番所と、世界谷地に程近い沼倉に地鉢番所が設置された。当時の上羽路は、奥羽山脈越え街道一番の賑わいだったと伝わる。その後、藩境の花山峠近くから、上羽路と分かれ、花山村に抜ける下羽路《したばみち》が開設され、花山村に「仙台藩花山村寒湯《さむゆ》番所（関所）」が設けられた。花山村寒湯番所跡は国指定史跡になり、役宅が往時のまま残っている。

この下羽道を往来する人と荷物を検問する関守、三浦家十七代当主が経営する湯浜《ゆばま》温泉三浦旅館を訪ねてみた。三浦旅館は、花山村寒湯番所から二迫川に沿った山道を二時間ほど登った母沢沿いにある一軒宿。水量豊富な母沢の源頭部は旧花山峠になる。秘境の宿はランプの宿。日帰り入浴客の対応の合間に話を伺うと、下羽路の通行は藩境警備の関守と関係者が主だった。この道を通る平民の多くは、上羽路を通れない訳ありの人だったとのこと。その訳ありの一つだろうか、当時、「仙台藩仙北御境目寒湯番所」と呼ばれた、花山村寒湯番所役宅の納屋に、駆落者《かけおちもの》の調屋と書かれた案内板が掲げられていた。下羽路を遮るように建てられた番所。その敷地内に、苔むした石積みに囲まれた検断所での取り調べは厳しく、挙動の怪しい夜逃げ人や駆落者が納屋で厳しい取り調べが行われたのだろう。納屋には床板もなく、寒々としていた。

約一〇〇〇年前に開削された古道を歩けたのは、整備された上羽路三分の二。残る三分の一にある藩境の花山峠と下羽路は廃道になり藪に覆われていた。藩境の雰囲気を求め、陸上自衛隊によって開設された国道三九八号線を走り、県境へ行ってみたが、それらしい物は何もなかった。国道を囲む紅葉は陽光に輝いているが、栗駒山の中腹は色を失い、裸木の山頂は雲に覆われていた。（二〇二二年十月）

【秋田・山形県の分水嶺】

△大鏑山《おおかぶらやま》（標高一一一九メートル）

大鏑山は鬼首火山の外輪山の一つ。山塊の主峰、禿岳《かむろだけ》の山頂から北側に続く稜線上にある三角点測量の分水嶺の山。国土地理院地形図によると、山形県最上町《もがみまち》のＪＲ陸羽東線大堀駅から七キロメートル程にある渓流公園から林道が走っている。

林道は、大鏑山から流れ出す東ノ又沢の流れに沿って遡上し、その終点から登山道が始まる。林道終点から山頂までの標高差は約六〇〇メートル。登山所要時間は二時間強と読むが、渓流公園から林道終点までの距離が七キロメートルと長い。沢に沿って走る林道沿いの斜面は、植林されたと思われる針葉樹のマークで埋まっている。積雪量の多い地域の沢沿いの林道は、雪の重みによる倒木で林道が塞がれ、通行出来ないことはままあること。そこで最上町役場に、林道の状況を確認すると、大鏑山も林道の存在も知らず、地元の山に詳しい人を紹介される。

期待して紹介された地元の方に問い合わせるが、役場職員同様に林道はもとより、山の存在も知らなかった。禿岳の北側にある山と説明して、ようやく山の存在はわかってくれたが、林道の存在はわかってもらえなかった。登ったことがないらしい。

大鏑山は三角点測量の山。大分水嶺の山頂は周辺を俯瞰する山と思われる。山の歴史に関する資料は見当たらないが、山名の由来は、その昔、戦の勝利を祈願する鏑矢を放った山ではと想像。しかし、地元の人も登らない山。今は藪に覆われているに違いない。山頂からの景色も得られないだろう。

大分水嶺の奥羽山脈の山と峠探訪は、北に行くにしたがって山の標高は一〇〇〇メートル前後の低山続きになるが、緯度が高くなるため気象条件は厳しく、地形図に登山ルートの印はあっても、実際には藪に覆われ登山は容易ではなく、山頂からの眺望も得られないケースが多いだろう。

麓から見上げても同じような高さの山に囲まれ、その姿を見せることのなかった大鏑山に、登る勇気が湧きだすことはなかった。（二〇二一年十一月）

【山形県の分水嶺】

△翁山《おきなさん》（峠）（標高一〇七四メートル）と吹越山《ふきこしやま》（出羽峠《でわとうげ》）（標高九三九メートル）

一面に広がるチシマザサの稜線は霧に覆われていた。稜線上から西に広がる村山麓山《むらやまはやま》も、その奥に広がる標高の高い月山《がっさん》も、東側に見える吊り橋のような稜線で繋がる船形山も霧に閉ざされている。

山形県と宮城県を隔てる山並みの一つの御所山塊《ごしょさんかい》は、標高一〇〇〇メートル前後のたおやかな山並み。翁山から吹越山の稜線はその中心に位置し、麓の尾花沢市から眺めると、凹凸のないたおやかな、南北に連なる山並みを見渡す。

翁山は地元の人たちに大事にされる山なのだろう。登山口のハリマ小屋までの道程の要所に、翁山を愛する会の人たちによる手作りの案内板があり、長い林道走行の迷いも不安も拭い去ってくれる。

ハリマ小屋からの登山道口に掲げられた案内板に、翁山の由来になった伝説が書かれていた。

「昔々一人の男が白い鹿を見つけ、追いかけて弓を引いた。その時白髭の翁が現れ、白い

翁山

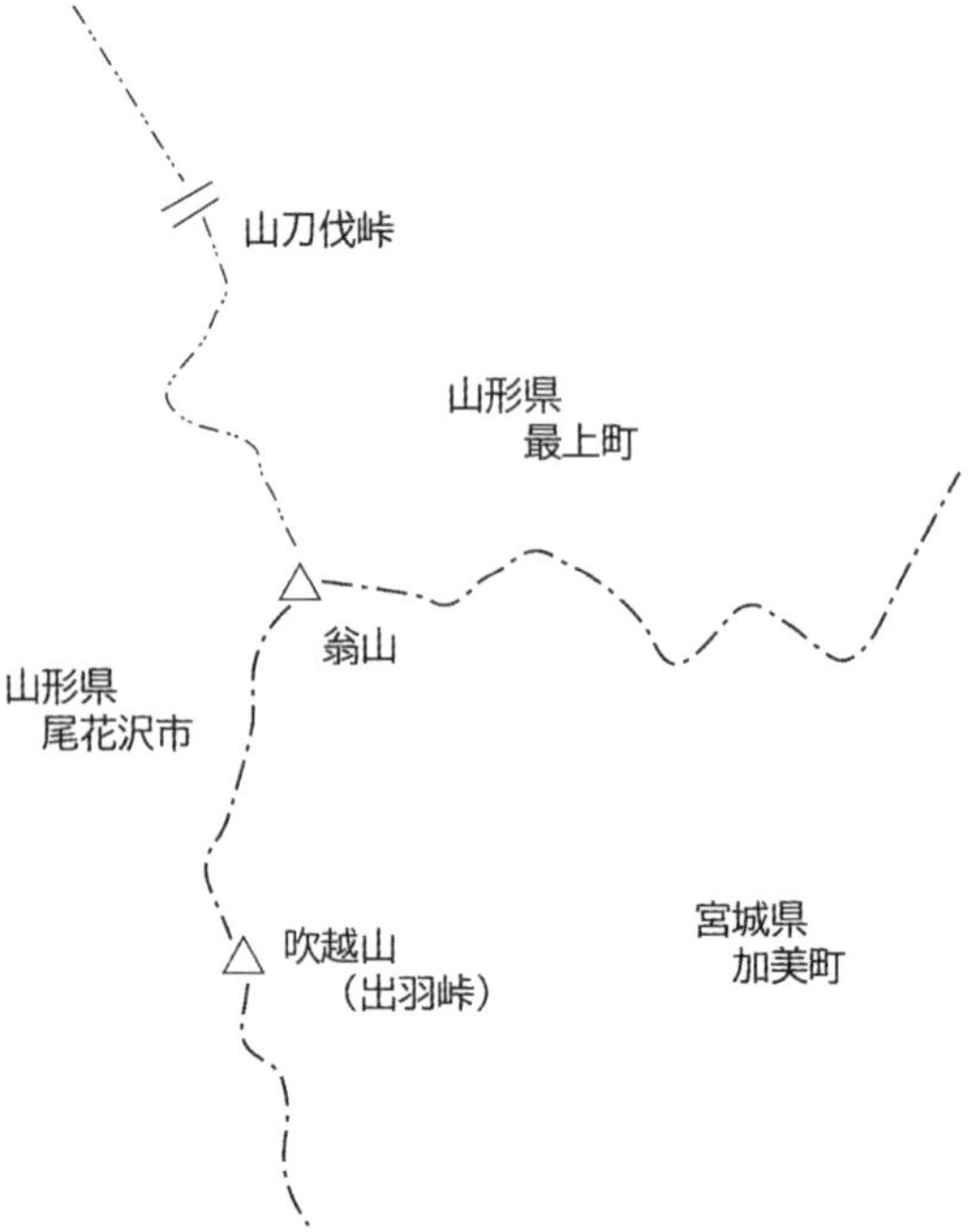
山刀伐峠
山形県
最上町
翁山
山形県
尾花沢市
吹越山
（出羽峠）
宮城県
加美町

鹿を助けた……」

伝説を生み出す雰囲気が漂う山裾のブナ林は、巨樹・巨木に混じって若木が競うように背を伸ばしている。枝先が霧に薄められたように葉の緑色が薄まり、霧の中でも濃い緑を浮かばす藪椿や青木の緑色を一層濃く見せている。生育すると切り倒されるヒノキやスギと違って、役に立たない木と蔑まれるブナは、木があっても木がないのと同じことから、橅と漢字で書かれる。たしかに、ブナは生育してもヒノキやスギのような用途はないかもしれないが、ブナの木は雪解け水や雨水を大量に保水する森のダムであり、枯れ倒れた幹はキノコの菌床になり、山の恵みを育て、朽ちると豊かな森を育てる肥えた土を作る。山裾に漂う濃霧に溶け込む巨木の一枝一枝が千手観音菩薩像のように広げたブナの林を歩けば、翁山の精霊、白髭の老人と白い鹿が現れるような幻想さえ生まれる。ブナの森は人の心を癒し、ヒノキやスギの木にはない無形の効果がある。

ハリマ小屋から二股に分かれる登山道は、稜線に出ると合流し、御所山へ向かうルートとを左に分ける。翁山から吹越山へ向かうルートは南北に走る大分水嶺稜線上を南に向かう。下刈りされたササの葉が枯れ、うすだいだい色に脱色した枯れ笹の登山道だけが霧の中に溶け込むように浮かび、吹越山はもとより、黒倉山《くろくらやま》のシルエットさえ浮かんでいなかった。

気が付くと、枯れ笹の道が宮城・山形県境を示す土塁の道に変わり、登山道はナナカマドなどの灌木に囲まれ、色濃いシルエットが突然現れた。地形図を広げ、歩いた時間から現在地を想定すると、シルエットは吹越山（出羽峠）に違いない。登山道は地形図の通り、山塊南側の登山口へ標高を下げている。

目的の大分水嶺の稜線歩きは霧に閉ざされ、景色を得ることはなかったが、ハリマ小屋から二股に分かれた登山道の周回路を下ると「白髭の老人と　白き鹿にお会いすることが出来ましたか　また会える日を楽しみにしています」と書かれた、翁山を愛する会の手作りの案内板がブナの木に括りつけられていた。稜線上を覆った乳白色の霧が白髭の老人なのか。風に揺られ、ササの葉のたてるカサカサが、白き鹿の歩く音なのか。霧が晴れた下山時でも広がる景色に目を奪われ、白髭の老人にも、白き鹿にも会えなかったが、翁山から吹越山までの標高一〇〇〇メートルそこその山並みは、心にも体にも霧が潤いを与えてくれたようだ。（二〇二一年九月）

△二口山塊《ふたくちさんかい》と二口峠《ふたくちとうげ》

蔵王《ざおう》山系と御所山系に挟まれた山並みは二口山塊と呼ばれ、蔵王国定公園に含まれる。裏蔵王とも呼ばれる山並みは、表蔵王連峰から縦走路が整備されているが訪れる人は地元のハイカーに限られるのか、山並みは静かだった。その山塊のほぼ中間にある二口峠は縦

【山形県の分水嶺】

二口峠
糸岳
小東峠
小東岳

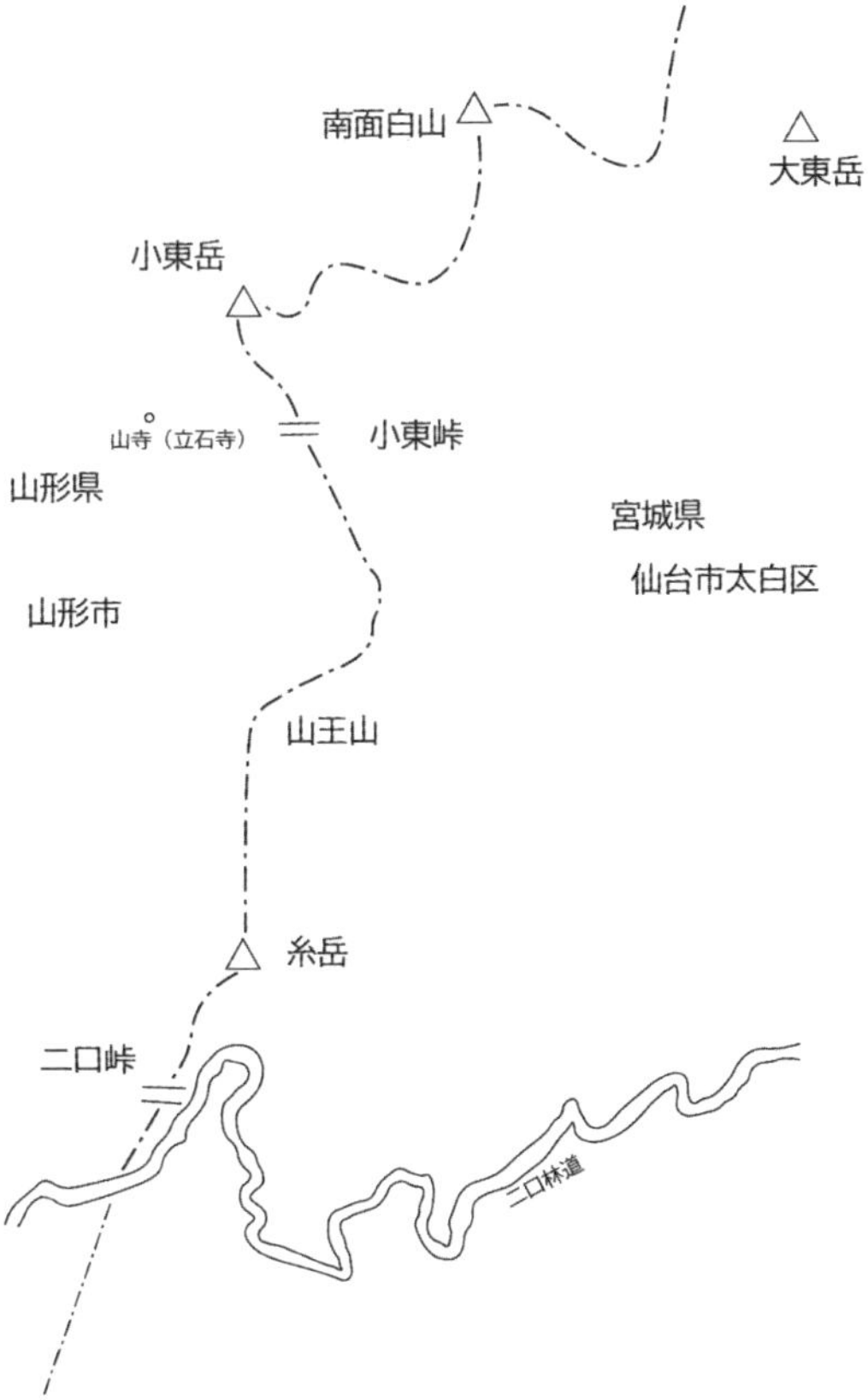
南面白山
大東岳
小東岳
山寺（立石寺）
小東峠
山形県
宮城県
仙台市太白区
山形市
山王山
糸岳
二口峠
二口林道

走路を横切る、蔵王縦走路の南北の登山口になる。

山塊は笹谷峠《ささやとうげ》から山形神室岳《やまがたかむろだけ》（一三四四メートル）・小東岳《しょうとうだけ》（一一三〇メートル）・南面白山《みなみおもしろやま》（一二二五メートル）・面白山《おもしろやま》（一二六四メートル）などのほかに、地形図に名前の載らない無名山で成り立っている。

笹谷峠から二口峠までは何度か歩いているが、二口峠から北に延びる稜線を歩くのは初めて。二口峠へ向かう二口林道の起点は、大分水嶺稜線から枝分かれした大東岳《だいとうだけ》登山口にある二口温泉だった。大東岳に登った後に汗を流した温泉は閉鎖したのだろう、建物跡は更地になり大東岳の登山口は様変わりしていた。二口林道入り口は、覆いかぶさった木々で狭くなり、記憶に残る雰囲気とは異なり、林道に入るのをためらう。

太平洋に流れ込む名取川《なとりがわ》に沿って走る林道の道幅は狭い上、山塊の主稜線から枝分かれした尾根が、林道と名取川の流れを右に左にくねらせている。その流れに沿って、霧雲が上昇気流に乗って勢いよく昇っている。曲がりくねった林道は、峠が近くなるにつれ勾配を増し、谷側が鋭く切れ落ちている。山側の斜面は、垂直のコンクリート壁に覆われていた。峠道は、山塊北側を通る関山峠《せきやまとうげ》や南側を通る笹谷峠の街道と違い、山寺詣での参拝者や蔵王熊野岳から歩く修験者《しゅげんじゃ》など限られた人が通った道だったのかもしれない。

二口峠の由来は、宮城県側にあった峠番所から山形へ向かう清水峠への道と、山寺に向かう山伏峠への道との二口に分岐する事から、二口峠と呼ばれたらしい。

大分水嶺稜線上の登山口の二口峠（旧山伏峠）は、名取川筋から湧き上がった霧雲が漂い、裏蔵王縦走路を案内する立派な案内板とは裏腹に、登山路入り口は、霧に濡れたササに覆われていた。

漂う霧に包まれた幻想的なブナ林の急登を小一時間登ると、地形図に名前のない山頂に着いた。山頂には、糸岳と書かれた山頂標識の外に、古名と思われる「龍駒嶽《だけ》」と「盤司《ばんじ》駒ケ岳」と書かれた標識が立ち木に括られていた。登山口の旧山伏峠とあわせ、縦走路は蔵王山から続く修験道の路。古い山名は山伏が歩いた道の名残なのだろう。アップダウンの続く稜線は、糸岳山頂までを覆ったブナの高木から背の低い灌木に変わったが、眺望が得られるのは、稜線上に生い茂る灌木から頭を出した頂だけ。その頂から振り返ると、歩いてきた稜線と次の頂が望め、修験者の気分になり、歩きが楽しくなる。

糸岳から急な下り道を下った鞍部に、「石橋峠・左―山寺、右―北石橋」と書かれた案内板が、笹藪の中に朽ち倒れてあった。

矢印の示す山寺方向を見ると、藪に覆われてはいるが、人が歩いた雰囲気が残っている。石橋峠から登り返し、灌木から頭を出した、山頂らしくないコブのような小さな突起に出る。地形図に記載のないこの突起に山王岳《さんのうだけ》と書かれた山名板が小枝に括り付けられていた。次に登る小東岳を挟んで南面白山に続く大分水嶺稜線が一望出来、次の目標が明確になる。

山王岳と小東岳に挟まれた鞍部に、小東峠（一〇一〇メートル）と書かれた案内板があった。地形図に名前のない峠の案内板は新しく「左・山寺、右・北石橋」と案内されていた。案内板が打ち捨てられ、雰囲気だけが残った旧石橋峠は、この小東峠に役割を譲ったのだろう。この小東峠のように移設された峠とは別に、時代とともに藪に飲まれ、地形図から姿を消し、存在さえ忘れられた古道や峠が、奥羽山脈には数多くあったに違いない。

その中で、新旧いずれの峠も山寺を指す山並みは、深田久弥が百名山の選定要素の一つとした、地域の歴史と文化が色濃く残り、山歩きはカメラード（新しい出会い）の連続だった。

小東峠から小東岳・南面白山へ続く稜線はまさに稜線漫歩の尾根歩き。西の彼方に村山麓山・月山・朝日連峰が広がっている。稜線は時間が止まったように静かだった。

二口峠に下山後、宮城県側に残る峠番所跡に寄ってみた。名取川に沿って上る霧と杉木立に囲まれ、日差しの届かない杉木立番所跡地に立てられた峠の案内板は、なぜか山形県が建てたものだった。（二〇二一年九月）

△面白山《おもしろやま》（標高一二六四メートル）と関山峠《せきやまとうげ》（標高七七〇メートル）

蔵王山系の北端にある面白山は雨乞いの山。大分水嶺の奥羽山脈は、面白山から北に向かって標高を下げ、仙台と天童を結ぶ作並《さくなみ》街道の県境トンネルがある関山峠に続く。関山

【山形県の分水嶺】

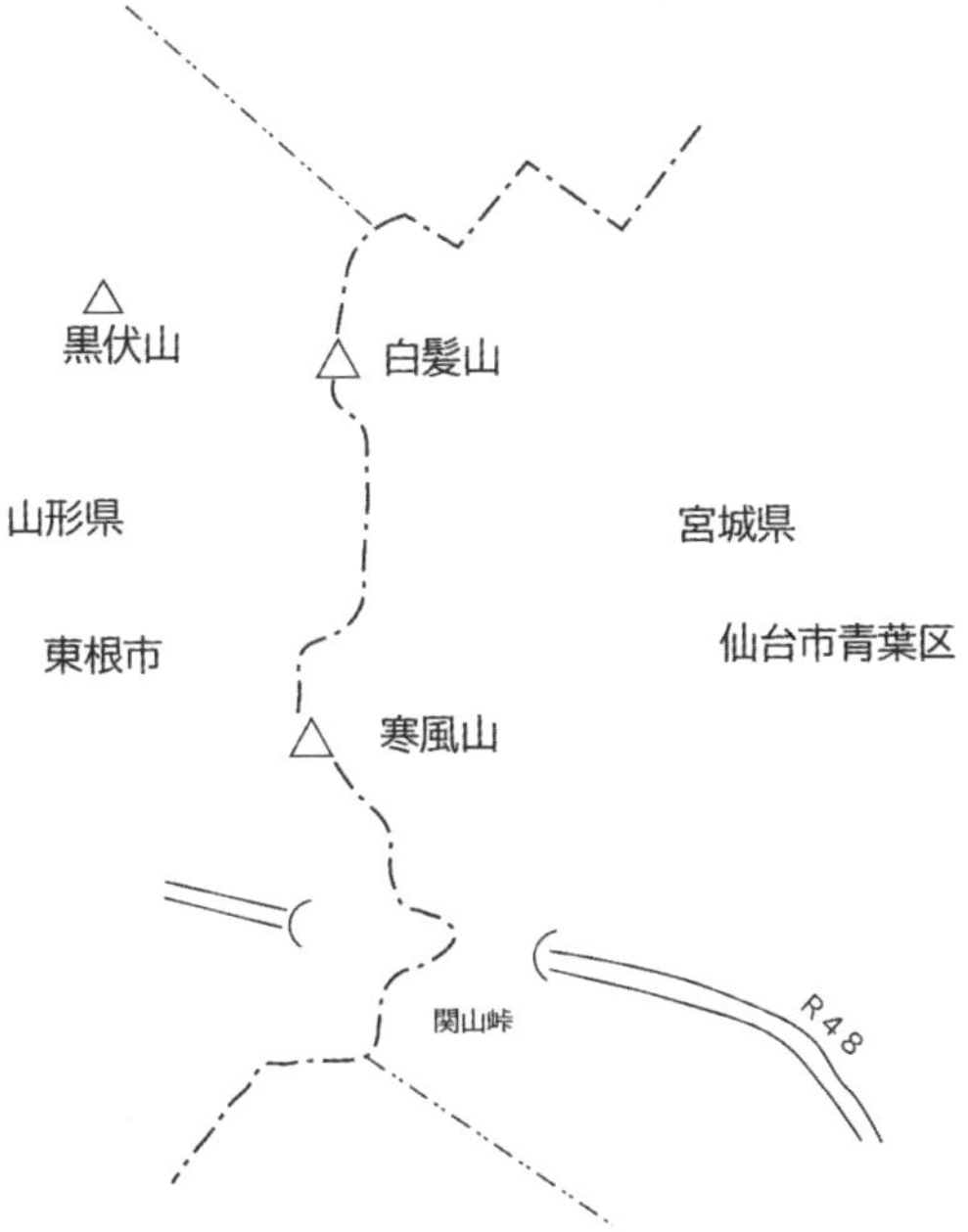

峠から先は船形山《ふながたやま》（御所山《ごしょざん》）の山域に入り、再び標高を上げる。

面白山への登山ルートは蔵王連峰の主峰、熊野岳《くまのだけ》から大分水嶺の稜線を走る縦走路もあるが、距離が長い上、途中に水場もない。

また、縦走後の移動も不便で、通して歩く人は少ないようだ。縦走を楽しむなら、縦走路の途中にある二口峠からがいい。二口峠からの稜線は、糸岳・石橋峠・山王岳・小東峠・小東岳・南面白山とアップダウンは続くが、標高差は小さい。それぞれのピークからの眺めは、稜線上に連なる次のピークが望め、静かな縦走気分が味わえる。また、縦走路を交差する峠道は、アクシデント発生時のエスケープルートになることもリスク軽減になり安心。

東北百名山の面白山だけを登るには、天童高原スキー場からが一般的。スキー場ゲレンデは野芝が敷き詰められ、シーズンが終わってもススキに覆われることもなく、放牧場のような雰囲気を醸し出している。この日は柔らかな風がそよいで、緑一色のゲレンデに濃淡を走らせていた。

登山口になるゲレンデトップにはトイレを備えた四阿風《あずまや》の休憩施設があり、朝日連峰を眺めながらの登山準備は、ピクニック気分だ。

緩やかなゲレンデの傾斜がそのまま続く登山道は、冬枯れから目覚めないナラやクヌギに交じったカエデが芽吹きだしている。

【山形県の分水嶺】

芽吹きの遅い木々を目覚めさせるような陽差しを浴びた枝越しに、大きく南面白山や大東岳の姿が見える。その南面白山を源頭とした最上川支流の紅葉川《もみじがわ》の枝沢の中ほどに、流れ落ちる水が吹き上がる姿が面白いことが、面白山の由来のようだ。

スキー場からの登山道は、ＪＲ仙石線《せんせきせん》の面白山高原駅への道を右に分け、緩やかな登山道を直進すると長命水の水場に出る。ここから三沢山《みさわやま》（一〇四二メートル）を経由する本格的な登山道が始まる。

展望の良い三沢山から一旦標高を下げ、面白山への急登を登れば、展望の広がる山頂に出る。山頂はいつも登山者で賑わっている。

面白山の魅力の一つは、山頂北側に続く大分水嶺の稜線が遠くまで見渡せる大パノラマ。この稜線の中に関山峠もある。また、山頂南側に大きな姿を見せる大東岳と南面白山は、登山者の目を引き付ける。落葉樹に覆われた山並みは春夏秋冬色を変え、四季を通じて登りたくなる。山頂から縦走路を南面白山に向かって標高を下げると、長左衛門平《ちょうざえもんだいら》の分岐に出る。分岐を直進すれば南面白山。左は大東岳。右は、面白山の山裾に沿って長命水の水場に戻る巻き道。

巻き道は、面白山から走る尾根と沢を越えながら進む単調な道。だが、この巻き道の春はニリンソウの花に埋め尽くされ、夏は深緑に覆われ、秋は燃え盛るような紅葉の林に囲まれる。

面白山から五六〇メートル程標高を下げた北側稜線鞍部にある関山峠は、仙台市と天童市を結ぶ作並街道の奥羽山脈越えの峠。

その昔、秋田佐竹藩に攻められた天童藩主が関山峠を越え、伊達藩領に逃げたと伝えられる。その峠越えのトンネルは、草木も眠る丑三つ時ともなると、幽霊が出るとの噂があり、関山峠は心霊マニアには人気のトンネルらしい。

話は、現在のトンネルが開通する前に遡る。作並街道の旧峠越えは道幅が狭い上、急峻だ。尾根と谷に挟まれた道は右に左にとヘアピンカーブが続き、対向車とすれ違うのも容易でない峠道である。車が谷底に転落するのも珍しくなかった。その事故で亡くなった人が、現世に未練を残して現れるらしい。分水嶺と心霊スポットの峠を歩いてみた。

太平洋に流れ込む広瀬川《ひろせがわ》の源頭部に架かる旧道の橋は、苔や雑草に覆われていた。この橋から対岸に渡ると、旧峠道になる。

道は、山肌から崩落した石が堆積し、苔むした岩が、至るところで道を塞いでいる。分水嶺稜線から分かれた枝尾根を切り落とした鋭いカーブを回り込むと、聞こえていた走る車の音も野鳥の囀《さえず》りも途絶え、森閑《しんかん》とした空気に包まれる。旧峠道の標高を上げると、それまで生い茂った灌木に代わって、旧道跡はササに覆われ足元が隠れる道となり、それまで差し込んでいた陽射しが稜線に遮られ、肌寒くなった。日陰になった笹藪の先の山肌に何かが浮かぶように白いものが漂っている。

湿り気を含んだ、ため息のような風が頬を撫《な》でる。幽霊話が頭をよぎり、足取りが鈍くなる。新緑の山肌は、日陰に色を失っている。

夕暮れを思わす山肌に漂うのは……。恐る恐る峠に近づくと、生い茂ったササに半ば埋もれ、朽ち果てた城壁跡のような石壁に囲まれたトンネルが現れた。その入り口は赤錆びた鉄骨に塞がれ、トンネルを吹き抜ける風の音は呻《うめ》きにも聞こえ、牢獄を思わせる。

トンネルを覗くと、弱い光の元は山形側から差し込んだ西陽だった。夕暮れを思わす山肌に漂った霞は、トンネル内の暗さに溶け残った残照が、吹き抜ける風に流されたように漏れ出し、幽霊のように漂っていたのだ。噂話を演出するような、朽ち果てた石積みの壁と赤錆びた鉄骨。漏れ出す弱々しい明かりは、心霊スポットにピッタリ過ぎる。心臓の鼓動が聞き取れるような静寂に包まれた旧関山峠。振り返ることなく下山。（二〇二二年五月）

△山形《やまがた》神室岳《かむろだけ》（標高一三四四メートル）と笹《ささ》谷《や》峠《とうげ》

山形県の県境には、カムロと付く名前の山が複数ある。秋田県境の神室山塊の神室山、宮城県境の裏蔵王縦走路にある仙台神室岳と山形神室岳。同じく宮城県境に連なる鬼首山塊の禿岳。

笹谷峠
八丁平の地蔵尊

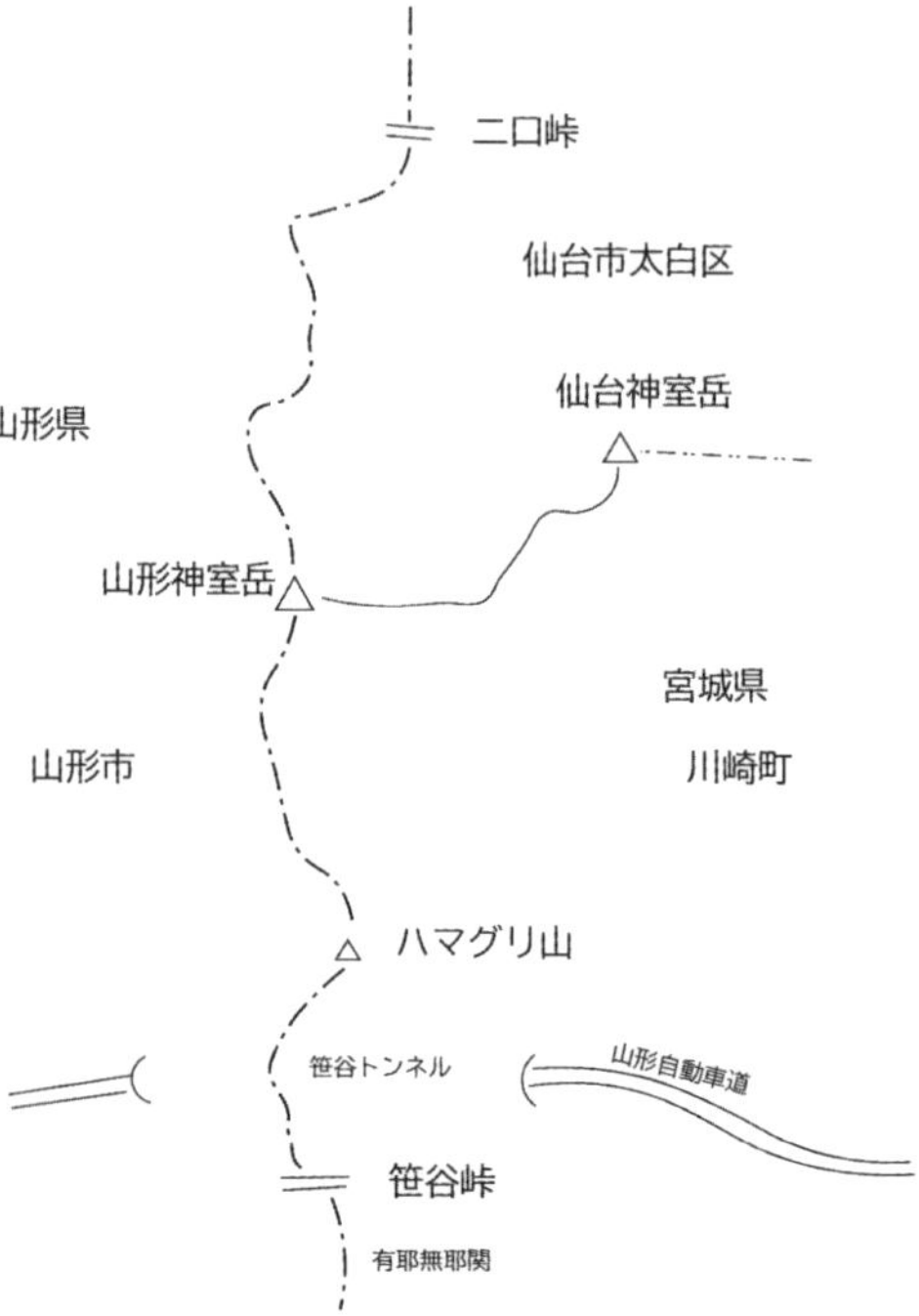
二口峠
仙台市太白区
仙台神室岳
山形県
山形神室岳
宮城県
山形市
川崎町
ハマグリ山
笹谷トンネル
山形自動車道
笹谷峠
有耶無耶関

いずれのカムロも、神様を意味するアイヌ言葉のカムイからきていると思われる。山形県自然公園保全整備促進協議会が中心となって選定した山形百名山の山形神室岳は、最上神室岳とも呼ばれ、地元では人気の山。週末になれば、登山口の笹谷峠登山口の駐車場は、駐車スペースに空きがなくなるほど埋まる。

笹谷峠は、平安時代に始まった蝦夷対策を行う陸奥国多賀城柵と出羽国秋田城柵を結ぶ道として開設された古道の一つ。当時は有耶無耶《うやむや》の関と呼ばれた。峠越えは官人から始まり、鎌倉御家人への年貢運搬、蝦夷対策の兵移動、出羽三山詣での人で賑わったが、悪さをする山鬼が住む峠に無闇《むやみ》に踏み入ることは出来なかった。

一番鳥《ひとつがいとり》が「有耶」と鳴けば山鬼がいて、「無耶」と鳴けば山鬼はいないと言われたことが、有耶無耶の由来らしい。その峠が笹谷峠と呼ばれるようになったのは、阿古耶姫《あこやひめ》の悲恋伝説が由来と伝えられる。

その昔、阿古耶姫が奏でる琴に合わせるように笛を吹く若者が現れ、二人は恋仲になった。ある日、若者は、自分は千歳山《ちとせやま》の老松で、切り倒され、名取川に架かる橋の修復に使われると打ち明けた。やがて切り倒された老松を運ぼうと大勢の村人が松の木を引いたが、松はびくとも動かなかった。阿古耶姫の手を借りれば動くとの託宣により、姫が涙を流しながら切り倒された松に手を添えると松は動き出し、阿古耶姫が切り倒された松と一緒に峠を越える際に、姫と若者が互いにささやきあった、という伝説である。

このささやきが笹谷峠になったと伝わる峠は、今まで歩いてきた峠とは趣が違っている。背丈を超す笹竹に一面覆われた八丁平《はっちょうだいら》は広く、笹竹に囲まれた古道は迷路のようで、歩いていいて不安になる。

その古道には、笹竹に負けない背丈の石像と道祖神が点在する。これらは、八丁平が霧に覆われたときや吹雪で視界が利かないときなどには旅人に安心を与えるだろうが、視界の効かない古道に石像の影が現れたら、それこそ山鬼が出たと肝をつぶすだろう。この日は高曇りに覆われ肌寒く感じたが、見通しが良くてよかった。

笹谷峠は蔵王連峰の北側登山路と南側に続く裏蔵王縦走路の登山口だが、駐車場を埋めた登山者の大半は裏蔵王の山形神室岳を目指す。

標高九〇〇メートルの笹谷峠から山形神室岳山頂までの標高差は四三〇メートルと少ないが、裏蔵王縦走路の始まる登山道は、標高差二五〇メートルのハマグリ山まで一気に登る急登から始まる。

ハマグリ山は地形図に名前がない山だが、山頂からは景色が広がる。大分水嶺縦走路の先には、ツンとした山形神室岳と山形平野越しに月山。釣鐘のような形をした仙台神室岳の奥には、仙台平野と太平洋が見渡せる。振り返ると、胡坐《あぐら》をかいた後ろ姿のように、梃《てこ》でも動かないと言わんばかりの熊野岳から東西に走る稜線が広がる。

森林限界を超えたハマグリ山の山頂に立つ標識は独特だ。他では見たことのない山名板は、冬の風雪対策なのか、鉄板をくり抜いて作られている。

二つの神室岳山頂部は、落葉した灌木で色をなくしていたが、二つの神室を繋ぐ稜線から裾野にかけての山肌は、ササの緑と枯れ草色に紅葉が混じり合い、山に彩りを添えていた。

この景色に魅かれるように、仙台神室岳まで足を延ばしてみた。冷たい西風に晒された仙台神室岳の山頂から、名取川の流れに合わせるように曲がりくねった道が見えた。道は、蔵王連峰の裏縦走路にある二口峠へ向かう林道。木々が落葉した今だから目にする景色だろう。

よく、今まで登った山の中で良かった山はとか、お薦めの山はと聞かれるが、記憶に残るのは苦しく辛かった山が多い。苦労も辛い思いもせず、素晴らしい景色に恵まれた山は、時が経つと忘却してしまう。山形神室岳は忘却してしまった山の一つ。何度も登ってはいるが、山の記憶は薄く、単に登ったことのある山に過ぎなかった。久しぶりに登った山形神室岳と仙台神室岳から見る冬枯れが始まった山並みは新鮮で、初めての山のようで見飽きることがない。誰一人いない山頂。見飽きることのない景色とコーヒーを楽しみたいが、冷たい西風に乗った黒雲が日差しを遮る。紅葉盛りの下界と違って奥羽山脈の頂を吹き抜ける風音には、冬の足音が混じっているようで、耳が冷たくなる。(二〇二二年十月)

【宮城・秋田県境の分水嶺】

△須金岳《すがねだけ》（標高一二五三メートル）

目覚まし時計を起床時間にセットするが、アラームが鳴りだす前に目が覚めるようになったのは、馬齢を重ねたせいばかりではない。

車中泊する登山の場合、道の駅や公共の駐車場に車を停めた後は、飲んで食って、寝るだけ。当然寝る時間も早く、起床時間のアラームが鳴りだす前には目を覚ます。この日も寝床を整え、車窓の目隠しが終わると、お湯を沸かす以外に取り立ててやることはない。「あ・ら・伊達《だて》な道の駅」に停められた価格の高そうなキャンピングカーも、軽トラの荷台に手作りしたキャンピングカーも車窓は目隠しされ、一杯始めている感じだ。登山の楽しみの一つに、明るいうちから飲めること。コーヒーでもアルコールでも、夕日に染まる山を眺めながらの一杯は、至極の一時。アルコールが体内に浸み込みだすとともに、きつかった登山は思い出に変わり、満足感が疲れた体にパワーを注入してくれる。

沸かした湯をポットに入れ、残りのお湯に夕食の具材を入れると、あとは一杯やるだけ。静かにウイスキーをコップに注ぎ、お湯を加える。取り敢えず、具材が煮えるまでのツマ

【宮城・秋田県境の分水嶺】

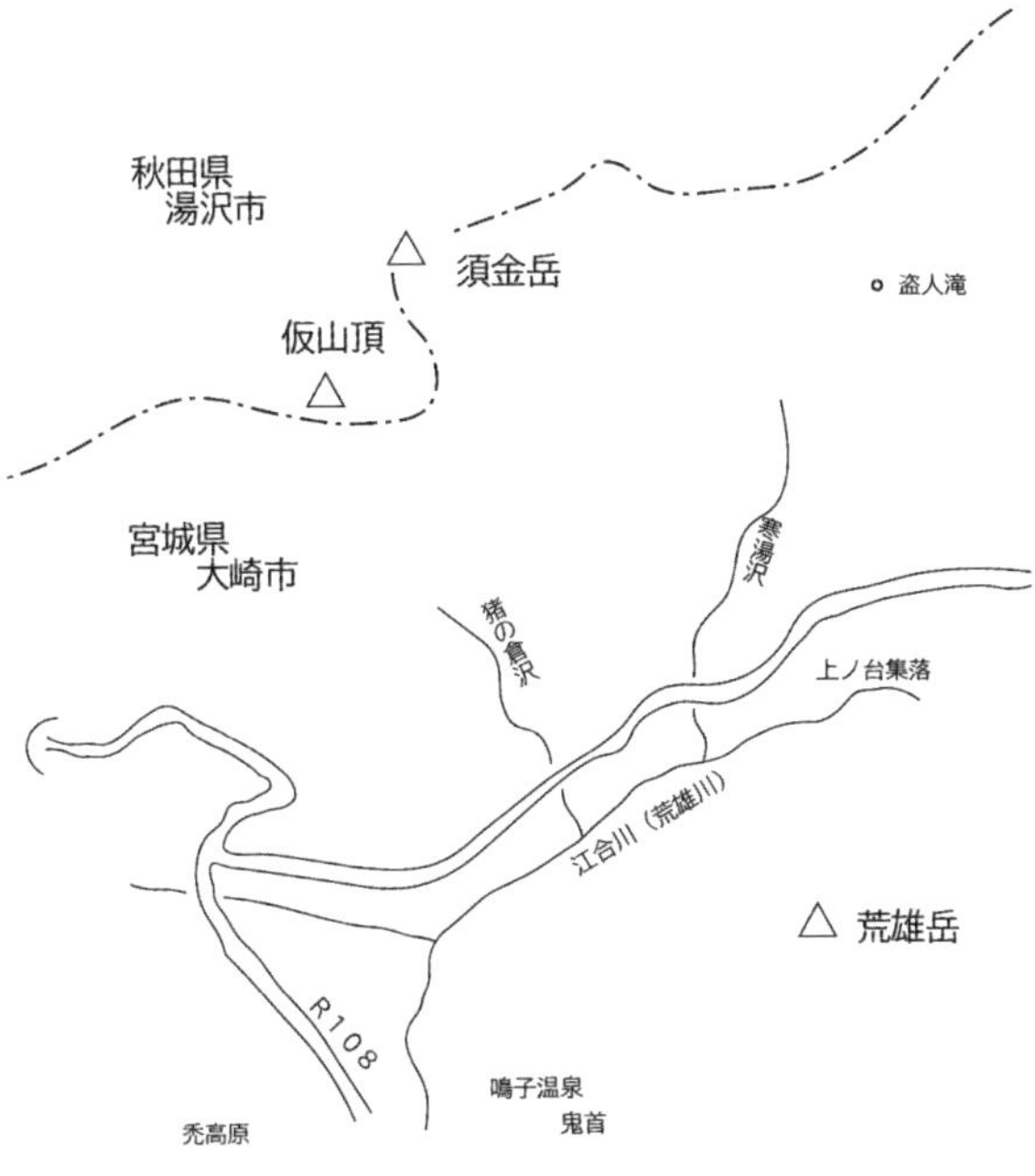

秋田県
湯沢市
須金岳
盗人滝
仮山頂
宮城県
大崎市
寒湯沢
猪の倉沢
上ノ台集落
江合川（荒雄川）
荒雄岳
R108
鳴子温泉
鬼首
秃高原

ミは、明日登る須金岳のルート図。ツマミが終わるころには夕食の具材も煮え、食べ終わるまでもう一杯が続く。

駐車場の空に輝いていた星は雲に隠れ、道路の標高が高くなるにつれ、路は雪に覆われだした。須金岳の山並みは雲の中だが、朝日が差し込んだ山裾は、雪で白く輝いている。道路の左右に広がる放牧場も雪に覆われ、牧場らしきものは枯れすすきの穂先だけ。

栗駒山国定公園に含まれる須金岳の山裾に広がる鬼首地区の高原地帯は、昔から馬産地として隆盛を誇った。

伝えによると、伊達政宗がローマに派遣した支倉常長が持ち帰った二頭のアラブ馬を鬼首に隠し、品種改良に取り組んだのが馬産地の始まりとのこと。藩政時代に改良された馬は明治時代まで引き継がれ、明治天皇に献上された「金華山号」をはじめ次々と名馬を送り出したらしい。須金岳近くの鎌内沢《かまないざわ》の上流にある「盗人滝《ぬすびとたき》」は藩政時代、ある藩の間者が、放牧場に放たれた馬の中から大きな種馬を盗み出し、この滝の上流を逃げるとき馬を滝つぼに落としてしまった。そこから、地元の人達はこの滝を盗人滝と呼ぶようになったと伝えられている。国土地理院地形図にも、盗人滝と表記されている。

須金岳の由来は、江戸時代、須金岳の中腹から流れ出す杉ノ森沢の上流部に開かれた鉱山から、素鉄《すがね》を採掘したことに由来する。登山口は、鉱山跡地が残る杉ノ森沢と尾根を挟んだ寒湯沢《ぬるゆざわ》に沿った林道終点になるが、その案内は、林道入り口にも登山口にも見当たらない。目印らしいものは、寒湯沢に架かる橋の転落防止ガード板に、油性ペンで須金岳と書かれているだけ。それも、車からでは見落としてしまう小ささ。

標高一二五三メートルの須金岳は低山だが、登山口からの標高差八七〇メートル。大分水嶺の山の中でも登山標高差はトップクラスだ。

初めて登る山が、雪に覆われている。油断は出来ない。特に下山時のスリップは注意を要するだろう。林道終点から沢を渡渉すると登山道は始まる。カラマツやアカマツの木に囲まれていた尾根の登山道は、いきなりの急登で始まる。黙々と登ること一時間。左右が切れ落ちた尾根上の狭い登山道は、クロベの巨木に囲まれていた。

クロベの幹は全体に赤みを帯び、樹皮を剥がされ、樹肌がさらされたように見える。その姿は見るからに力強く、ブナやナラの木に見る、野鳥が開けた穴は見当たらない。このクロベの巨木が切り出されず残っているのは、左右が鋭く切れ落ちた急峻な地形によると思われる。さらに標高を上げると、登山道は一本一本が青みを帯びた樹皮に覆われたスギの巨木に囲まれた。余分な枝打ちがされたとも思えないが、姿は美しく気品さえ感じる。見上げると、真直ぐに伸びた幹の先端は、上空を覆う雲に突き刺さるように隠れていた。

クロベの巨木とスギの巨木は、普段目にする木とは違って力強く、本物を見た感じがする。スギの巨木の後は再び急峻な尾根上の登りとなった。気温が下がり、みぞれが降り出し、登山道を囲む灌木は昨夜の雪に覆われ、登山道に露出している滑りやすい木の根も落ち、葉も雪に埋もれだした。標高が上がるにつれ、みぞれは本格的な雪に変わり、雪雲と降る雪で視界は閉ざされ、現在地を確認する景色がなくなった。

初めての山が雪に閉ざされると、現在地の確認に確固たる確証は持てない。頼りは、現在地の標高だ。高度計が示す標高は、一二五〇メートル。この標高と地形図ルート上の標高一致点が現在地だが、気圧の変化に反応する高度計は絶対ではない。後は経験値が頼りになる。須金岳の山頂は、須金岳最高点から少し標高を下げた場所にある。地形図から判断した現在地からも登山道は下りに入り、標高を下げる。高度計に狂いはないようだ。現在地から山頂までは五〇〇メートル程の距離だが、雪は本降り。雪雲も流れ去る様子はなく、登ってきた踏み跡は新雪に埋もれている。

本来は紅葉の季節、アイゼンはもとより和かんじきの準備もしていない。早々に下山についた須金岳だった。（二〇二一年十月）

【宮城・山形県境の分水嶺】

△禿岳《かむろだけ》（小鏑山《こかぶらやま》）（標高一二六一メートル）と花立峠《はなだてとうげ》

禿岳登山口の一つ、鬼首スキー場に訪れたのは三十数年前の冬。目的はスキーだった。ゲレンデトップに向かうゴンドラから、すれ違う下山用ゴンドラに乗ったスキーヤーの姿に納得したのは、上級者以外滑降禁止の案内を無視して、上級者コースを滑り出した後だった。上級者コースの斜面は、エッジの利かないアイスバーン。そのゲレンデ両サイドを、へっぴり腰で降りていく人が数珠繋ぎになっている。その中の一人が足を滑らせると、巻き添えで足元をすくわれた人が次々とアイスバーンのゲレンデを滑落していった。

禿岳や小柴山《こしばやま》を仰ぎ見ながら気持ちよく滑降を予想していた我々にも、その余裕はなかった。そんなことを思い出しながら、ゲレンデを横目に登山口の花立峠を目指す。禿岳は須金岳同様、鬼首カルデラ火山外輪山の一つ。宮城県大崎市鬼首と山形県最上町の県境にある花立峠登山口への道路は、標高が上がるにつれ霧が濃くなる。濃霧がフォグランプの明かりを吸収し、九十九折れる峠道のカーブが右曲がりなのか左曲がりなのかわからない。

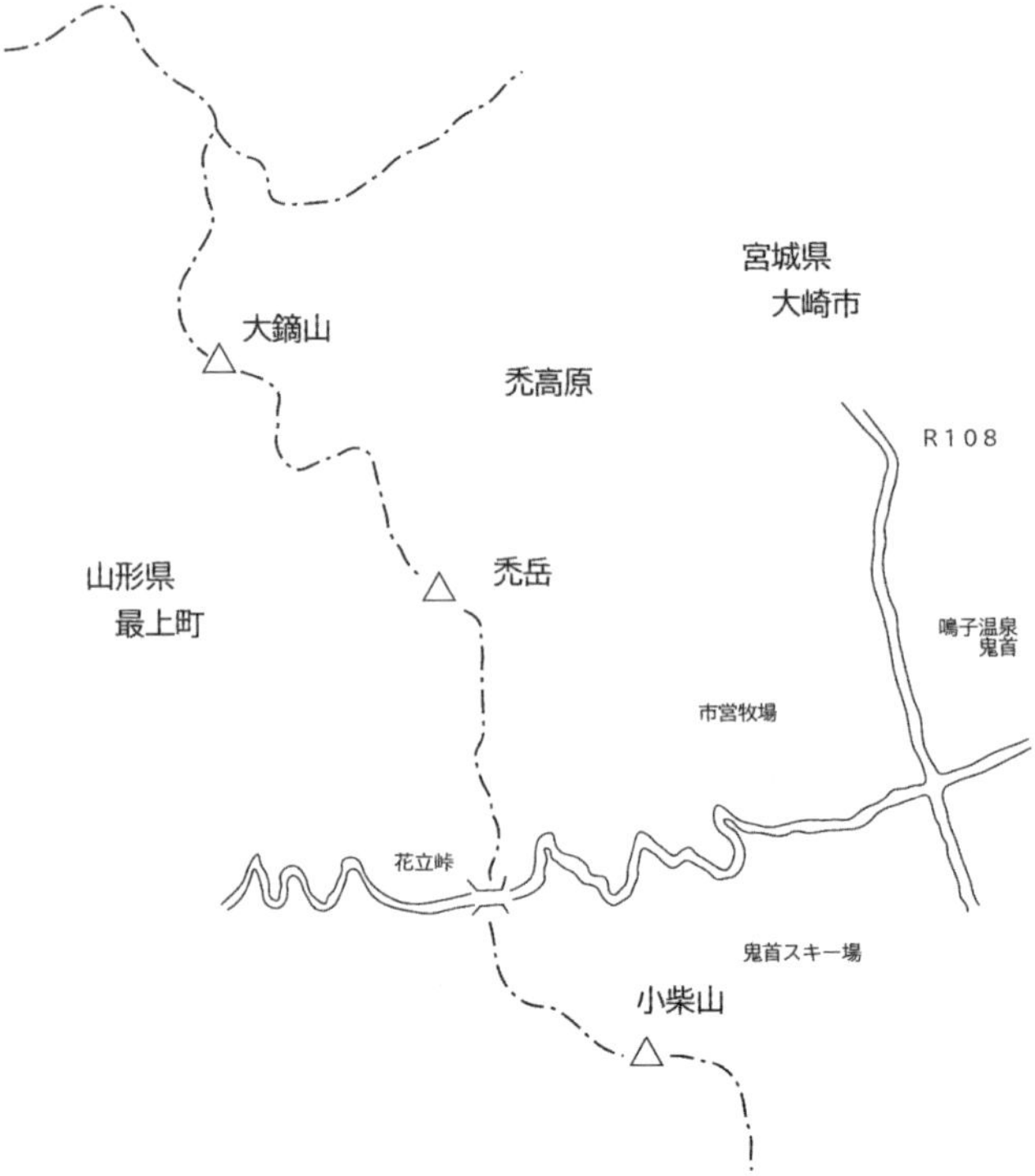
宮城県
大崎市
大鏑山
禿高原
R108
山形県
最上町
禿岳
鳴子温泉
鬼首
市営牧場
花立峠
鬼首スキー場
小柴山

【宮城・山形県境の分水嶺】

日本百名峠に選定された花立峠は、禿岳から小柴山へ続く稜線鞍部にあり、鬼首地区から山形県最上町を結ぶ古峠は馬の道だった。

出羽国唯一の馬産地であった小国郷《おぐにごう》（現最上町）で、種馬として南部馬を買い入れた馬喰が、その都度この峠を越えた。

奥の細道を探訪した松尾芭蕉は、この山並み稜線の南端にある尿前《しとまえ》の関《せき》を越えた後、最上町と尾花沢市境の山刀伐峠《なたぎりとうげ》を越え尾花沢に入った。この二つの古道は、松尾芭蕉が越えた峠として整備されている。対して花立峠は、山形県側の斜面が崩落して以来、山形県側への峠越えは出来ない。

小柴山から禿岳へ続く縦走路は、大分水嶺稜線である。この稜線の中間鞍部にある花立峠から禿岳の登山は始まる。登山口の峠を覆っていた濃霧が、日の出とともに乳白色に変わりだす。標高七九六メートルの峠から、標高一二六一メートルの山頂を目指し高度を上げると霧が再び濃くなり、視界は閉ざされた。

登山道は、二十分程の間隔で山頂までの合目柱が立ち、先の読めない登りに勇気を与え、初めての山でも安心して歩けた。整備された登山道は気持ちがよい。小鏑山の別名がある禿岳は、山形県最上町側から眺めるとどっしりとして、厚みを感じさせる山姿だが、鬼首側から見ると、切り立った斜面に幾筋もの細い滝が流れ落ちる険峻な姿を見せる。その山頂近く、険峻な断崖に紫水晶で出来た岩があり、光線の加減で美しく輝いて見える時があると言われるが、晴れの特異日にもかかわらず山は霧雲に隠れ、その姿も輝きも目にすることは出来なかった。ちなみに、山形の人たちは禿岳をハゲ禿と呼ぶようだ。

馬の道、花立峠と神様の山。禿岳はアイヌ言葉のカムイがカムロに変化したものと思われる。その山の神様は、春になると農耕の神様になって村へ下り、田植えの時期を告げた。その知らせを待って田植えを終えた村人は、赤飯や酒を背負って禿岳に登り、農耕の神様に田植えが終わったことを報告し、背負ってきた物を奉納したと伝わる。村人は下山時に、山肌に咲くシャクナゲの枝を手折って持ち帰り、田圃の水口に枝を差し込み、良い具合に水が流れるようにと拝んだことが花立峠の名前の由来とのこと。

山頂から眺める分水嶺の稜線は、東から流れ込む雲を遮る。あふれた雲は、稜線西側斜面に吹き上げる上昇気流によって吹き上げられ、雲は滝が立ち上げる霧のように漂っている。その雲の漂う稜線の奥に、岩手・秋田・宮城県に跨がる栗駒山が見えた。禿岳から下山すると、花立峠の様相が一変していた。駐車場は隙間なく車で埋まり、中には峠道を歩いて来る人もいる。

稜線続きにある小柴山への縦走路はキツイ登りから始まった。駐車場から最初のピークまでの標高差二〇〇メートルは急峻な上、登山道は濡れた下草や落ち葉に覆われて滑りやすい。この後も繰り返す一五〇メートル前後の大きなアップダウンが嫌われるのか、登山道の踏み跡に露出した木の根は濡れ落ち葉に隠れ、横たわる倒木は苔むしている。小柴山の標高は禿岳より二〇〇メートルほど低いが、累積標高差は禿岳より八〇メートルほど高い。峠にいた人たちの誰一人として小柴山を目指さないのは、稜線上に待っているアップダウンのきつさにあると思われる。濃霧に覆われた稜線は肌寒く、稜線漫歩にはならなかった。それだけに、霧が薄れた隙間に浮かんだ鬼首スキー場の先の、荒雄岳《あらおだけ》山裾に上る温泉の湯煙を見ると、下山後が楽しみになる。（二〇二一年十月）

△奥羽山《おううやま》（標高七六六メートル）

堺田駅は大分水嶺の駅。小さな待合室の広さは奥行き一間、幅は二間ほど。改札口はなく、公園で見かける長ベンチが一つあるだけ。そのベンチに駅ノートが無造作に置かれていた。

ノートを開くと、岡山から来た人、バイクで愛知県から来た人、青森から来た人……。分水嶺マニアにとって、堺田駅は憧れの駅なのだろう。ノートには記念のイラストや旅情あふれる文字が綴られている。この旅人たちが、せめて二駅でも列車に揺られてホームに降り立てば、旅情はさらに豊かになるだろうが、文面から列車を乗り継いで来た人はいないようだ。偶然だが、奥羽山について調べているときに、堺田駅のある陸羽東線は、一円の収益を上げるための経費が二万円以上と新聞記事に載っていた。

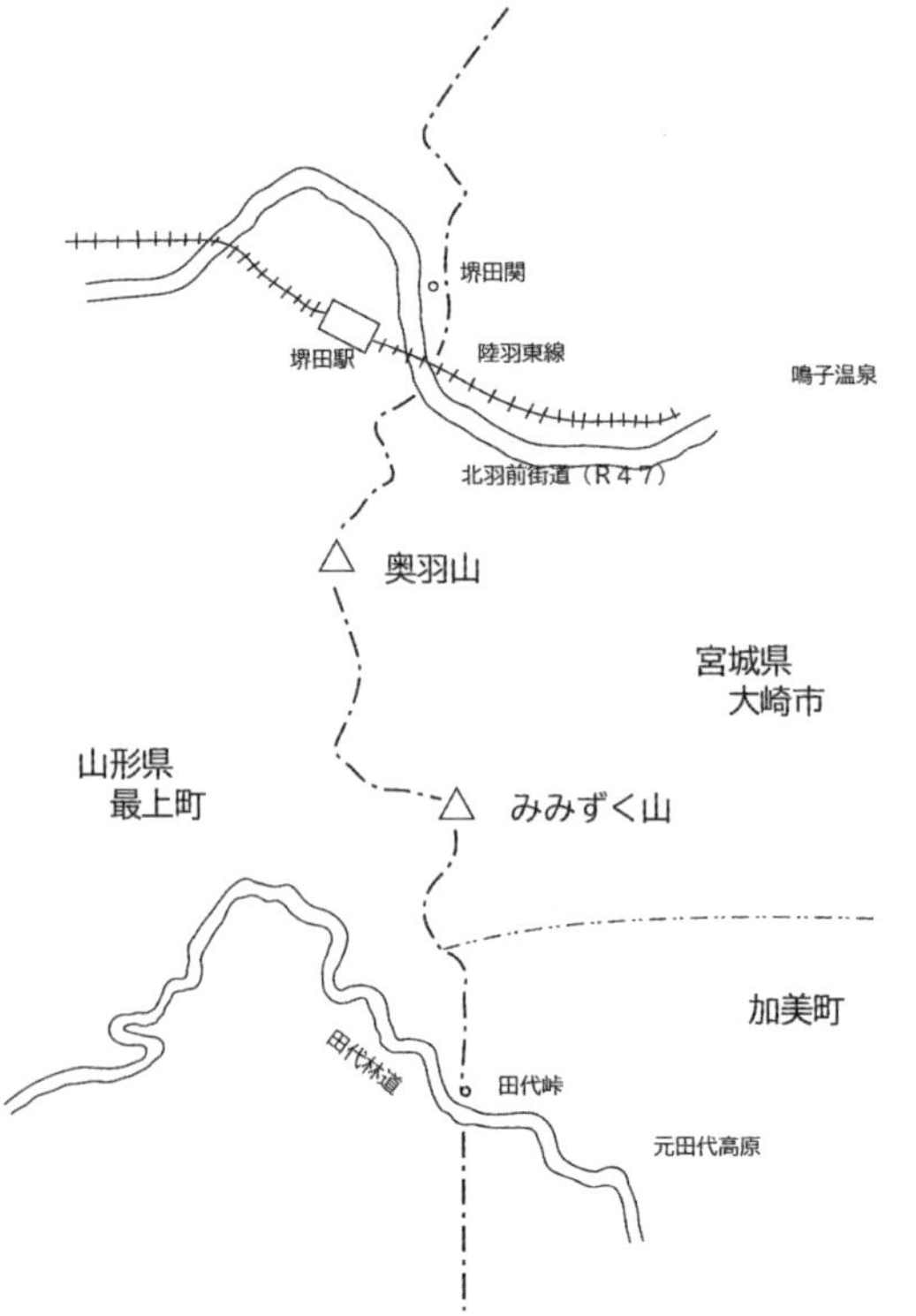
堺田関
陸羽東線
堺田駅
鳴子温泉
北羽前街道（R４７）
奥羽山
宮城県
大崎市
山形県
最上町
みみずく山
加美町
田代林道
田代峠
元田代高原

国土地理院地形図に登山ルートのない奥羽山を調べると、積雪期の登山記録が二件。その内容はどちらも山頂からの眺望は素晴らしいと写真付きで紹介しているが、ササが頭を上げているだろう無雪期登山の参考になるのは、長い急峻な登りが続くだけ。

地形図上で登れそうな尾根にあたりを付けたが、ホームに沿って広がるスギ林が山裾を覆い尾根を隠している。取り敢えず、スギ林に沿って人影のないホームを歩くと、畑作業をしている人が腰を伸ばし、私を見ている。その人の目から逃れるように、雑草が僅かに踏み倒れた場所を見つけ、スギ林に入る。

その踏み跡は、成木したスギの切り出しに作業員が入った踏み跡なのだろう。スギ林には切り倒されたスギの丸太が折り重なっていた。

スギ林の中は、作業員が踏み歩いた跡が縦横に広がり、間引きされたスギ林の奥に、堺田駅のホームからでは見分けのつかなかった山頂に続くと思われる尾根が見えた。尾根はササに覆われているが、日差しを受けて明瞭。スギ林に沿って県境の尾根に取りつけば、山頂までの標高差四〇〇メートルの斜面を登るだけだ。

終わりがない、キツイ傾斜が続いた。クマザサに覆われた斜面は登るにつれ斜度を増し、鋲付のゴム長靴でなかったら滑り落ちる傾斜になる。ふくらはぎがブルブル震える。一息ついたのは、山頂直下の残雪の斜面。ここから山頂までの標高差は四十メートル程。

足元に広がる残雪が、溶けて流れる先は日本海。尾根右側の沢に残る残雪は太平洋。流れる水音は残雪に覆われ聞こえないが、登った尾根は紛れもない大分水嶺の尾根である。キツイ登りから解放され、堺田駅を見下ろすように腰を下ろした。

ここまでの急登と斜面を覆うクマザサで目に入らなかったが、見上げるとヤマザクラが青空に花を咲かせ、鬼首山塊の主峰、禿岳が大分水嶺の稜線にドカッと腰を下ろしたように鎮座していた。（二〇二一年五月）

△みみずく山《やま》（標高八六二メートル）と田代峠《たしろとうげ》

山形県最上町の赤倉温泉から宮城県加美町に通じる山形県道二六二号線を、地元では田《た》代林道《しろりんどう》と呼んでいる。この道は、藩政時代に開設されたようで、峠を越えて最上町からは馬、加美町からは米が運ばれていたと伝えられている。その名残の一つが加美町に残る馬頭観音。馬頭観音は最上側の馬生産者の信仰を集め、古道は参拝路として使われる一方、間道の峠道は密輸の横行が多く、加美町側に元田代番所が置かれていたと伝わる。

奥羽山脈の中でも、この地域は特に降雪量が多く、雪解けも遅い。除雪作業は山形・宮城の両県で進めるが、車が通れるのは六月に入ってからとのこと。当時も雪の季節に入ると、峠を越えることは出来なかっただろう。その雪によって、田代峠の頂上には湿原が広がり、湿原は雪解けが進むと花園になるが、今は残雪に覆われている。

【宮城・山形県境の分水嶺】

神室岳
屋敷平（赤倉温泉奥・みみずく山登山口）より

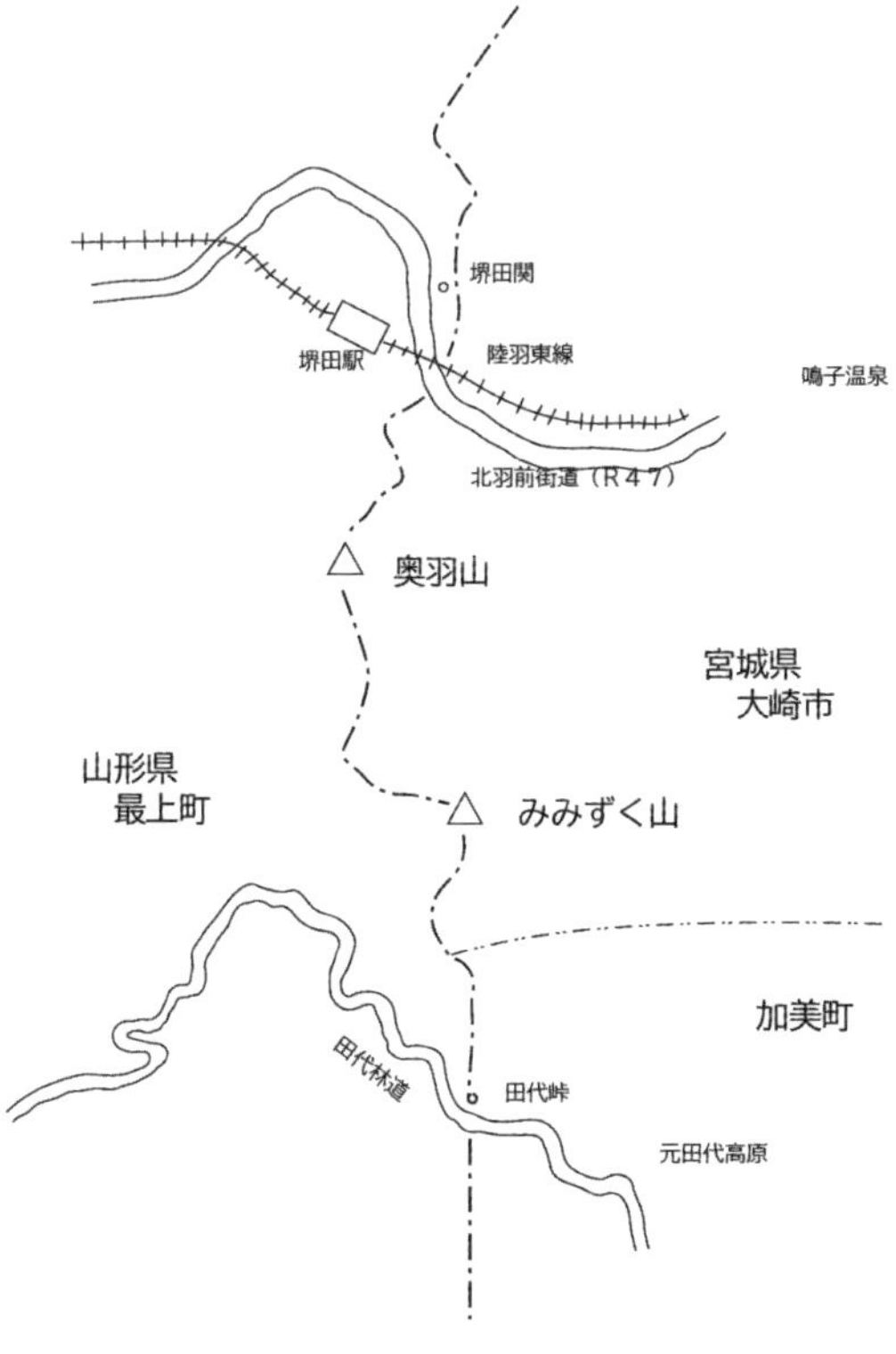

田代峠の頂上を目前にした県境近くに、みみずく山に向かって作業道が走っている。初夏を思わせる好天に雪解けが進むと、残雪に押さえつけられた作業道のササが頭をもたげ、鬱陶しくなる。冬期間の通行止めは解除されていないが、ササが頭を起こす前にと出かけてみた。

「この先通行止め」と書かれた最上町屋敷平《やしきだいら》ゲートから、登山口の作業道入り口までの標高差は一四〇メートル。距離は約三・五キロメートル。その作業道入り口から山頂までの標高差は三六〇メートル。距離は約二キロメートル。四時間ほどの登山時間だろう。

朝六時、車中泊した屋敷平から歩き出すと程なくして、林道はスギ林に囲まれた。成木したスギ林に日差しが差し込まず林道は薄暗く、スギ林の根元一面が残雪に覆われていた。そして雪の重みに耐えられなかったのか立派なスギが根元から倒れ、道路を塞いでいた。雪の重みで倒れるスギは、林道に面した木が多い。雪解け水が浸み込み、根元が緩む。そこに、春先に降る湿った雪が枝葉に積もると、木は頭が重くなって傾く。四方をスギの木に囲まれていれば、木同士が支え合い倒木を防ぐが、道路に面した木には支える木がなく、倒れる木は決まって道路側に面した木が多い。

林道は、大分水嶺の稜線から流れ出す小国川《おぐにがわ》に沿って標高を上げ、小国川第四橋に差し掛かる。橋の袂から「みみずく山」に向かうと思われる作業道が分岐している。入り口に案内板はなく、日差しを浴びた作業道は、笹竹と枯れたカヤに覆われていた。標高を確認

【宮城・山形県境の分水嶺】

すると、高度計は五〇〇メートルを表示し、地形図上の分岐の標高通り。ここまでの所要時間は一時間。植林のために切り開かれたと思われる作業道は、植林が終わってから使われていないのだろう。手入れの行き届いていないスギは、枝を四方に伸ばし、作業道を覆っている。張り出したスギの枝に日差しが遮られ、麓から見た青々とした山肌は残雪に覆われていた。

その残雪に、真新しいカモシカとクマの足跡が残っている。足跡を見ると、カモシカは山頂に向かい、クマは里に向かって移動しているのがわかる。林道を登ってくる途中に捨てられたザックは、クマに遭遇した人が捨てたのだろうか？　日差しを浴び、雪解けが進んだ林道路肩のフキノトウに花がないのは、クマが食べた跡だろうか？　残雪に残る足跡。クマが食べたであろうフキノトウ。クマが生息していても不思議ではないが、出会いたくはない。

「ホー、ホー」と声を出し、人間の存在を示しながら標高六〇〇メートルの大分水嶺の鞍部まで登ると、スギ林に囲まれた作業道は消え、山頂に続く稜線は背丈を超す笹竹が密集し、とても踏み込める状態ではなかった。その大分水嶺稜線から振り返ると、山肌に広がる植林帯の一本一本が剣山のように、青空に向かって背丈を伸ばし、無秩序に伸ばした枝が残雪を隠している。一見歩けそうに見えるスギ林に目立つ特徴はなく、道迷い防止の赤布を括り付けながら踏み入るが、右も左も同じようなスギに囲まれる。山頂まで続くスギ林の根元は、硬く締まった残雪に覆われ歩きやすいが、踏み跡は残らない。山頂までの距離、約二キロメートルをカバーするだけの、道標用の赤布はない。四方を囲むスギ林に視界は遮られ、現在地を見失えば、コンパスも使えない。どうしたものかと周囲を見渡すと、剣山のように揃ったスギ林の向こう側に広がる青空に、雪をまとった秋田・山形県境の神室山塊の立派な姿があった。見飽きることのない神室山を眺めながら一服、漂う煙に混じってみみずく山の山頂に向かう意欲も穏やかになる。無理することはない。クマが食べ残したフキノトウを摘み取るのも、悪くはないとの思いが広がる。

みみずく山は、三角点測量点の山とは言っても、植林作業の人が年に何回か入るだけの極め付きマイナーな山のようだ。事前に登山記録等を調べたが、この山の登山記録は皆無だった。山の名前に惹かれ、大分水嶺の山の一つとして地形図を頼りに登ってみたが、予想以上の残雪と杉木立に立ち往生。雪が溶ければ山は藪に覆われるだろう。低山ゆえの難しさを感じる、みみずく山だった。（二〇二二年五月）

△御所山《ごしょざん》（船形山《ふながたやま》）（標高一五〇〇メートル）

御所山（船形山）は、宮城県と山形県に跨る県境の山。

県境に跨る山は、それぞれの県で呼び名が変わり、登山道から見る山姿も違う。深田ク

【宮城・山形県境の分水嶺】

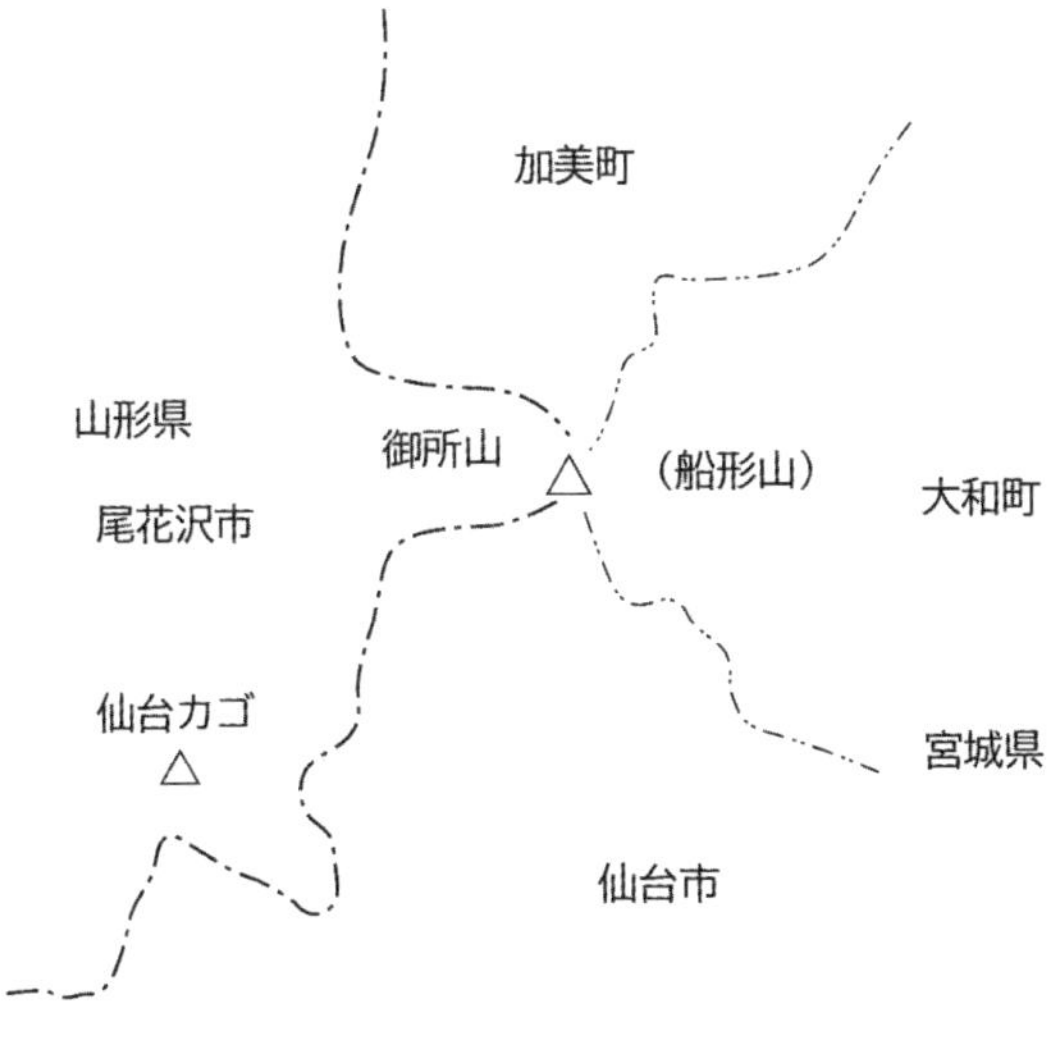

ラブ日本二百名山に選定された船形山は、宮城県側の呼び名だ。

この山の素晴らしさは、紅葉の美しさ。宮城県側の登山コースの一つ、色麻《しかま》コース登山口にある大滝キャンプ場は、西風を遮る尾根に囲まれ、尾根上を吹き渡る風に揺れた陽光がキラキラと反射する。同系色に染まった紅葉一枚一枚が濃淡を付けて揺らめく様は、心に染みる。また山頂稜線から広がる山形県側の山並みは、陽光と流れる雲の陰影によって、色彩が刻々と変化し、見る者を飽きさせない。山形県側の呼び名は御所山。御所山は、周辺の山々を含め、御所山県立公園に指定され、山形県の人たちにとって御所山は身近な存在。週末には多くの人が山頂を目指している。宮城県側から登るたび、山形県側の穏やかな山並みを歩いてみたいと思っていた。今回は、その山形県側のルートで御所山を目指した。

将棋の駒で有名な天童市から、宮城県境の関山峠を目指す。国道が関山峠越えの登りに差し掛かると、御所山や白髪山《しらひげやま》、東北の谷川岳と呼ばれる黒伏山《くろぶしやま》の登山口が分かれる。分岐には、黒伏高原スノーパークの案内がある。スノーパークを目指す道路は道幅が広く、要所に案内板もあり、迷うことはない。

黒伏山の岩壁が覆いかぶさるように姿を見せるスキー場に、トランシーバーを肩に掛け、双眼鏡で岸壁を覗いている人がいた。

スキー場から先の道路は未舗装の林道に変わり、終点の駐車場まで狭いでこぼこ道になる。深い轍にタイヤが沈む都度車は左右に傾き、両側から伸びだした枝がフロントガラスに覆いかぶさり、視界を塞ぐ。そんな林道終点の駐車場は狭く、駐車台数は限られている。

駐車場から登山道に入ると、それまで見えていた青空も、すぐ隣にある黒伏山も隠してしまうブナの原生林は、宮城県側から眺めた、流れる雲と日差しによって色を変えた森。覆い尽くす葉一枚一枚を透かし、力を弱めた日差しが、朽ち果てたブナの倒木に生えたナメコを照らしている。

主稜線に出ると登山道が交差する栗畑の分岐。この分岐から稜線を右に南下すれば白髪山に続く分水嶺の稜線。左に向かえば、三〇〇メートルの岩壁を持つ黒伏山。分岐を直進すれば分水嶺の稜線歩きで御所山に向かう。

栗畑から御所山までの三時間は、緩やかな下りから始まった。緩やかに標高を下げ、登山道が楠峰《くすみね》（一二一〇メートル）の巻き道に入ると、左手に黒い岩肌をむき出した仙台カゴ（一二七〇メートル）が現れた。その岩肌に絡まったツタの紅葉が、風に飛ばされそうに揺れている。カゴとは、駕篭《かご》を逆さにしたような形から付けられた名前。平凡な山並みに、ガキ大将の突っ張りのように威圧的な姿の仙台カゴの岩峰は、おだやかな山並みの中で目立つ。

登山道は、稜線最鞍部の仙交小屋跡《せんこうごやあと》分岐まで標高を下げると、御所山頂までの標高差五〇〇メートルの急登が始まる。中でも、最初の二五〇メートルはキツイ登りになる。この急登を登りきると御所山の全容が目の前に迫る。山は三色に染まっていた。中腹から山裾にかけて山肌は赤や黄色に染まり、色ざめした木々を挟んで山頂稜線は、裸木の灰色が帯びている。山頂への最後の登りは、勾配が一定して登りやすい登山道だが、多くの登山者によって深く掘られていた。この日の天気予報は登山日和だったが、回復が遅れているのだろうか、高曇りの空を吹く風は冷たく、多くの登山者が早々と山頂避難小屋に入って行く。静かな山頂から眺める山並みは、紅葉が雲に吸い取られたかのような、灰色一色に包まれていた。（二〇二二年十月）

△寒風山《かんぷうざん》（標高一一一七メートル）と白髪山《しらひげやま》（標高一二八四メートル）

勤め人だった三十代。郡山から仙台、仙台から山形と営業で回る日々が続いた。楽しみは、奥羽山脈を横断する峠道から眺める山々だった。関山峠は日によって山形側から越えたり、仙台から越えたりした。どちらから県境を越えるにしても、関山峠の登りに入ると、峠道は迫る山々に遮られ日差しは届かず、日が暮れるといつも霧が立ち込めていた。そして、峠の麓にあるドライブインは、いつも大型トラックが所狭しと駐車していた。大型トラックが集まるのは、食事をとる目的だけではなかった。それは、トンネル内で幽霊を目撃したドライバーの話が広まり、いつしか関山峠に幽霊が出るとのうわさが広まった。暗

【宮城・山形県境の分水嶺】

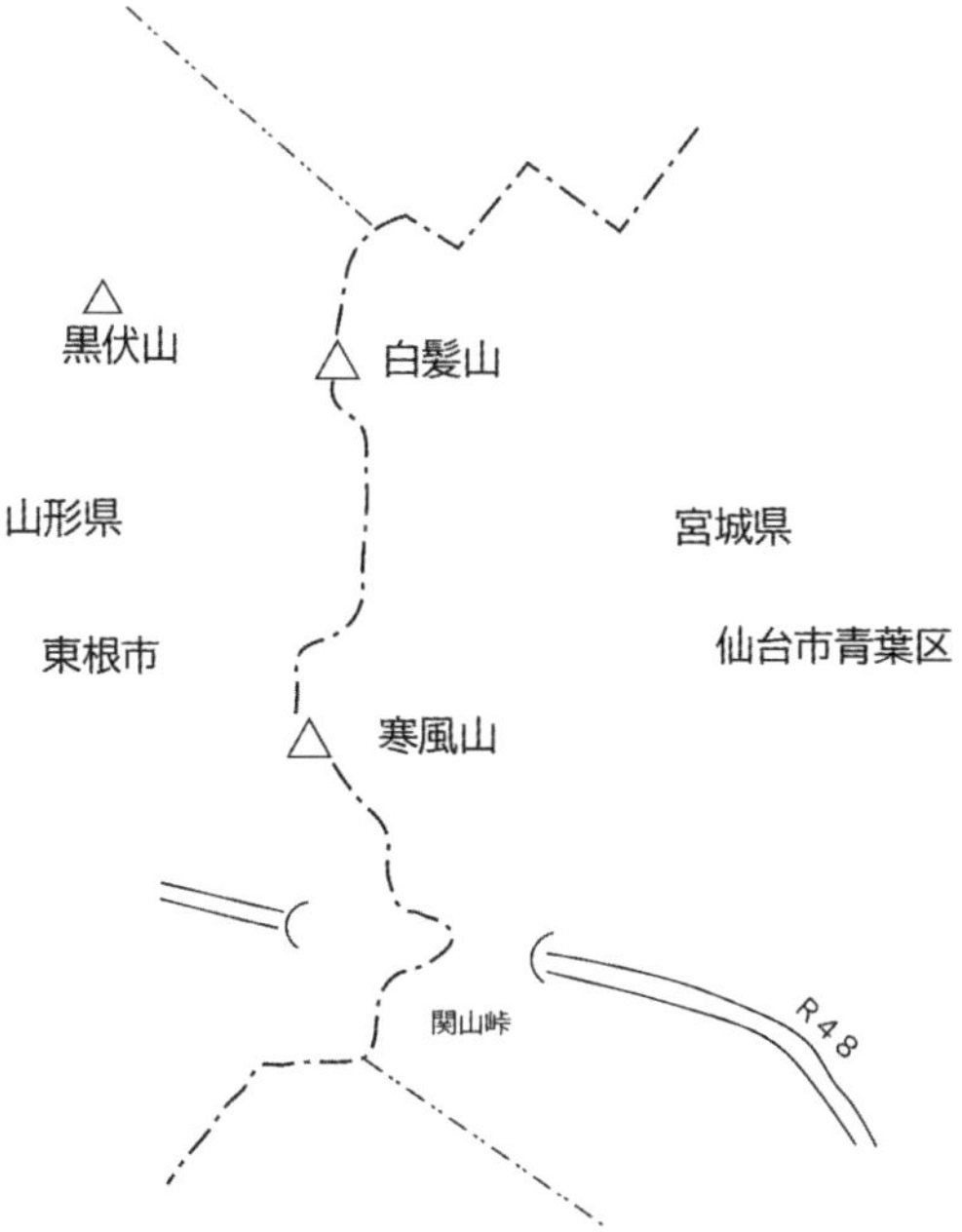

いトンネルを一台で通過する心細さと怯えが、集団でトンネルを抜ける現象を生んだようだ。

　そのトンネルを覆うのが、寒風山から船形山へと続く奥羽山脈大分水嶺の御所山塊。この山並みには、低山とはいえ標高一〇〇〇メートル超えの寒風山・奥寒風山・奥戸立山《おくとだちやま》・前白髪山・白髪山など、大分水嶺の山が続く。この御所山塊の主稜線は全体に笹竹に覆われた山並みだが、カゴと呼ばれる岩峰もある。また、主稜線から分かれた枝稜線には、東北の谷川岳と称される岩峰の黒伏山もある。

　それらの岩峰を除くと主稜線上の山々は、山が笑う季節から山が燃える季節まで多くのハイカーで賑わう初級者向きの山の連なり。

　大分水嶺の稜線が続く蔵王山域の山々の中でも、御所山塊は地元の人たちにとっては里山的存在。行き交うハイカーの挨拶も飾り気がない。登山口は山並み南側の関山峠からと、北側の黒伏高原スノーパーク。今回は、山塊北側から登ってみた。

　まだ暗い午前三時半。自宅を出発し、山形県天童市を経由し登山口のある林道終点駐車場に着いたのが六時半。低山に登る時間には早いが、灌木を切り開いた駐車スペースには既に十台ほどの車が駐車し、空き地は僅か。停められた車のナンバープレートを見ると、半数が関東ナンバー。車中泊したと思われる登山者が、サンダル履きで背伸びをしている。低山歩きがブームらしいが、関東からの登山者がいるのに驚くとともに、一人ではない安堵を覚える。

　低木を飲み込むように湧き漂う霧。息詰まるような霧から逃れるように、ブナが背を伸ばしている。両手を空に広げるように枝を伸ばしているブナは、上空に流れる風に梢が揺れ、雨だれが容赦なく落ち、登山道を覆う濡れた笹竹が雨具を濡らす。

　晴れの予報に反して、稜線上を流れる霧雲は視界を閉ざし、次の目標を隠している。ここ三年、着込むことはなかった雨具だが、その防水効果を失っている。雨もまたよしと気持ちを切り替え、標高差の少ない稜線のアップダウンを繰り返す。今日は貸し切りかなと思う山も、ルートにも出会いはあるものだが、駐車場に停めた車の人たちは船形山に向かったのか、寒風山までの往復で出会う人はなかった。雨に濡れ、重く垂れさがる笹竹が行く手も景色も隠している。恐れるのはクマとの鉢合わせだが、幽霊にも会いたくない。

　心霊スポットの関山トンネルから山塊南端の寒風山は至近の距離。足のない幽霊でも、漂える距離だ。お盆は過ぎたが、深い霧の中から音もなく現れたらと思うと、穏やかでない。

　この山は奥羽山脈のほぼ中間。後半の大分水嶺稜線歩きは、マイナーな山が多く、その大半が未経験ルート。クマはもとより、何が出てきても不思議ではない。麓に伝わる伝説が本当に現実になるかもしれない。（二〇二一年九月）

△蔵王熊野岳《ざおうくまのだけ》（標高一八四一メートル）と刈田峠《かったとうげ》

四季を通じて登った蔵王連峰。特に登山道が花に覆われる初夏の南蔵王縦走路は、毎年歩いても飽きることはない。ルートは刈田岳《かっただけ》から大分水嶺稜線と分かれた後、七ヶ宿町《しちかしゅくまち》と蔵王町を分ける尾根に沿って前山（一六八四メートル）、杉ケ峰《すぎがみね》（一七四五メートル）、芝草平《しばくさだいら》・屏風岳《びょうぶだけ》（一八二五メートル）、不忘山《ふぼうさん》（一七〇五メートル）と続く人気のルート。

国土地理院地形図を見ると、このルート上に刈田峠と避難小屋が同一場所に記載されている。この避難小屋は縦走路を歩くたびに目にし、地形図を疑うことなく、この場所が刈田峠と思っていた。

しかし、裏蔵王の縦走路に点在する峠を示す案内板が、この場所にないのが不思議だった。蔵王連峰は、蔵王権現が祀られた熊野岳を中心に、十四の山々の総称。その山々は、南北に走る大分水嶺の稜線上と、熊野岳を中心に東西に走る稜線上の広範囲に点在する。

蔵王連峰は修験の山。十四の山を繋ぐ道すべてが修験道となっていると思われる。刈田峠も山伏が歩いた修験の道に違いないだろうが、地形図に書かれた峠にその痕跡を感じるものはなかった。

大分水嶺の峠と山歩きを目指さなかったら、疑問は疑問のままだったろうと思う。蔵王山麓の蔵王町役場に、刈田峠について問い合わせてみたが、返答はなかった。山形側の

【宮城・山形県境の分水嶺】

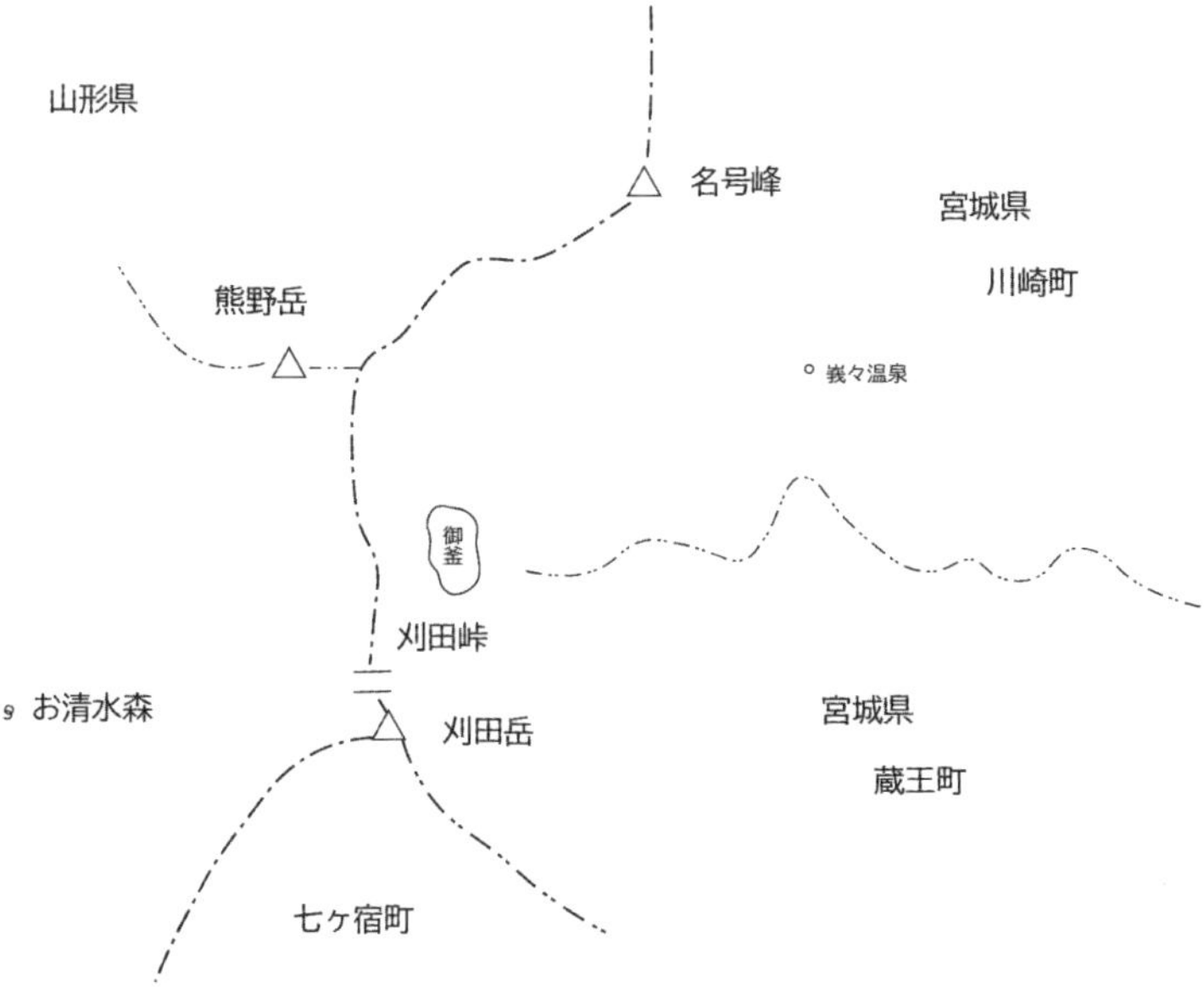

上山市《かみのやまし》観光課に問い合わせると、地元の詳しい人から連絡させるとのことだった。

大沼さんという方が、役所から依頼を受けたと電話をくれたのは、問い合わせ日の午後だった。奥羽山脈西側の住民の生真面目さを感じる。気質は、気候風土に育まれた土地柄なのか。蔵王連峰の麓、坊平《ぼうだいら》高原でコーヒー店を営む傍ら羊の原種を飼育しているという大沼さんの話によると、刈田峠の古道は、山形側は坊平高原スキー場ゲレンデからライザスキー場ゲレンデ内に残る「お清水《しず》の森」を通り、刈田岳に至るルートが古道らしい。その後、古道は熊野岳を経由し、南北に走る主稜線上の名号峰から、宮城県側の峩々温泉《ががおんせん》に下るとのこと。

また、修験者の歩く刈田峠とは別に、交易ルートの古道があったらしい。この古道は、一般町民や女人禁制の蔵王に足を踏み入れられない女性、表街道を歩けない訳あり人が、南蔵王縦走路の前山（一六八四メートル）を越えていたらしく、調査を続けているとのことだった。

刈田峠は、刈田神社から熊野岳に通じる尾根上にあり、女人が越えることの出来ない峠。対して、女人や訳あり人が人目を避けて越えたと思われる峠は地図にもなく、灌木に覆われその痕跡もないが、大沼さんの話には信憑性を感じる。季節を問わず幾度となく登った蔵王連峰だが、教えられた峩々温泉からの古道は初めてだった。

深い霧に視界が閉ざされた早朝に出発し、七時を少し過ぎた時間に登山口の峩々温泉に着いた。ここから登る人は少ないのか、登山口に駐車場はなく、階段から始まる登山道の一段一段が苔むしている。込み入った等高線に沿った穏やかな登山道は、見慣れたブナ林と違ってクヌギやナラの林にヤマザクラの古木が交じった森の道。栗拾いをした里山を歩いている感覚になる。この森が、標高一二〇〇メートル付近からシラカバ主体の林に変わり、猫の鼻と書かれた稜線分岐に出る。

この分岐を東に下ると、伊達政宗の隠し湯と言われる青根《あおね》温泉《おんせん》に至る。このルートも山伏が歩いたのだろう。猫の鼻分岐から主稜線に繋がる尾根は南側が開け、刈田岳山頂の刈田神社が濁川《にごりがわ》の対岸奥に望めた。景色の良さと人の少ない古道は葉を落とした落葉樹に囲まれ、火山礫に覆われた蔵王のイメージが変わる。御釜《おかま》目当ての観光客で賑わう蔵王を毛嫌いする人が多いが、この登山道は蔵王の自然を満喫出来る。岩が露出した名号峰の山頂からの眺めは、西側に広がる山形盆地と月山、大朝日連峰が一体になって見渡せる。南側は、あと三か月も経つと樹氷を作るトドマツに覆われた熊野岳の北斜面が広がっている。名号峰は縦走路の分岐点。ここから大分水嶺の稜線を右に下れば雁戸山《がんとさん》を経由し、笹谷峠に至る。

熊野岳山頂から、御釜・刈田岳（峠）・不忘山と続く稜線を眺めた後、刈田峠の情報を頂いた御礼を兼ね、大沼さんのレストランを訪れてみた。あいにく、大沼さんは避難小屋の修繕に出かけ留守だった。店を預かる奥様が資料を見せながら、山形側からの古道について説明してくれた。それによると、刈田峠への山形側のルートは二本あり、置賜《おきたま》地方からは高畠町《たかはたまち》の柏木峠を越え、楢下宿《ならげしゅく》・大門・菖蒲・お清水《しず》。山形市周辺からは足の口・高野・永野を経由して、「お清水の森」を目指したとのこと。お清水の森には宿坊が設けられ、山伏たち修験者はこの森から厳しい求道的修行を始めたらしい。蔵王は、限られた修験者だけが登ることを許され、庶民や女性が山に登ることは許されない山だった。

江戸時代に入ると、修行を積んだ山伏が郷に下り里山伏になり、庶民との交流を深めると庶民の間に信仰心が高まり、お山参りが広まった。しかし、庶民や女が山に入れるのはお清水の森まで。参拝者は宿坊を備えたお清水の森から願い事を行った。

蔵王権現霊場だったお清水の森一帯は、女や一般庶民の参拝者で大いに賑わったと伝えられる。その後蔵王は、求道的修行に加え五穀豊穣や無病息災に家内安全といった現世利益の信仰が加わり、修行の山は一層賑わったようだ。

話を聞き、早々にお清水の森への道を登ってみた。スギの古木に覆われたお清水の森に入ると、滾々《こんこん》と清水が流れ出し、本殿跡へ上る石段や立ち並ぶ灯篭、庶民や女性信者が寄進したと伝わる石仏のすべてが、緑鮮やかな苔に縁取られている。石段の登り口に鎮座した一対の狛犬には、文政四年（一八二一年）と刻まれていた。（二〇二一年九月）

△逢沢山《ほうざわやま》と金山峠《かねやまとうげ》（標高九七五メートル）

宮城県境の福島県国見町から国道四号線と分かれ、小坂峠《こさかとうげ》越えで宮城県七ヶ宿町へ向かう。小坂峠は、羽州街道から二井宿峠《にいじゅくとうげ》や金山峠を越え、奥州街道に出る近道。羽州各藩と陸奥国の弘前藩や黒石藩の大名が、江戸との往来に通った奥羽山脈越えの最初で最後の峠。

この小坂峠を越えると江戸への道程は、それこそ山を越し、峠を下れば平坦な奥州街道に合流する。峠から眺める景色は、萌え出した草木に桃や梨の花が彩りを添え、遠景のあぶくま高原の山々と相まっている。峠越えの大名たちは、広がる景色にさぞかし安堵しただろう。そんな思いを走らせながら小坂峠を越え、南東北を横断する国道一一三号線に入る。

短い距離で七つの宿場が続く七ヶ宿町に入ると、各宿場跡の入り口に旧七ヶ宿街道と書かれた案内板があり、狭い旧街道を挟んで家が立て込んでいる。奥羽山脈の山中に点在する七ヶ宿は標高が高く、農業には不向きな土地だったと思われる。七ヶ宿に暮らす人たちの糧の多くは、旅人の木賃や背負子人夫《しょいこにんぷ》の駄賃によって得ていたのだろう。七ヶ宿街道（国道一一三号線）から旧羽州街道に分け入ると、国指定史跡の羽州街道金山越えの峠は近い。

逢沢山
金山峠
山形県
高畠町
宮城県
七ヶ宿町
二井宿峠
貝吹山
仙王岳

【宮城・山形県境の分水嶺】

宮城県と山形県境の金山峠は大分水嶺の峠。峠を挟んだ七ヶ宿町側の古道脇に、白石川の源流が湧きだす鏡清水があった。

その水溜まりの掃除をしていた地元区長さんとの会話が弾む。

古道を歩いて金山集落まで行くと言うと、「若かった頃はこの峠を走って下り、上山まで映画を見に行ったけど、あんたどっから来たの？　……金山の集落に三軒の家が残っているが、住んでいる人はいね。道は整備されているが、最近クマを見たから気いつけてない……」。飾らない口ぶりに心が和む。

峠の頂上に建つ金山不動尊は、二井宿峠の大滝不動尊や大澤不動尊と並び、地域の三大不動尊の一つと伝わっている。金山不動尊の由来は、秋田藩主佐竹義格《よしただ》公一行が参勤交代で金山峠の七曲がりに差し掛かった時、霧に囲まれ道に迷ってしまった。その時、不動明王の化身である白髭の老人が現れ、その老人に導かれ無事峠にたどりつくと老人の姿は消え去り、不動明王の像が立っていた。これを見た佐竹義格公は感謝と敬信の念から不動尊堂を建て（一六九一年）、街道の整備に力を注いだ。このことから、峠道は、佐竹街道とも呼ばれるようになったと、氏子会一同によって記された案内板があった。

白髭の老人話は、翁山にもあり、この地方の言い伝えになくてはならない老人なのだろう。その不動尊堂の前から峠道は始まる。言い伝えにある七曲がりの急坂に入ると、最上川の支流の一つ、金山川の源流が湧き出している。宮城県側の鏡清水と言い、これほどはっきりと分水嶺を感じさせる箇所は稀。流れに沿って、橋を渡りながら古道は金山集落まで下る。スギ林に囲まれた薄暗い古道に案内板はなく、金山川を跨ぐ番号の付いた小さな橋を追いかける。

上山市の資料によると、峠道が上山藩主土岐頼行《ときよりゆき》によって二度にわたる峠の大改修（一六四五年・天保二年、一六五六年・明暦二年）以降、峠道は山形・新庄・庄内・秋田藩等出羽国十三藩の参勤交代や出羽三山詣で、商人や旅人等多くの人々が往来し賑わったとある。秋田佐竹藩による古道整備が行われた以前の歴史だろう。金山川に沿って空積《からづみ》されたゴロタ石は、当時のものだろうか、石は苔に覆われている。石囲いされた平地の茶屋跡や道祖神は、峠道が賑わっていた名残だろう。川沿いの古道は繰り返し橋を渡る。その川の横断に慣れてしまい、中間地の橋を何気なく渡った先は舗装された県道だった。えっ、と思いながら、また古道に入る道が分岐するだろうと県道を下ると、金山川を覆う木々の隙間から古道らしき道が見えた。

戻り返すこと三十分、間違えた橋まで戻り、金山集落に着いたときには予定時間を大幅に越えていた。人気のない金山集落からスギ林に囲まれた薄暗い峠道を登り返すと、峠を越える人を拒むように、大分水嶺の稜線が横たわっているのが見える。

馬の背を思わせる稜線上にラクダのコブのように突き出しているのは、逢沢山だろう。国土地理院地図にルートを示す印のない逢沢山の登りは、峠の山頂に連なる大分水嶺の主稜線上を行くしかない。

峠から山頂までの標高差は三四〇メートル。水平距離約一・四キロメートル程だが、灌木と藪に覆われた稜線は急峻そのもの。斜面で立ち止まると踏ん張りは利かず、灌木に摑まりながらの登りになった。息の切れる登りを続けていると、突然目の前がぼやけ、周りの木々に焦点が合わない。顔の高さに絡み合った木々の枝に、メガネが引っ掛かって外れたことに気づくが、後の祭り。不安定な足元に目を凝らすが、見つけることは出来なかった。

山頂から見下ろす古道はスギ林に隠れているが、スギ林の先に人の住んでいない赤い屋根が確認出来た。その先に楢下宿の家並みと上山市の街並みが新緑の梢越しに広がっていた。（二〇二二年四月）

△仙王岳《せんのうだけ》（標高九一三メートル）と二井宿《にいじゅく》峠《とうげ》

東北地方を南北に縦断する奥羽山脈。その裾野には奥羽山脈を背に、山脈から枝分かれした尾根に左右を囲まれた地形が点在する。このような地形を「まほろば」と呼ぶらしい。山形県置賜地方の東端、奥羽山脈の麓にある高畠町は、当時を偲ばせる店構えや民家が整然と続き「まほろば」にふさわしい落ち着いた町だった。

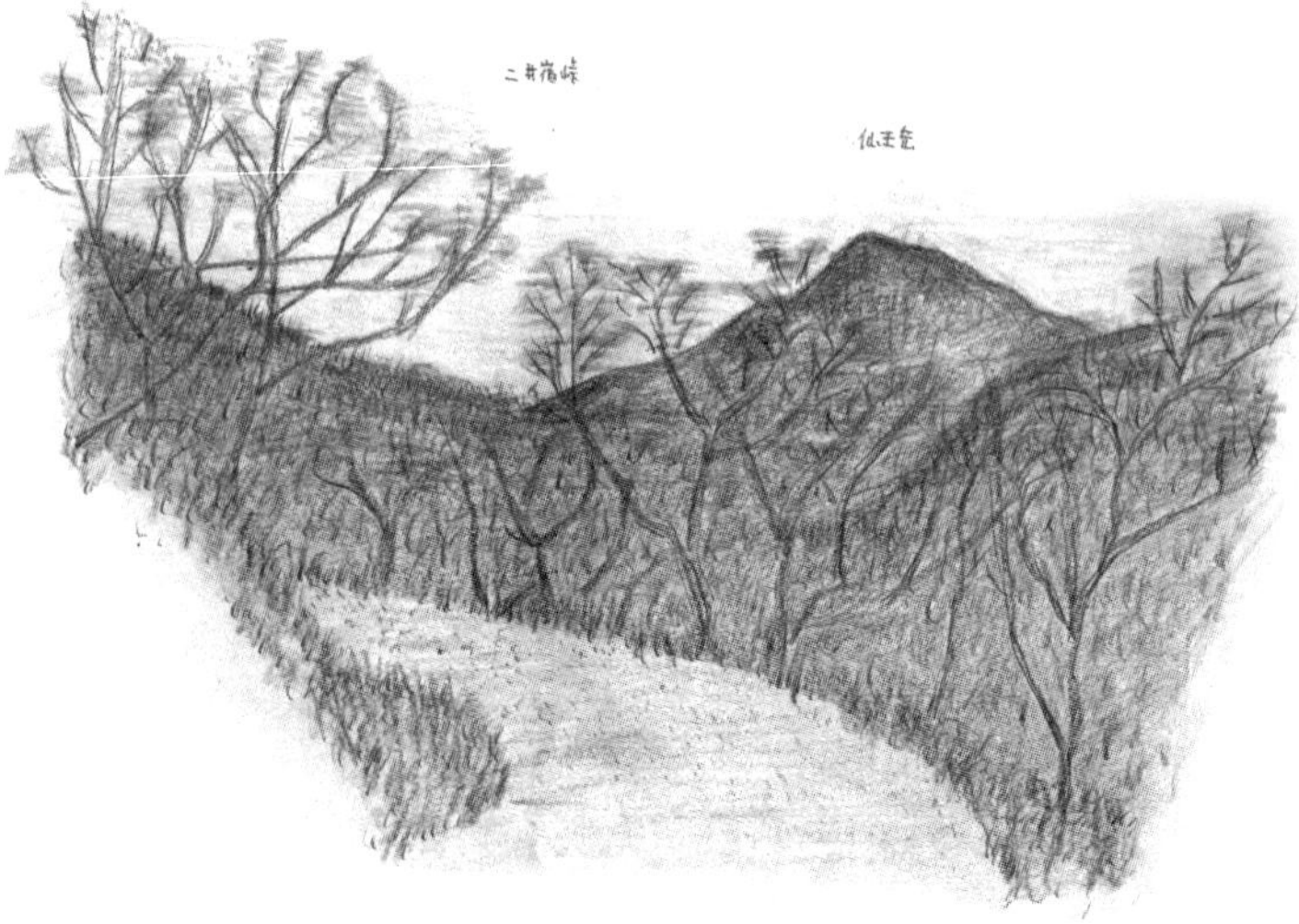
二井宿峠
仙王岳

逢沢山
金山峠
山形県
高畠町
宮城県
七ヶ宿町
二井宿峠
△ 貝吹山
仙王岳

町の周辺に数多く残る太古の縄文遺跡と古墳群は、この町が「まほろば」で暮らしやすかった何よりの証だろう。

二井宿峠古道は、山形県置賜地方と宮城県白石市を結ぶ旧国道一一三号線に沿って流れる、大滝川の対岸にあった。と言うのは、置賜地方から奥羽山脈を越える二井宿峠は、国土地理院地図に記載されている峠の延長上に旧一一三号線が走り、これが古道と思っていた。しかし、高畠町が整備した「まほろば・古の里歴史公園」に隣接する道の駅観光案内で頂いたイラスト地図に、古道の名残と思っていた旧国道一一三号線とは別に「二井宿峠古道」と記されてあったからだ。観光案内の人に話を聞くと、町主催で二井宿峠古道を探訪するトレッキング大会が毎年開催されるとのことだが、普段この古道を歩く人は少ないとのこと。私が歩いていくとは思っていないようで、はなから、峠道は車での通行は出来ないと説明する。

「みちのくおとぎ街道」と書かれた国道一一三号線を進むと、通り過ぎてしまいそうな狭い道が国道から分かれていた。その狭い道を覗くと、いかにもと思わせる雰囲気が漂う家並みが、道路を挟んで建ち並んでいた。イラスト地図で確認すると上宿とあり、峠越えの最後の宿場跡の集落と思われる。建ち並ぶ古い家の庇が道路に覆いかぶさって、一層狭くした人気のない集落を抜けると、道路は二股に分かれた。イラストで確認すると古道へは左側の舗装道を進み、次の二股を右に進むと旧街道のように書かれてある。しかし、進んだ先の二股の道は、どちらもゲートで塞がれていた。

　再度、イラスト地図と地理院地図を見比べると、この分岐が古道の入り口に間違いないが、分岐にはその案内はなく、義民「高梨利右衛門」処刑地まで後十分と書かれた案内板があるだけ。ゲートの先を眺めても、古道の雰囲気を感じさせるものは何もなかった。

　やむなく進んだ左側の道は、枯れ落ちたスギの小枝に覆われやわらかく、山側の斜面にはカタクリやキクザキイチゲに交じってエゾエンゴソウが群生し、小さな花を咲かせている。

　上り坂の標高を上げると、スギ林に隠れて見えなかった谷側の眺望が開け、スギ林の先端越しに、山肌に雪の残る仙王岳が見えてきた。周囲の景色から峠が近いことがわかる。道が土砂崩れで閉鎖され、峠近くに建っている大滝不動尊を訪れる人がなくなってどれほどだろう、大滝不動尊脇に建つ峠の茶屋は朽ちていた。

　今から五〇〇年前、大滝川を流れ落ちる大滝の滝壺に現れた不動尊の御神体から命名された大滝不動尊の社には、左甚五郎・飛騨たくみとともに三名工人の一人と言われた、高畠町出身の戸田半七大工が彫った竜の彫刻が飾られていた。この大滝不動尊から十分ほどで県境の峠に着いた。あてどなく吹いていた風が、峠の切通しで東風にまとまって吹いてくる。宮城県と書かれた県境標識に描かれた渡世人のかっぱも、この風になびいているようだ。

期待外れの古道の峠道。何かがおかしいと思いながら、谷側に目をやりながら下ると、杉木立の中に一本の踏み跡が認められ、迷わずササに覆われた斜面を下り踏み跡に踏み入ると、二井宿峠と矢印がある小さな案内板があった。日の差さない日陰の踏み跡は苔むし、日差しを浴びた踏み跡は、カタクリの花に埋もれている。遅い春を感じながら、峠の歴史が書かれた案内板に立ち止まる。

天正十二年（一五八四年）、二本松城下の人取橋《ひとどりばし》の合戦は、伊達政宗が三万人の兵を相手に八〇〇〇人の兵で戦い抜いた翌年、米沢に凱旋した峠から始まり、政宗は葛西一揆の揺動《ようどう》疑いを晴らすため、二井宿峠を越え清州城に向かった。文政十一年（一八二八年）のシーボルト事件にかかわったと追及された高野長英が高畠町に逃れ、一冬過ごし、帰国するときに通った峠である。嘉永五年（一八五二年）には、吉田松陰が東北遊学の帰路に通い、慶応四年（一八六八年）には、奥州越列藩同盟の盟主に擁立された北白川宮能久親王《きたしらかわのみやよしひさしんのう》が、二井宿峠を越えて白石城に向かった。明治七年（一八七四年）、新潟の進学校に入学した原敬が二井宿峠を往来したなどと書かれた歴史案内板を読みながら古道を下ると、山裾を切り開いたような平地に出た。この平地は、政宗が築いた館跡だろう。二井宿峠はまさに伊達米沢藩の東木戸門。侵入者を防ぐ要の峠に違いない。

旧国道の峠道から眺めた大分水嶺の仙王岳は標高九一三メートルの低山。だが、その姿はなかなかのものだ。二井宿峠同様、登山道を示す印はないが、何かがあるだろうと思わせる。地形図を見ると、山頂から走る尾根が峠まで続いている。この尾根以外に登れそうな尾根もなく、切通しの峠から踏み込む。切通しの峠道を土砂崩れから守るコンクリート土留め壁の切れ目からの登りは、見た目以上に急峻。藪を漕いで尾根に出ると、雪の重みで倒れた雑木の枝が、顔の高さで絡み合っている。掻き分け、掻き分けの登りが山頂直下の残雪まで続く。残雪に残った丸い足跡は、クマのものだろう。

山頂は木立ちに覆われていたが、笹竹が残雪に押さえつけられた北斜面を見下ろす先に、みちのくおとぎ街道を往来する車が眺められた。仙王岳裾野の峠付近は、慶長五年（一六〇〇年）、伊達政宗勢と上杉景勝勢が戦った玉ノ木原《たまのきはら》古戦場跡地であり、伊達政宗時代の仙王岳は東側の守りの役割を担った山かもしれない。山頂から敵の動きににらみを利かせ、異変を確認すると、尾根続きの西側の八八〇メートルの山頂で狼煙《のろし》を上げる。尾根伝いの貝吹山《かいぶきやま》（五五四メートル）で狼煙を確認した兵が法螺貝を吹いて、異変を知らせたかもしれない。

貝吹山は、伊達政宗が峠道の入り口に築いたと思われる館跡の真上にある。山王岳山頂から玉ノ木原を眺め、想像を膨らませてみた。この峠を源頭部とする流れは、西側は最上川に流れる大滝川。東側は白石側に合流する沢が流れ出す。（二〇二二年四月）

【山形・福島県境の分水嶺】

△龍《りゅう》ヶ《が》岳《たけ》（標高九九四メートル）と鳩峰峠《はとみねとうげ》

奥羽山脈の主稜線から枝分かれした尾根が幾重にも重なる。その枝尾根を縫うようにいくつもの橋を渡った先、奥羽山脈の稜線鞍部に板谷峠《いたやとうげ》がある。この峠は、福島と米沢を結ぶ米沢街道の藩境の峠。日本を代表する峠二十四の中で、奥羽山脈を越える峠は岩手・秋田県境の国見峠と板谷峠が紹介されている。奥羽山脈を越える峠はどの峠も難所だが、板谷峠はその最たる峠。天正七年（一五七九年）、三春藩主田村清顕《きよあき》の娘愛姫《めごひめ》が、米沢で生まれ育った伊達政宗に嫁ぐとき、厳しい板谷峠越えを避け龍ヶ岳の北にある二井宿峠を越えて米沢入りしたと伝えられる。出羽国の各藩が江戸との往来は板谷峠を避け金山峠を越えたと伝えられ、板谷峠を越えての江戸との往来をしたのは、米沢藩のみだったようだ。

十七歳で第九代米沢藩主になった上杉治憲《はるのり》は雪の残る、その板谷峠を越えて米沢入りした。上杉治憲はその後、破産寸前の財政を立て直し、名前を上杉鷹山《ようざん》と変えた米沢藩中興の祖。アメリカ合衆国第三十五代大統領のケネディが、敬愛する日本人の一人に名を挙げた。この米沢街道の北側に国道十三号線や東北中央道が走り、峠道は栗子峠《くりことうげ》に変わった。

龍ヶ岳
共生の碑

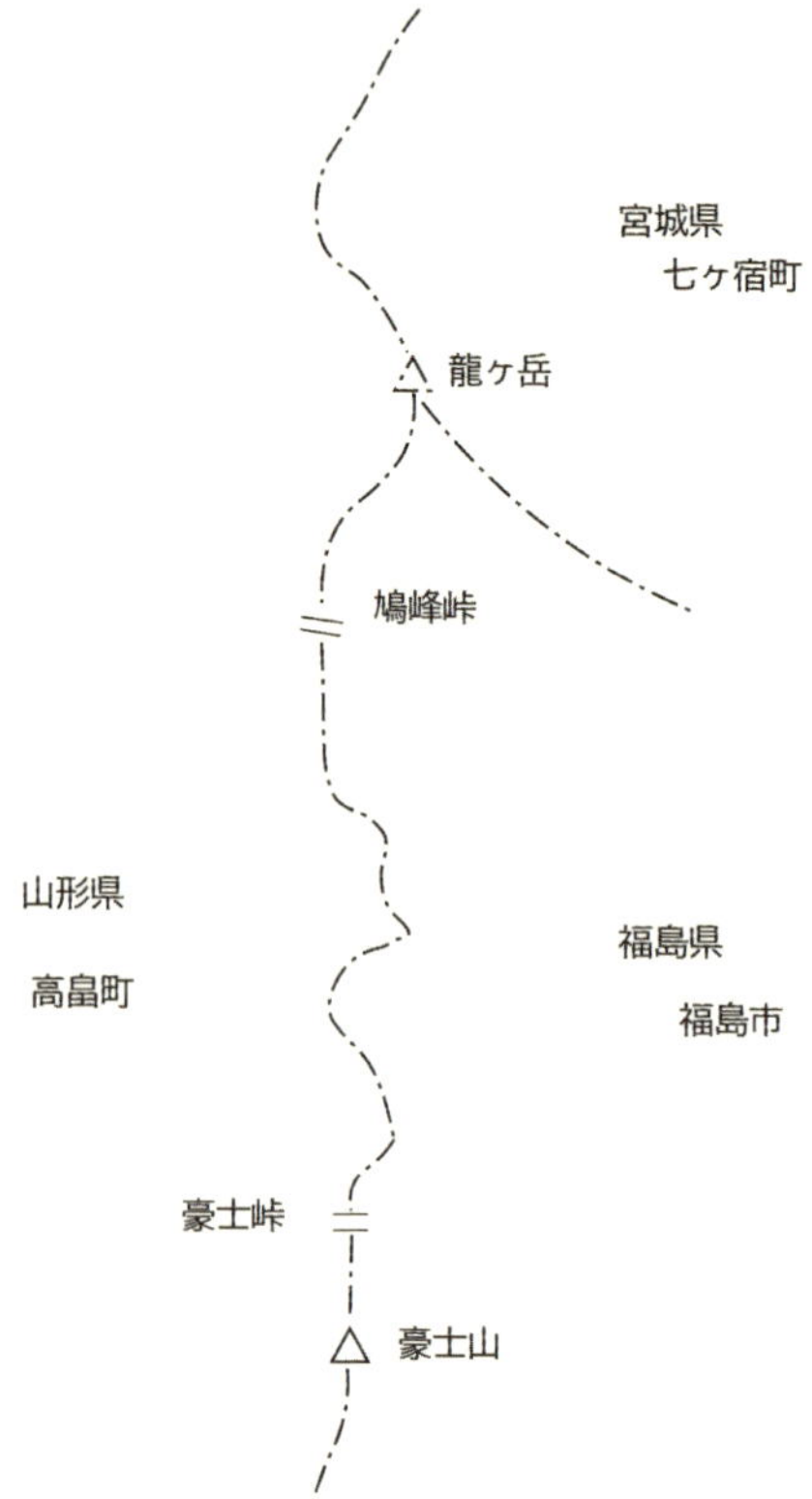
宮城県
七ヶ宿町
龍ヶ岳
鳩峰峠
山形県
高畠町
福島県
福島市
豪士峠
豪士山

【山形・福島県境の分水嶺】

今では、板谷峠を越えるのはＪＲ奥羽本線のみになった。

　赤く熟れた桃がたわわに実をつけた果樹畑を横目に国道十三号線の栗子峠を走り、太古は湖だった米沢盆地に入ると、福島県側から判別出来なかった大分水嶺の稜線が明確になり、一望出来る。

　この稜線上にある龍ヶ岳は蔵王連峰と吾妻《あづま》連峰の中間にあたる。同じような起伏が続く稜線の中でも龍ヶ岳は、あれがと思わせる姿を持っている。登山口は、福島市の飯坂温泉と山形県高畠町を結ぶ国道三九九号線の鳩峰峠になる。三桁の国道は道幅が狭く、峠の頂上までヘアピンカーブを繰り返しながら標高を上げる。通行量の少ない道路上でのんびりと、サルが毛繕いしていた。峠から米沢盆地を見渡すと、盆地は吾妻連峰・飯豊《いいで》連峰・朝日連峰といった東北を代表する山の裾野まで広がっていた。鳩峰峠南側稜線の踏み跡を上ると、日本のアンデルセンと呼ばれた近代童話作家の浜田広介が読んだ「むくとりの　夢のかあさん　白い鳥　さめて見る枯葉の上の白い鳥」の碑が立ち、峠北側、龍ヶ岳へ上る稜線に「小川流れど山は荒れて　冬来れば糧はなし　ひとの社会の領域あれど　食なければ得も危うし　いま森の復活を喜び永遠の共生をこの碑に刻む……サルとキジの誠」とうたった共生の碑が夏草に囲まれてあった。

　鳩峰峠は龍ヶ岳と豪士山《ごうしさん》に挟まれた稜線上にある。峠の頂上から龍ヶ岳山頂まで標高差は二〇〇メートル程、山頂までノンビリ歩いても一時間ほどの距離だろう。最近まで放牧場だった峠東側斜面は夏草に覆われて気持ちの良い斜面だが、登山者が少ないのか踏み跡は膝の高さに伸びた夏草に隠れている。どこを歩いてもいいのだが、放牧場跡地を囲む斜面は背丈の高い萱《かや》に囲まれ踏み跡を隠し、目標がわからない。

夏草に覆われた放牧場跡地を抜けると、藪の根元の踏み跡は明瞭になるが、頭上を覆う灌木に囲まれ出す。枝払いされない灌木の枝が伸び放題で、鬱陶しい登山道が山頂まで続く。まさに、小川流れど山は荒れ果てている。山頂を示す標識は朽ち果て、赤錆びた鉄柱は傾き、三角点石柱は灌木に半ば埋もれていた。

台風の影響だろうか、黒い雨雲が風にあおられるように西から流れてくる。山頂を黒雲が覆うのは時間の問題だろう。（二〇二一年七月）

△豪士山《ごうしさん》（標高一〇二二メートル）と豪士峠《ごうしとうげ》

山形県の南部内陸に位置する置賜地域は、周囲を山に囲まれた盆地。その置賜地域中心地の米沢市から周囲を見渡すと、山形県を南北に横断して日本海に注ぐ最上川の源流部がある吾妻連峰と飯豊連峰が広がる。西には新潟県境の大朝日連峰があり、東側には大分水嶺の奥羽山脈が連なる。その奥羽山脈の山並みに豪士山と豪士峠がある。山形県教育委員会が調査した、山形県歴史の道報告書「茂庭《もにわ》街道」によると、豪士峠は一七八五年前後に

【山形・福島県境の分水嶺】

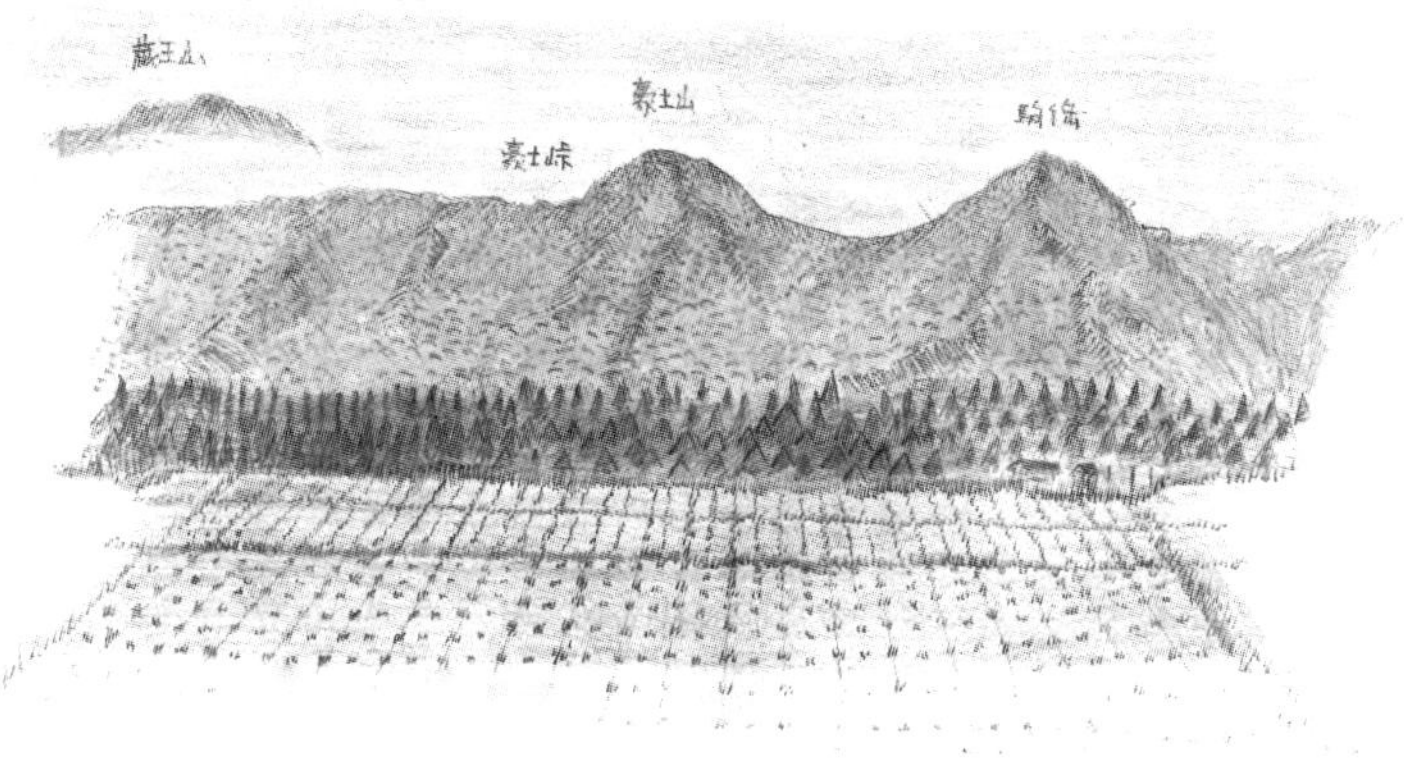

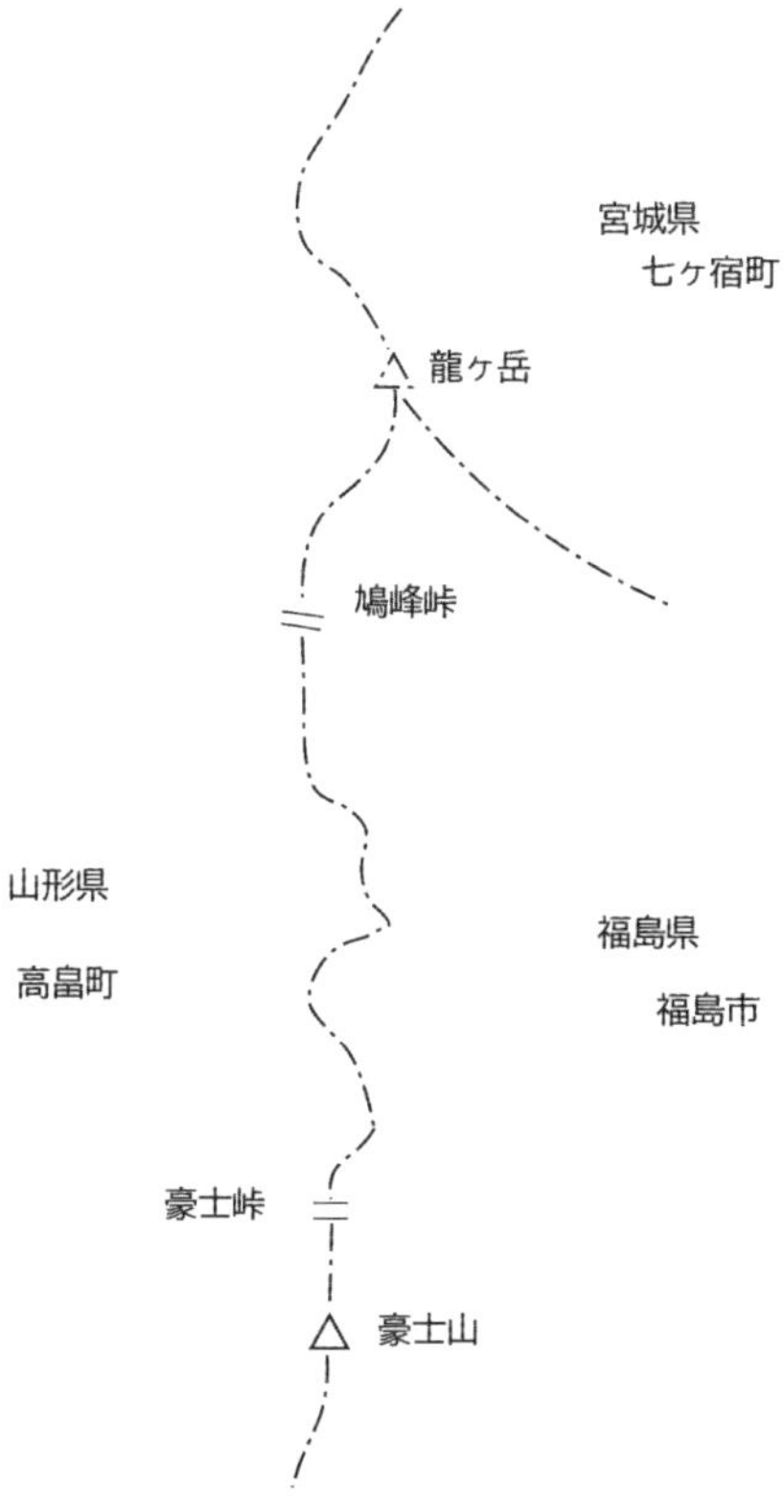

米沢藩によって開設された峠。茂庭街道と呼ばれた道は、福島市茂庭から山形県高畠町を経由し、米沢に通じる。しかし、街道と言っても、大名が江戸との往来に通った金山峠のある七ヶ宿街道や板谷峠のある米沢街道といった表街道とは違う。茂庭街道が合子馬道《ごうしばどう》とも呼ばれたように、この峠道を通るのは表街道を歩けない間者や、商い物を背負い、あるいは馬で荷を運ぶ道に過ぎなかったようだ。

やがて茂庭街道を通る人も物も多くなり、奥羽山脈を越えての交易が盛んになると東西の峠道入り口に番所が設けられ、通行人の監視と運び込まれる商い品の取り調べが行われた。中でも茂庭の竹は搬出が禁じられ、茂庭番所での取り調べが厳重に行われたようだ。

豪士峠は、古くは合子峠と記されていた。その由来は、雨乞いの神様を祀った摺上山《すりかみやま》神社から続く峠道が、奥羽山脈の稜線で高畠側からの峠道と合わさることによるらしい。合子の「合」は「会」を表し、合子の「子」は「人」を表すことによるとも伝えられ、豪士峠は合子峠が変化したようだ。豪士山への登山口は奥羽山脈の東西にあるが、福島側から見る豪士山は周囲の山と重なり合ってはっきりしない。茂庭側の古道（登山道）が茂庭ダム湖に水没したこともあって、ダム湖を迂回して峠を越える人は少ないようだ。

一方、高畠町和田地区（旧和田村）からのコースは整備され、迷う箇所はない。コースは最上川に合流する和田川支流の一つ、本宮川沿いの林道中間にある中ノ沢口と、林道終点近くに豪士峠登山口がある。二か所の登山道は、豪士峠で合流する。

【山形・福島県境の分水嶺】

初めての豪士山は、旧和田村が大正十四年に発行した本宮山と書かれた地図を参考に、中ノ沢の登山口から豪士峠登山口までの林道歩きから始めてみた。歩き出してすぐのスギ林の中に、苔むし古びた石柱が夏草に埋もれるように立っていた。石柱を見ると、苔むした石面に、右・高山、左・茂庭と刻まれていた。石柱に刻まれた案内文を見ると、古道は本宮川の対岸を通っていたようだ。合子馬道跡の林道を二十分ほど歩くと、真新しい案内板がある登山口に着いた。本宮川の枝沢を渡ると始まる登山道は、左右を流れる深い沢に挟まれて細く、竜骨のような急峻な登りから始まる。

このあたりの山は松茸が自生しているらしい。登山道に露出した凝灰岩の割れ目に、アカマツの根がしっかりと食い込んでいる。しばしマツの根元を見渡すが、それらしきキノコを見つけることは出来なかったが、汗ばんだ顔をなでる松林の風に、キノコの香りが混じっているようだった。一段と登山道の傾斜が増し、聞こえていた流れの音がなくなると、「豪士峠水止まり」と書かれた小さな支柱があった。最上川の源流の一つだろう。夏草を掻き分け踏み入ると、草に隠れるように、小さな流れが湧きだしていた。

豪士峠から眺めた福島側に延びる踏み跡は、深い森に隠れていた。その森の先に摺上川ダムの湖面が輝いている。茂庭街道はもとより、その面影も、稜線から流れ出す大分水嶺の水も、このダム湖に沈んでいるのだろう。豪士峠を示す支柱は峠の頂上から東側に少し下った場所にあり、豪士山への分岐になっている。

山頂への道は、西側の尾根に露出した凝灰岩に変わって夏草に覆われ、灌木に絡まった山ブドウの蔓に、食べるには早い青い実が実っていた。稜線の山並みに沿って一旦標高を下げ、山頂直下の急登を登りきると、眼下に米沢市を中心とした盆地が、周囲を囲む山裾まで広がっていた。豪士山は地元の人にとって大切な山なのだろう。登山口の案内板も、急峻な登山道も、水止まりの案内も、下草が刈り払われた山頂も手を加えられている。

凝灰岩に覆われた山肌に保水力がなく、米作りには不向きの土地と、地元の二宮さんが言う。まさに雪解けの一滴一滴が盆地を潤していることに感謝し、山を大事にしているのだろうと感じさせる大分水嶺の豪士山だった。（二〇二一年八月）

△板谷峠《いたやとうげ》（標高七五五メートル）

福島駅から東北本線と分かれる奥羽本線は山形県と秋田県の内陸部を縦断した後、青森県の津軽平野を走って青森駅まで続く。

板谷峠にある板谷駅は、奥羽本線が山形県に入って最初の駅。駅は大分水嶺の奥羽山脈の懐深い山の中を通る米沢街道の板谷宿跡にある。無人の駅舎は、雪囲いの木板で囲まれたスノーシェッドの中にあった。その駅舎から錆び付いたレールが東側に一〇〇メートル程延びていた。雑木と汚れた雪に埋もれたホームと線路は、スイッチバック方式で峠を越

【山形・福島県境の分水嶺】

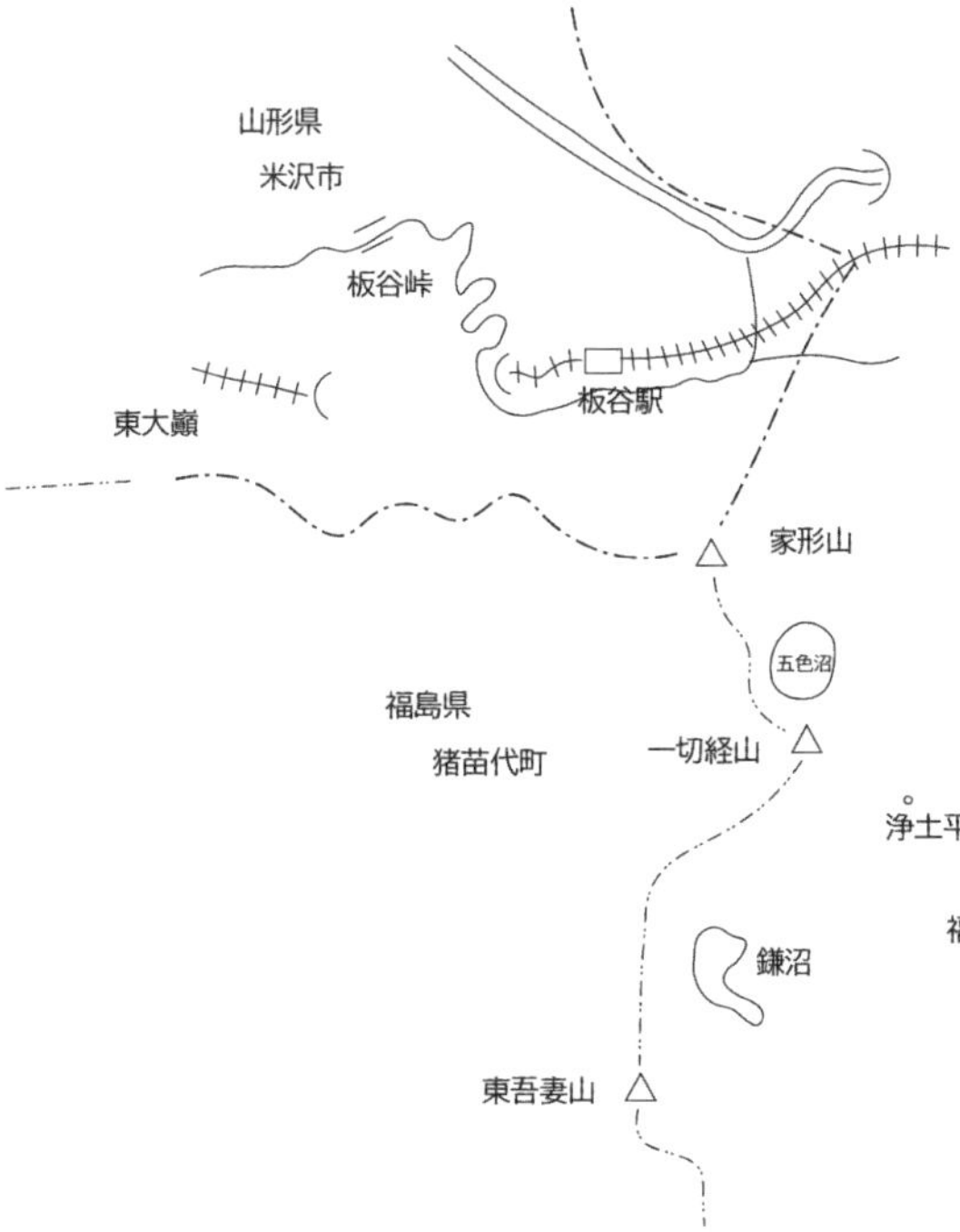

えた時代の古い駅舎のホームだろう。折返と書かれた赤錆びた丸い信号板。除雪車の待機場所になったレールと手動のポイント切り替え機。塗料が錆で消えてしまった駅名案内板。駅だったことを示すそれらの痕跡の大半が、スイッチバック方式で峠を越えた歴史を道づれに、残雪に埋もれている。

その古い駅舎跡と、人気のない旧街道を挟んだ向かい側に酒屋さんがあった。近くにある鉱山から風に飛ばされた土埃で汚れた窓ガラスの酒屋さんは、昔からの店なのだろう。埃で汚れたウインドーに、旧駅舎時代の写真が飾られていた。大量の石炭が釜に投げ入れられたのだろう、もくもくと黒煙を上げた重連の蒸気機関車に連結された客車や貨車が峠を登る姿を写したカラー写真は、色褪めしていた。

写真を見て、蒸気機関車の釜から石炭の燃えカスを取り出したり、急勾配に動輪が空回りするのを防ぐ滑り止めの焼き砂を補充したりしていた、旧国鉄勤めの当時を思い出す。

旧板谷駅広場から歩き出し、赤錆びたトタン板の屋根と木板に囲まれたスノーシェッドの新駅舎を見下ろし、林に囲まれた急峻な峠道を登ると、高層雲から注ぐ柔らかな光が残雪に反射し、背を伸ばしたネコヤナギの薄黄緑色が優しく映え、舗装された古道に流れる雪解け水と相まって、春を感じる。古道脇の残雪の中、三方の壁と屋根を石板で囲まれた小さな道祖神があった。僅かに残る大日如来尊と彫り込まれた道祖神は、旅をする女人の安全を祈ったのだろうか？　奥羽山脈を越える峠道の中でも板谷峠は厳しく、参勤交代で

【山形・福島県境の分水嶺】

江戸に向かう奥羽各藩の多くが板谷峠を避け、上山から白石に抜ける金山峠を越えて奥州街道に出たらしい。江戸との往来に板谷峠を越えたのは米沢藩のみだったようだ。いかに板谷峠が急峻で、道程が長かったかを表している。板谷駅のホーム手前東側の線路脇に立っている勾配表示板には、「三六　一〇〇〇」と表示されていた。

日向国《ひゅうがのくに》、秋月藩主秋月佐渡守種実の三男、秋月松三郎（治憲）が九歳の時、米沢藩主の上杉重定の養子となり、十七歳で米沢藩主になった治憲は郡山宿に宿泊した翌日、米沢入り前に、板谷宿で一泊している。今の峠道は舗装され、車で登るのは容易だろうが、道そのものはルートも勾配も古道と変わらず、歩いて登るにはキツイ。

その峠道が頂上に近づくと勾配が緩くなり、頂上付近に広がった馬場平《ばばだいら》は、それまで峠道に日陰を作っていたカラマツが伐採されたのか、一面が残雪に覆われていた。その一角に「赤穂藩浅野家　家老大野九郎兵衛の供養碑」と書かれた案内柱とともに「赤穂藩浅野家　家老大野九郎兵衛は　赤穂城明け渡しのあと大石内蔵助と諮《はか》り、大石等が吉良邸討ち入りで万一吉良を打ちもらした場合、吉良は上杉綱紀を頼って米沢に逃げるであろうと考え、米沢領の入り口　板谷峠で吉良を討ち取るため第二陣の構えをとりました。元禄十五年十二月十四日、大石等四十七士が本懐を遂げたとの知らせを聞いた翌十六年の早春、大野九郎兵衛はここ馬場平で切腹し、亡君浅野内匠頭長矩の後を追ったと言い伝えられています」と書かれた案内板があった。慰霊碑までの距離は十分とあり、残雪に覆われた馬場平の慰霊碑に行ってみる。一帯の雪解け水が集まったと思われる流れに架かる橋は、枕木を二本並べただけの橋とは言えない渡り板。その枕木は苔に覆われている。横向きで渡った先、残雪のカラマツ林の丘に建つ慰霊碑は、表面に南無阿弥陀仏、側面に明和六巳丑七月十六日と刻まれている。四十七名の赤穂浪士の吉良邸討ち入りに対し、諮り事が漏れないようにと、大石内蔵助以外知る人はいなかったと伝えられるが、案内板の第二陣の構えからは複数の家臣が吉良上野介を待ち構えたとの解釈も出来る。

その昔、峠は未知の世界の入り口と書かれた本があった。今から三二〇年前、たった一人でこの地まで来て、腹を切った大野九郎兵衛の心情はいかに。古道の多くが舗装され、車で行くことに慣れてしまったが、歩いて峠を越えるからこそ知る歴史と文化を感じさせる板谷峠だった。（二〇二二年四月）

【福島県の分水嶺】「吾妻連峰《あづまれんぽう》」家形山・一切経山・東吾妻山――

深田久弥が選んだ「日本百名山」は福島県内に七座。その中で大分水嶺の稜線にあるのが吾妻連峰・安達太良連峰・那須《なす》連峰である。

青森県夏泊半島から始まった大分水嶺の稜線の大半が県境の山並みを南北に走るが、稜線は吾妻連峰にぶつかると県境から離れ、福島県の中央部を縦断する。吾妻連峰は西大嶺《にしだいてん》から家形山までの東西二十キロメートル。家形山から東吾妻山までの南北十キロメートルの山並みからなる。東大嶺《ひがしだいてん》は、東西二十キロメートルの中間に位置し、家形山は東西に走る稜線が南北に変わる節目の山。

△家形山《いえがたやま》（標高一八七七メートル）

家形山は名前の通り、家の屋根のような形の山。諸説あるが、その形は四阿《あずまや》の屋根のようでもあり、吾妻連峰の名前の由来とも言われている。大小十六のピークが連なる連峰は、西吾妻山域と東吾妻山域に分かれる。その分岐になる家形山は、吾妻連峰の中心の山。この家形山東斜面にある家形ヒュッテは、昭和二十七年に福島県が初めて設置した県営の山小屋。

東吾妻山
吾妻小富士
一切経山
家形山

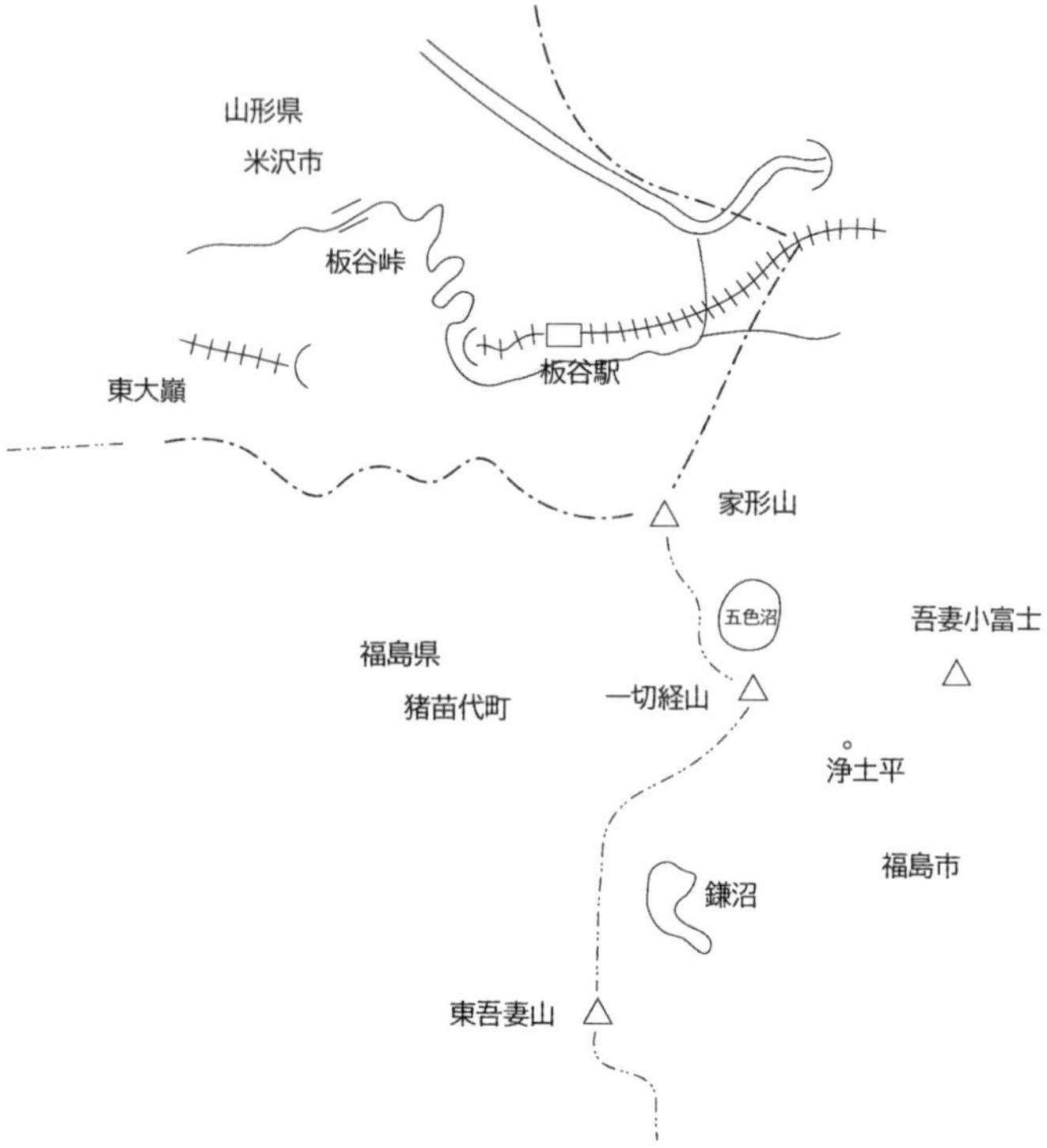

山形県
米沢市
板谷峠
板谷駅
東大巓
家形山
五色沼
吾妻小富士
福島県
猪苗代町
一切経山
浄土平
福島市
鎌沼
東吾妻山

『日本百名山』の著者、深田久弥は『一日二日の百名山』の中の「五色沼《ごしきぬま》から沼尻《ぬまじり》まで」で、家形山ヒュッテについて次のように記している。

「吾妻山荘からさらに三、四〇分ほど登ると、家形小屋がある。ちょうど家形山のふところに抱かれたような位置で、山小屋の在りかとしては申し分のない理想的な場所だ」

家形山から米沢市側にある五色温泉辺りは、山スキーの発祥地の一つ。深田久弥もスキー登山だったようで、当時多くの大学山岳部が訪れていたらしい。吾妻山荘（現在慶応吾妻山荘）や家形山ヒュッテは当時から利用され、吾妻連峰の歴史を表している。

家形山を境にして稜線の雰囲気が変わる。家形山から連峰最高峰の西吾妻山（二〇三五メートル）に向かう西の稜線はトドマツの森に覆われている。一方、家形山から南に向かう稜線は火山痕跡が生々しく、火山礫や火山岩が露出した尾根が続く。その赤茶けた火山礫に覆われた一切経山《いっさいきょうざん》の荒涼とした山肌が、魔女の瞳の別称を持つ五色沼の、コバルトブルーの湖面を一層鮮やかにしている。

家形山から南に連なる東吾妻連峰は、大分水嶺の稜線。稜線西斜面に派生する沢は大倉川を作り、秋元湖に流れ込んだあと猪苗代湖《いなわしろこ》へ注ぐ。東斜面は、松川や荒川を作り、阿武《あぶ》隈川《くまがわ》と合流して太平洋に流れる。東北を縦断する奥羽山脈の多くは東西に分水するが、吾妻連峰は家形山が北側斜面、東吾妻山は南側斜面にも分水する。

吾妻連峰に登るルートも、連峰の東西南北にある。北側は米沢市の白布《しらぶ》温泉（白布高湯《たかゆ》スキー場）、西側には白布峠（西吾妻スカイバレー）、南側に猪苗代町（グランデコスキー場）、これらは、西吾妻山域に登るには便利。東大巓や一切経山に登るルートは北側にある滑川《なめがわ》温泉、南側は磐梯吾妻スカイラインの兎平登山口。東側は高湯温泉登山口などがある。その中で、東吾妻山域に向かう登山者の大半は浄土平《じょうどだいら》を起点として、一切経山や東吾妻山を目指す。大分水嶺が始まる家形山や東大巓を目指す登山者は少なく、一切経山から先は静かな山旅を楽しむことが出来る。

△一切経山《いっさいきょうざん》（標高一九四六メートル）

登山にのめり込み出した十代後半、大衆車の先駆けとなった日産サニーが発売された。当時、横幅の広いキスリングを背負った若者が夜行列車に乗り込んで、北海道を目指していた。列車に乗り込むときの姿が横歩きだったことから、旅する若者はカニ族と呼ばれていた。安達太良山に登っては眺めた吾妻連峰は、観光有料道路の磐梯《ばんだい》吾妻スカイラインが開通していたが、遠い存在だった。福島駅から浄土平の登山口に向かうバス代がもったいなく、吾妻連峰は高嶺の山だった。吾妻連峰に登ったのは随分後のことだ。

日本山岳会がマナスル遠征のキャラバン時に履いたキャラバンシューズとニッカボッカにロングソックス姿が当時の登山スタイルだった。久しぶりにそのスタイルで一切経山から家形山まで歩いてみた。登山口の浄土平は車で埋まり、一切経山への登山道は登山者で賑わっていた。

東京電力福島第一原子力発電所の事故によって福島県の山や麓の温泉を訪ねる人が激減したが、吾妻連峰に人が戻って来たようだ。

吾妻連峰は修験の山だった。その名残に観光客で賑わう浄土平、山肌の斜面から噴煙を上げる一切経山、東大巓や西大巓の名前が残る。観光客の車で埋まった浄土平に、硫黄精錬所があったらしい。深田久弥が、米沢の五色温泉からスキーで家形山に登り、一切経山から下山した情景を著書『一日二日の百名山』の中に紹介している。

「一切経山の風に、こんなひどい風に逢ったのは初めてだ……まるで先が見えず、指導標を見当てるのに苦労した。ちょっとの晴れ間に、遠方に赤い丸を見つけると、全く『助かった！』と思う。硫黄精錬所跡に降り立った時は、もう夕方の光で、それがこのへんの景色をいっそう魅力あるものにしていた。周囲を山に囲まれた平地は、本当に山の中という感じのする何か寂しいような、楽しいような、いつまでも飽くことがないような、全く気持ちの良い原だった。その一隅に、精錬所の形骸だけの小屋が見捨てられたように残っているのも、かえってここの景色によい点景となっていた」

深田久弥一行はこの後、吾妻小屋で一泊した。

浄土平駐車場を挟んだ西側の一切経山と、東側にある吾妻小富士《あづまこふじ》（一七〇七メートル）

は赤茶けた地肌をむき出し、連峰の中で趣を違うものにする。富士山の九合目から山頂までを切り移したような吾妻小富士は観光客で賑わい、一切経山は、コバルトブルーの五色沼を眺める登山者で賑わっている。噴火跡に水が溜まった桶沼《おけぬま》や魔女の瞳と称される五色沼はもとより、東吾妻連峰には噴火口の跡が数多く残る。その多くが緑に覆われたが、一切経山周辺は比較的新しい火山。今でも噴煙を上げている。

一切経山は東吾妻山域の中心地。登山口の浄土平から二時間の距離。だが、ここは南北に走る標高二〇〇〇メートルの稜線上。

草木がなく丸みを帯びた瓦礫の稜線は特徴がなく、霧に囲まれると方向がわからなくなる。浄土平の登山口から近く、多くの登山者が登っているからと言っても、油断の出来ない東北の山だ。

△東吾妻山《ひがしあづまやま》（標高一九七五メートル）

磐梯吾妻スカイラインを土湯峠《つちゆとうげ》から走ると、西側に磐梯山を始めとした会津《あいづ》の山々が広がる。観光道路はしばらく大分水嶺の西斜面を走りながら標高を上げ、道路が一旦平坦になると東側の斜面に移り、東奥に阿武隈高原の山並みが広がる。

その観光道路が西斜面から東斜面に変わる場所は大分水嶺の稜線上。距離は短いが、標

【福島県の分水嶺】

高一四一二メートルの相ノ峰《あいのみね》を前後にして左右に路肩が切れ落ちているのがわかる。分水嶺を横切る道路は新旧含め至るところにあるが、距離は短くとも分水嶺の稜線上を走る道路は珍しい。この分水嶺稜線から東側斜面に道路が移ると、シラビソの林に覆われた稜線斜面が左側に続く。東吾妻山への登山道はこの道路沿いの鳴子平からと、兎平がメインになる。

定期観光バスが浄土平まで運行されていたが、今では週末限定になり、マイカーで訪れるのが普通になり、マイカーや大型バイクで駐車場はあふれている。この人たちの大半は吾妻小富士に登るか、蓬萊山《ほうらいさん》の陰に隠れた、鎌沼《かまぬま》の周囲に広がるお花畑と一切経山に流れていく。

東吾妻山へは、山野草の花に囲まれた鎌沼の西側を走る分水嶺の尾根がルートだった。このルートはシラビソの林に囲まれ陽が差さずいつも湿っぽく、倒木が道を塞ぎ道は荒れて深く洗掘《せんくつ》していたが、いつしかこのルートは廃道になっていた。

新たな登山道は、花畑の広がる鎌沼の南側に開設されていた。新しい登山道は明るく、山頂までの距離も短い。新ルートから東吾妻を目指す人が増えたのだろう。シラビソに囲まれ、眺望が限られていた山頂は広がり、安達太良連峰や磐梯山《ばんだいさん》が近くなったように感じる。下山は馬場平経由で鳥子平《とりこだいら》への周回を進める。山頂から馬場平までの稜線は緩やかに広がり、分水嶺を感じさせないが、池塘《ちとう》が広がる楽しい登山道が待っている。

一九九六年に発表された「土湯讃歌」は、吾妻連峰から流れ出た雪解け水の沼地に咲き誇る花々。山の斜面を覆う新緑と残雪の美しさ。姿は見せないが、色濃くしたシラビソの梢から響き渡る鳥のさえずりを歌っている。それらを感じるのが東吾妻山かもしれない。

（二〇二一年九月）

【安達太良《あだたら》連峰の分水嶺】
箕輪山と土湯峠・鉄山・船明神山と母成峠

△箕輪山《みのわやま》と土湯峠《つちゆとうげ》

江戸時代が始まって約七十年。福島から阿武隈川の水運を利用して、江戸や大坂に物資を送ることを目的に、会津藩が整備した土湯峠。伊達成実《しげざね》が記した『伊達日記』によれば、伊達輝宗から家督を引き継いだ政宗と会津城主芦名《あしな》氏との間に対立関係が生じた。そこで政宗は、芦名一族の猪苗代氏の離反工作を始めた時に、その使者が通ったのが土湯峠とある。土湯峠は、福島大森城から猪苗代城を結ぶルート上にあるが、峠を境に福島市側も猪苗代町側も当時のルートは現道に紛れ、古道跡が残るのは土湯峠付近のみ。その現道も、新しく土湯トンネルが開通して以来、狭く曲がりくねった旧国道一一五号線を通行するのは磐梯吾妻スカイラインに向かうか、旧土湯峠の近くにある鷲倉《わしくら》温泉や野地《のじ》温泉を目指す人の車以外はなくなった。今では、山に登る人以外に、会津藩が整備した古道土湯峠の存在を知る人は少ないかもしれない。

安達太良連峰の最高峰、箕輪山に登る主ルートは、トンネルが開通する前の旧道沿いに建つ野地温泉か、隣接する鷲倉温泉からになる。どちらから登っても太いブナの木に囲ま

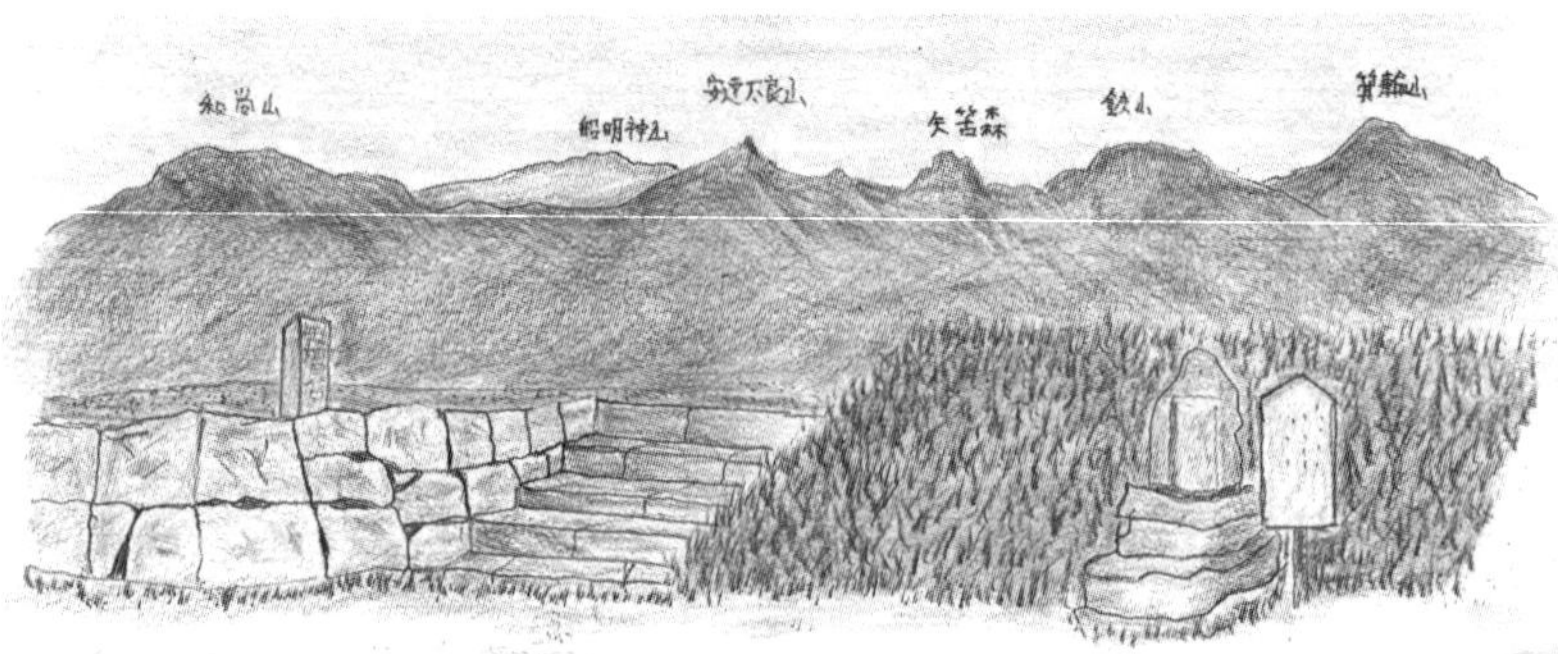
和尚山
船明神山
安達太良山
矢筈森
鉄山
箕輪山

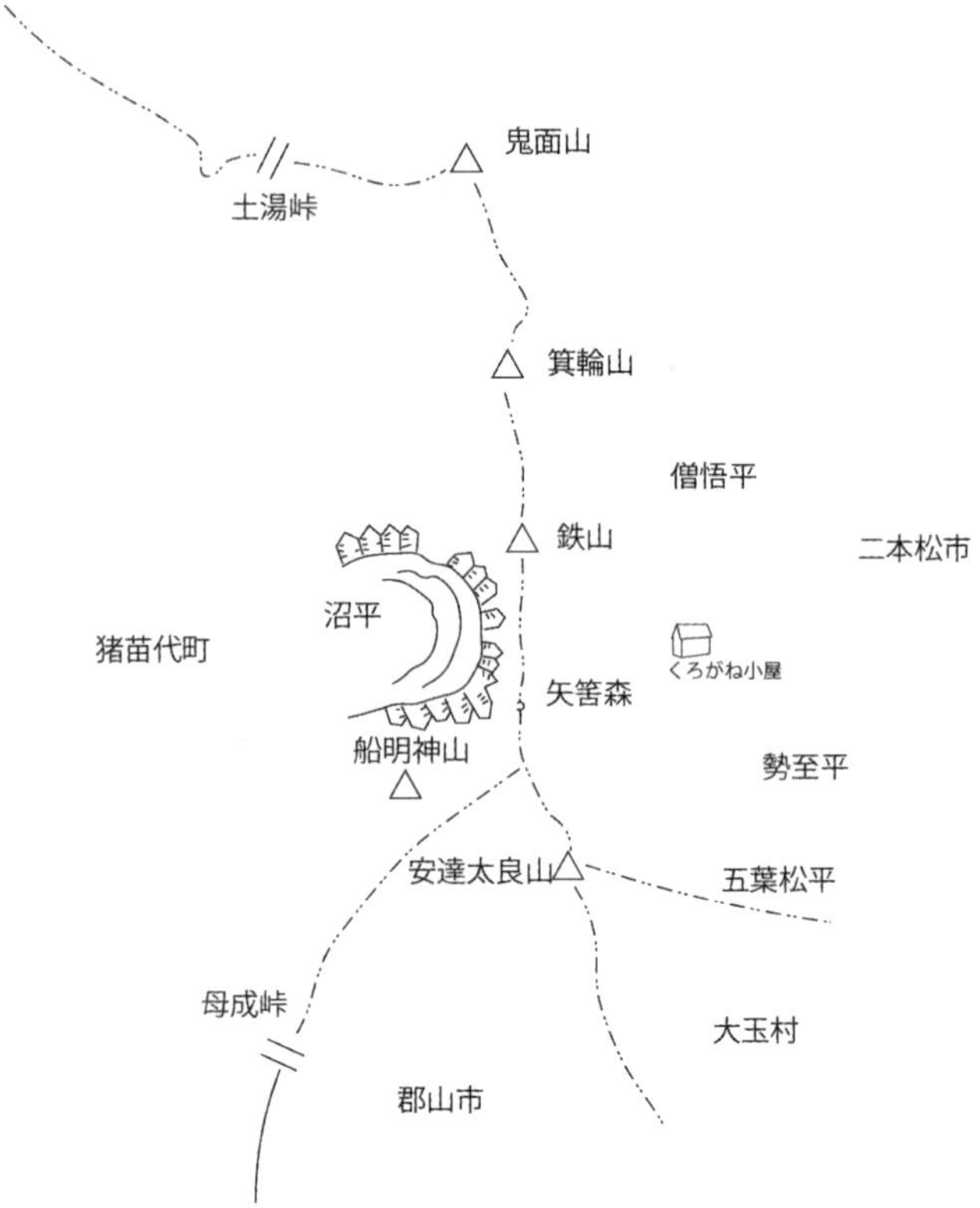
鬼面山
土湯峠
箕輪山
僧悟平
鉄山
二本松市
沼平
猪苗代町
くろがね小屋
矢筈森
船明神山
勢至平
安達太良山
五葉松平
母成峠
大玉村
郡山市

れた登山道で始まる。

このブナ林に踏み込むと聞こえるのは葉擦れの音と、噴き上げる温泉の噴気音のみ。やがて噴気が発する音が聞こえなくなるとクマザサが広がる平坦地に出る。そこは、幅一間ほど下刈りされた土湯峠だ。たおやかな稜線の峠は大分水嶺の峠。南西の斜面は横向《よこむき》温泉のある猪苗代町へ。北東の斜面は野地温泉を経て土湯温泉へ続く。

視界が開けた峠は、鬼面山《きめんざん》や連峰最高峰の箕輪山を眺めながら休憩する登山者が多い。開けた景色は、送電線を管理するために定期的に行われる刈り払いのお陰だろう。遊歩道から登山道に変わる旧峠を過ぎると、登山道はハイマツを掻き分けながらの登りになる。足元の草花に気を紛らわせ、小一時間ほど我慢すれば火山岩が折り重なる鬼面山の山頂。福島市の全容を見渡す鬼面山に覆いかぶさるような箕輪山は、山頂の人影がわかる程の距離。

安達太良連峰には三つの平坦台地が広がる。安達太良スキー場上部の薬師岳から広がる五葉松平《ごようまつたいら》。馬車道と呼ばれ、くろがね小屋に食料を運ぶルートに広がる勢至平《せしたいら》。箕輪山の東側に広がる僧悟平《そうごだい》。

僧悟平は箕輪山と鉄山《てつざん》の鞍部まで広がり、箕輪山を眺めながら登山が楽しめるが、このルートを経由して箕輪山に登る人は稀だ。

土湯峠の先に繋がる吾妻連峰もそうだが、安達太良連峰も主稜線から離れたルートは静かそのもの。その僧悟台がスキー場ゲレンデだったことを知る人は、ニッカボッカ世代。スキーリフトを動かしていたウインチ用の赤錆びたドラムが残るだけになったゲレンデ跡地は、枯れたカヤに覆われ、クマの遊び場。

この平坦地を見下ろす箕輪山にも、本当の空が広がっていた。

△鉄山《てつざん》（標高一七〇九メートル）

長い間、安達太良山の由来は、鉄山の山肌から流れ出した砂鉄を鋼にする、多々羅《たたら》の山から阿多々羅になったと思っていた。そのように説明する案内板も昔はあった。鉄山は連峰の中心にあり、裾野には県営の山小屋「くろがね小屋」がある。小屋から見上げる鉄山は、方位コンパスを狂わすほどの鉄分を含んだ岩山。濃霧で道迷いする人のためだろうか、山頂直下には避難小屋もある。

勢至平から安達太良連峰の核心部を眺めると、黒々とした岩壁の鉄山から赤茶けた岩峰の矢筈森《やはずもり》、女性の乳首を思わせる安達太良山が一望に広がる。それぞれの山頂は馬の背、牛の背と呼ばれる稜線で繋がっている。安達太良山の由来は、乳首にあるようだ。

朝廷の意向が届かない関東以北の地は蝦夷と呼ばれ、アイヌ民族の住む地だった。そのアイヌ言葉の「あたた」は乳首を指し、安達太良山を「あたたやま」と呼んでいたらしく、地元では今でも乳首山と呼んでいる。安達太良山は、漢字で書かれた日本書記以前から「あたたやま」と呼ばれたようだ。

鉄山は標高こそ主峰より高いが、乳首のように岩が盛り上がった乳首山と見比べると、磨きかける前の地肌をまとったような岩山だ。

その姿を眺めながら勢至平からくろがね小屋を目指す登山道は、緩やかにくねるたびに、切り立った鈍色《にびいろ》の岩肌が姿を変えて現れる。

登山を始めた十代後半、毎週のように登った安達太良山は、いつしか岩壁を登るクライミングの山になった。その鉄山の岩壁が崩れ落ちた。震災で岩肌に亀裂が入り、その亀裂に雨水がしみ込んだことが崩落の要因らしい。

△船明神山《ふなみょうじんやま》（標高一六六七メートル）と母成峠《ぼなりとうげ》

安達太良連峰は八つのピークから成り立っている。その主だったピークが大分水嶺上にあり、二本松市側から眺めるとたおやかな稜線上に並んで見える。この景色を智恵子は眺めていたのだろう。この眺めは、高村光太郎が詠んだ『智恵子抄』安達太良山のイメージそのもの。しかし、連峰のほぼ中央西側に大きく口を開けた噴火口跡は、安達太良山のイメージを覆すほどの荒々しさで、登山者を驚かす。しかも、荒々しいのは景色だけではない。

噴火口の底「沼ノ平《ぬまのたいら》」を通って安達太良山を目指していた十四名のグループが濃霧にルートを見失い、硫化水素の滞留した火口壁に迷い込み、四人が硫化水素ガスを吸い込んで死亡した事故も起きている。その事故以降、沼ノ平を経由するルートは閉ざされてしまった。その噴火口を囲む外輪山に、船明神山がある。赤茶けた岩肌をむき出し、噴火口に流れ落ちる山肌には、噴火で焼けた岩が無数に重なり合っている。連峰東側の安達太良スキー場から登るルートの喧騒を避け、静かな安達太良山を楽しむ人は、大分水嶺の西側、猪苗代町の沼尻温泉から噴火口壁に沿って山頂を目指す。

船明神山はそのルート上にあるが、山頂を示す標柱があるわけでも、三角点があるわけでもない。大概の人は荒々しい噴火口に目を奪われ、目前にした安達太良山の山頂を目指し通り過ぎてしまう。

船明神山は連峰の主稜線から少し外れているが、土湯峠・鬼面山・箕輪山・鉄山と続いた大分水嶺は矢筈森から西に向きを変え、船明神山を通って母成峠《ぼなりとうげ》へと続く。

船明神山は、『日本百名山』の著者である深田久弥が、安達太良山に登った際の下山路、母成峠ルートへの分岐点でもある。会津地方と中通り地方を分ける連峰を、会津地方の猪苗代町では沼尻山や硫黄山とも呼び、中通りでは岳山や乳首山と呼んでいる。万葉集にも詠まれた陸奥の名山「安達峰（安達太良山）」は安多太郎・吾田多良・安多々羅などと表記されてきた。それぞれの漢字記名には諸説がある。「安達太良」は、連峰の峰々を兄弟になぞらえ、主峰を長男として安達地方の大将（太郎）。山が火山であり、大きなフイゴを意味する踏鞴《たたら》から「安多々羅」など数多い諸説の中で、アイヌ語のアタタ（乳首）から来たとする説が、私にはしっくりする。

登山を始めた頃、毎週のように登っていた安達太良山に出来る雪形「粟まき坊主」は、種まきの季節が来たことを教え、麓では田植えの準備を始め、山には賑わいが戻る。

△母成峠《ぼなりとうげ》（標高九七二メートル）

母成峠は、郡山市熱海町《あたみまち》から猪苗代町中ノ沢地区に通る母成グリーンラインの頂上にある町村境の峠。峠は、安達太良連峰に続く稜線の裾野と、川桁山《かわげたやま》に続く稜線の裾野に挟まれている。

標高九七二メートルの母成峠は戊辰《ぼしん》戦争の激戦地。奥州街道を北上する西軍を迎え撃つため、白河城に集結した二本松藩の虚をついて、茨城県五浦《いづら》海岸に上陸した西軍の別動隊が二本松城下に攻め入り、城下を占領した。この時西軍を迎え戦ったのが、城下に残っていた十代半ばの二本松少年隊だった。少年の大半は、腰に差した刀が地面に届くような少年だったと伝わる。戊辰戦争の中で、二本松少年隊との戦いが一番怖かったと、西軍が残した戦記に記されていたことを思い出す。この少年隊の悲劇が表に知られるようになったのは、ずいぶんと後のこと。東北列藩同盟の中心の会津藩を始め、大部分の藩が降伏した中で、長岡藩とともに二本松藩は占領された。

一八六八年十月二十一日。二本松城下を占領した西軍は板垣退助を大将に、三〇〇〇の兵で会津藩境の母成峠を突破しようと攻め入った。対する東軍は新撰組の土方歳三はじめ八〇〇の兵が母成峠に陣を構えたが、兵力数、武器の違いによって敗退した。

この戦いに敗れた会津藩は、白虎隊の悲劇につながり、会津藩の歴史に終止符を打ち、時代が変わった。誰もが知る母成峠の歴史だが、母成峠の開設や名前の由来についての紹介は見当たらなかった。

猪苗代町図書民族文化歴史室の小倉さんが母成峠の由来を調べてくれた。調べによると、峠の開設は平安中期。前九年の役で源義家が阿部一族との戦いに向かうときに開設され、一進一退の戦が続く戦いの中、一旦母成峠に引き下がった義家が籠った洞穴が、母の胎内のようだったことが母成峠の由来だということだった。

いずこの峠も、戦が基になっているようだ。戊辰の戦いから二十年、磐梯山が大爆発を起こした。遠く九州の地から母成峠にたどり着いた兵とともに、迎え撃つ兵たちが眺めたであろう爆発前の磐梯山を見て、何を感じたのか知る由もないが、改めて冬枯れした母成峠を訪れてみた。東軍が構築した全長三八〇メートルの防塁・塹壕《ざんごう》・砲台等の跡に生い茂った木々を、磐梯山から吹き下ろす冷たい風が揺らし、落ち葉が音を立てて舞っていた。雲の流れは速く、峠は当《まさ》に兵どもの夢の跡そのものだった。

深田久弥が安達太良山から母成峠に下山した時、峠は藪に覆われていたのか、その著書『一日二日の百名山』の「安達太良山」に、母成峠に残る歴史遺構に関する話はなかった。

△大滝山《おおたきやま》（標高一三七〇メートル）と猪苗代湖《いなわしろこ》

郡山市街地を西郊外に抜けると、田園風景越しに大分水嶺の山並みが南北に広がる。この山並みを眺め渡す時の視線は安達太良山から始まり、那須連峰まで眺めた後、視線はまた安達太良山に戻る。この動作は単なる癖なのか、近くてなじみ深い安達太良山に親しみを感じる所作なのかわからない。わかるのは、視線が止まらない山は登ったことのない山であることだ。大滝山は視線が止まらない山だった。

大滝山は、母成峠と会津藩五街道の一つ、二本松街道楊枝峠《ようじとうげ》に挟まれた標高一三〇〇メートル前後の山並みの中にある。郡山市と猪苗代町を分ける大分水嶺の山並みは、那須連峰まで続く中でも目立つ大きさだが、登山道があるのは標高一四一三メートルの川桁山のみ。

私が登山を始めた五十数年前、この山並みの猪苗代町側裾野を軽便《けいべん》鉄道が走っていた。

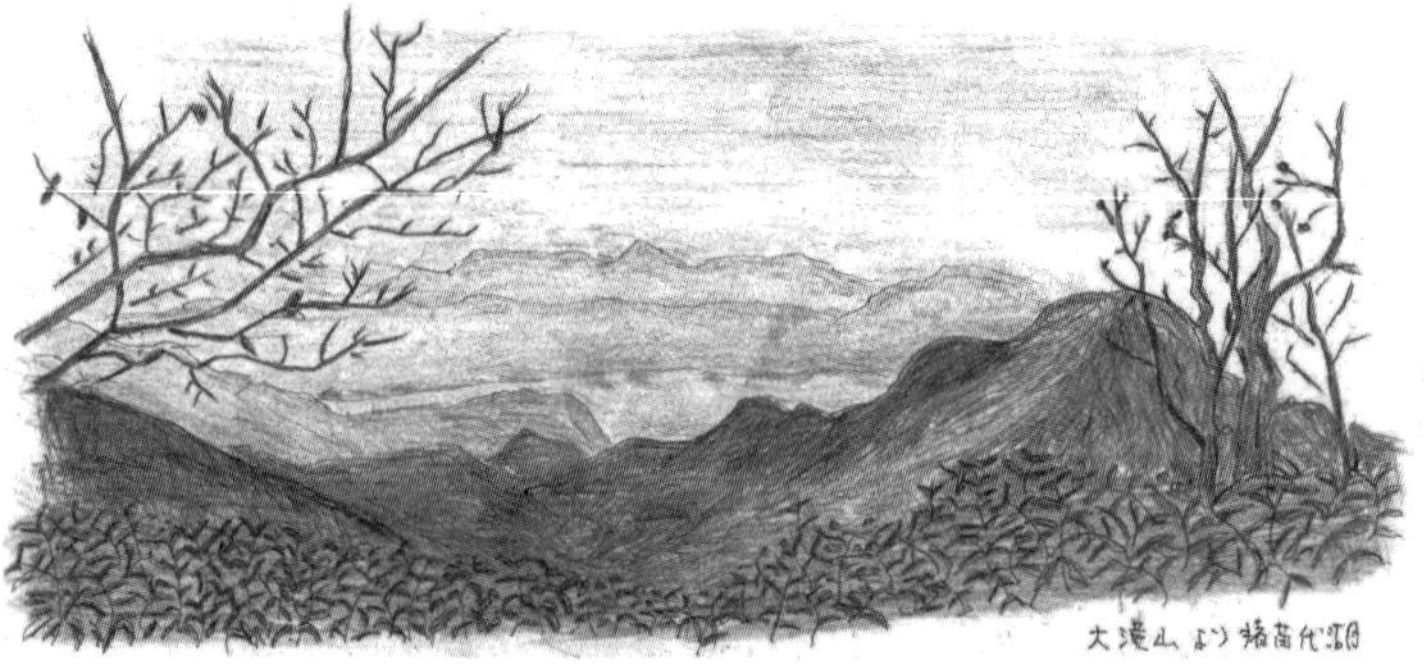
大滝山より猪苗代湖

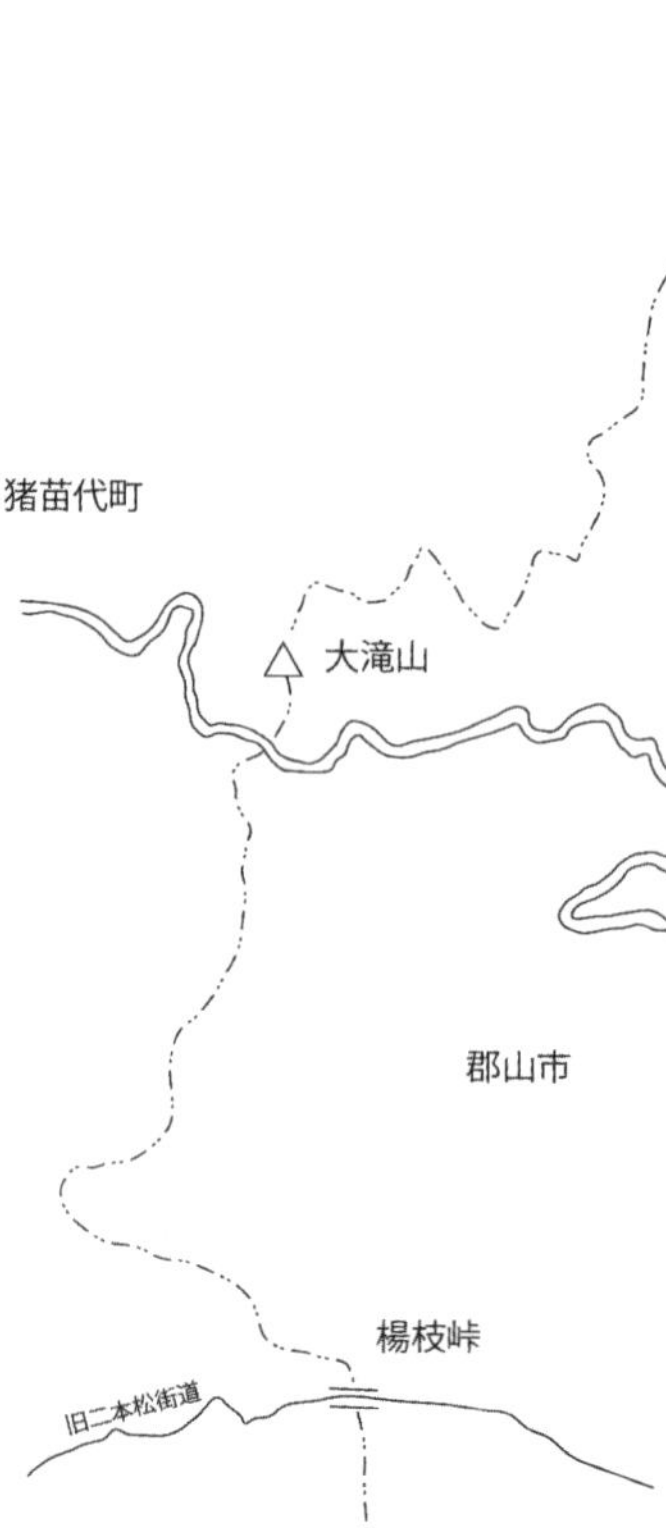
母成峠
猪苗代町
大滝山
郡山市
楊枝峠
旧二本松街道

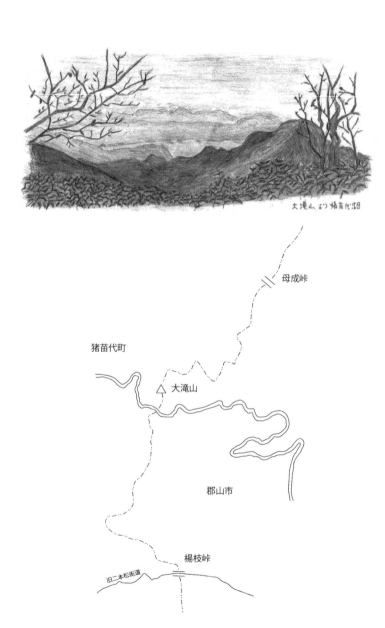

【安達太良連峰の分水嶺】

軽便鉄道は、安達太良山の噴火口から採掘した硫黄を運ぶ貨車に、沼尻温泉に行く客のため一両の小さな客車が連結されていた。当時の写真が猪苗代町営の母成温泉館内に飾ってある。この写真を見ると、二本松市から安達太良山に登った後、猪苗代町の沼尻温泉へ下山し、川桁駅まで軽便列車に乗車した思い出がよみがえる。昭和歌謡の「高原列車は行く」は、この軽便鉄道を歌ったもの。猪苗代町役場の電話の待ち受けで、この曲のメロディーが流れる。

大滝山は川桁山より標高は低いが、大分水嶺上の山。山頂からの眺望は、川桁山の山頂から眺める会津磐梯山を筆頭に会津の山々を始め、南北に走る大分水嶺稜線上の山々が眺望出来るだろう。地形図を広げると、大滝山南東斜面を源とした三河沢が流れている。その沢沿いに走る林道が大滝山の山頂直下の稜線を横断し、猪苗代町樋ノ口《といのくち》地区まで続いている。多くの林道同様、この林道にもゲートが設けられ、車の乗り入れは出来ないと思われる。

登山ルートのない大滝山に登るには、距離十キロを超える長い林道歩きと藪漕ぎ覚悟になる。

色あせた落葉に覆われた林道は陽射しを浴び、色濃い笹竹に挟まれた三河沢は、古寺の崩れた石段のように石が埋め重り、泡立つ流れは絹布を流したように白く輝いていた。林道ゲートから大分水嶺の稜線まで緩やかな登りが続く林道は、歩いた時間の割には標高が上がらず、距離稼ぎの登りが続く。標高に変化を感じたのは、林道を囲む樹木が白樺に変わり、枝越しに大滝山らしき山が現れた時だったが、終わりのない蛇行を繰り返す林道に近づいた大滝山が遠のく。歩き出して五時間。ようやく着いた林道峠は笹藪に囲まれ、入山を規制するかのようにロープが張られていた。

ロープの先は背丈を超す笹藪だが、ロープは稜線に踏み入る場所を示しているに違いない。笹藪の奥を見ると、市町村境界を示すように藪は刈り払われていた。

山頂までの距離は約三〇〇メートル。標高差は一〇〇メートル。背丈を超す笹藪を掻き分けると根元に踏み跡が残っている。

長い林道歩きの憂さを晴らすように一気に登ると、いきなり磐梯山が雲一つない青空に現れた。いつも眺めている安達太良山は、大分水嶺の船明神山の赤茶けた山肌が山間に覗かせている。

青森県夏泊半島から始まった大分水嶺探訪の稜線確認は、分水する流れる先の確認から始まった。流れを追いかけると、東西いずれの流れもダム湖に流れ込んだ後、海と洋に流れる。大滝山の山頂から見下ろした猪苗代湖も大分水嶺稜線西側の流れを集めた後、日本海に流れる阿賀川《あががわ》支流の日橋川《にっぱしがわ》の源流湖。その猪苗代湖が大分水嶺の湖になった。明治政府によって進められた安積《あさか》開拓事業は、猪苗代湖から郡山市のある安積郡に分水する国営事業。今では、猪苗代湖の水は阿武隈川支流の五百川《ごひゃくがわ》に流れる大分水嶺の湖。

その猪苗代湖は、水蒸気が立ち昇っているのか、光を失った湖面は木綿に包まれたように鈍色に覆われていた。（二〇二二年十一月）

【安積《あさかの》アルプスの分水嶺】
額取山（安積山）・大将旗山と御霊櫃峠

△額取山《ひたいとりやま》（標高一〇〇八メートル）

東北新幹線や東北自動車道が那須連峰の山裾を抜け、東北の入り口白河市を過ぎると、車窓に姿を現す奥羽山脈の山並みと並行するようにして走る。その山並みは青森県から福島県まで東北を縦断する脊梁《せきりょう》山脈であり、大分水嶺稜線。山並みの標高は低い分だけ、峰は独立峰のようで目立つ。この山並みに変化が表れるのは、郡山市のある安積盆地に差し掛かってからになる。

平凡な山並みが続いた中に、常念《じょうねん》山脈を小さくしたような額取山から大将旗山《たいしょうはたやま》までの稜線はスッキリとし、際立っている。

この山並みがランドマークになり、車窓からこの姿を目にすると、家に帰った安堵感が湧き上がる。私たちはこの山並みを安積《あさかの》アルプスと呼び、額取山を安積山《あさかやま》と呼んでいる。

初めて登った山が安積山だった。小学五年生だったと思う。

郡山駅から磐越西線の各駅停車に乗り三つ目の駅、岩代《いわしろ》熱海駅（現磐梯熱海駅）で降り、熱海登山口までの長い林道を引率の寺田先生を先頭に歩き出した。初めての山登りと長い

【安積アルプスの分水嶺】

額取山
大将旗山
安積アルプス
御霊櫃峠

猪苗代町
郡山市
猪苗代湖
安積アルプス
額取山（安積山）
大将旗山
会津若松市
御霊櫃峠
三森峠

林道歩きは誰よりも遅く、登山口に着いたときには仲間たちは充分休憩したのだろう。私が登山口に着くと、先生も仲間たちも歩き出した。休む間もなく、仲間たちの後ろ姿を追いかけるように歩きだすが、仲間との距離は離れるばかり。登山道が曲がるたび仲間の姿は遠ざかり見えなくなった。誰一人いない初めての登山は心細く、仲間たちに追いつこうと必死で歩いた。急登はどこまで続くのか、登っても、登っても終わりのない登りが続き、山頂に着いたときは息も絶え絶え。両膝に両手を添え、上体を丸めて息を整えていると、涙がこぼれた。

「よく頑張ったな」と寺田先生の声に顔を上げると、キラキラ光る猪苗代湖が目の前に広がっていた。小学生になって初めて褒められたことと、山頂から見た猪苗代湖の景色は忘れることがない。山並みを眺めるたびに思い出す。

安積山への登山コースは、あの置いてきぼりになった磐梯熱海駅から始まるルートに、滝登山口と御霊櫃峠《ごれいびつとうげ》から大将旗山を経由し登るルートがある。安積山と大将旗山を結ぶ稜線は、安達太良山・磐梯山・吾妻連峰・飯豊連峰を眺めながら稜線漫歩が楽しめる。日本百名山四座を眺められるのは、西高東低の気圧配置が強まる冬、猪苗代湖を吹き抜ける際に冷やされた西風が稜線にまともにぶつかり、高木が育たないからだ。この冷たい風が吹き抜ける郡山市の冬は、降雪は少ないがとても寒い。

初めての登山から五十年。この安積山から御霊櫃峠までの稜線を安積アルプスと命名し、山ツツジの開花に合わせ縦走トレッキング大会を開催していた。その都度多くの参加者が集まってくれるのは、まさに大分水嶺の稜線の山の良さによるのだろう。（何度も訪れているので、特に日付はなし）

△大将旗山《たいしょうはたやま》（標高一〇五六メートル）と御霊櫃峠《ごれいびつとうげ》

安積アルプスの最高峰、大将旗山は三角点測量の山。だが、国土地理院地形図に山の名前は載っていない。山頂から広がる景色は、大分水嶺稜線の東側に安積盆地が広がり、その中心に郡山市の市街地が広がる。目線を上げれば、市街地の奥に阿武隈高原の山々が南北に広がり、主だった山が一望出来る。西側は、眼下に広がる猪苗代湖と磐梯山。会津盆地の奥には飯豊山が望める。

稜線上は夏でも猪苗代湖から吹き上がる風は涼しく、足元には初秋の花が咲く。安積アルプスの主峰額取山と大将旗山の距離は一時間程。この距離の短さと景色が登山者を引き付ける。

大将旗山へ登るルートは額取山からの縦走路と、連峰の東側麓にある高篠山《たかしのやま》森林公園から御霊櫃峠を経由するルートがある。

会津藩の廻米《かいまい》の東回りルートとして開削された御霊櫃峠（八七六メートル）は、猪苗代湖の会津若松市側の秦港から水運された上納米が郡山市側の浜路港で陸揚げされ、御霊櫃峠を越え奥羽山脈の東裾野に沿った道で江戸に運ばれた。峠越えは交通の難所。特に冬の峠越えは厳しく、お助け小屋が峠の西側に一軒と東側に二軒あったようだ。とりわけ猪苗代湖側の冬は厳しく、小屋番のなり手がおらず、三人扶持《ぶち》に増額して番人を見つけたと伝えられる。

その峠道の東側登山道の中間に、長方形の大岩がある。この岩に神霊を移し五穀豊穣を祈願したことが、峠名の由来と言い伝えられている。このルートは、戊辰戦争時に薩摩長州連合軍が、郡山宿から会津に攻め入る際の峠道。峠の頂上には会津藩が築いた防御塹壕跡が残っている。最近では御霊櫃林道を車で登り、峠から大将旗山を目指す人が多く、この古道を歩いて登る人は少なくなった。

御霊櫃峠は風の通り道。西高東低の気圧配置になると阿賀野川《あがのがわ》に沿って流れ込む風が猪苗代湖を吹き抜け、安積アルプス稜線にぶつかり、行き場を失った風が御霊櫃峠に集中する。その影響によって峠道の猪苗代湖側は高木がなく、山肌は背丈の低い山ツツジに覆われている。その山ツツジの開花は遅く、稜線では、夏の盛りにマツムシソウが咲き出す。それだけに峠からの眺めはよく、「陸奥の片平越（御霊櫃峠）に袖ふれて手越にみゆる吾妻山かな」と古歌「相生集」に詠われている。

御霊櫃峠から南に走る稜線は三森峠《さんもりとうげ》まで続く登山道もあるが、三森峠越しに新しいトンネルが作られ旧道が閉鎖された今は、三森峠へのルート後半は藪に覆われ、踏み跡も定かでなくなってしまった箇所がある。この御霊櫃峠から旧三森峠間を再整備し、三森峠に残る竪穴式縄文遺跡までの道路が歩けるようになったら、安積アルプスの魅力は更に高まるだろう。（何度も訪れているので、特に日付はなし）

△高旗山《たかはたやま》（標高九六八メートル）

東北を縦断する新幹線や東北自動車道の車窓から眺めた、たおやかに横たわる奥羽山脈が、郡山市街地を抜け西側郊外に出ると、行く手を遮るように大きく立ちはだかる。

安達太良山から下山した深田久弥が磐梯熱海温泉に宿泊した翌日、郡山市長室を訪れた。市職員の藤森英二さん（後の郡山市長）の安達太良山案内に対する御礼での訪問だった。その市長室に逢瀬村《おうせむら》（現郡山市）の助役、増戸治助さんが訪れ、新しく切り開いた御霊櫃峠から三森峠までハイキングコースを案内したいと、深田を誘った。「逢瀬村のジープで出立し郡山市の郊外に出ると、西のかた真正面に、額取山から高旗山に続く丘陵山脈が眺められた」と深田久弥が著書『一日二日の百名山』に記している。「ぬかとりやま」は地元で安積山と呼ぶ「ひたいとりやま」を指している。

深田久弥が案内された御霊櫃峠から三森峠まで約六キロメートルの尾根伝いを、私たち

高旗山
笠ヶ森山
諏訪峠

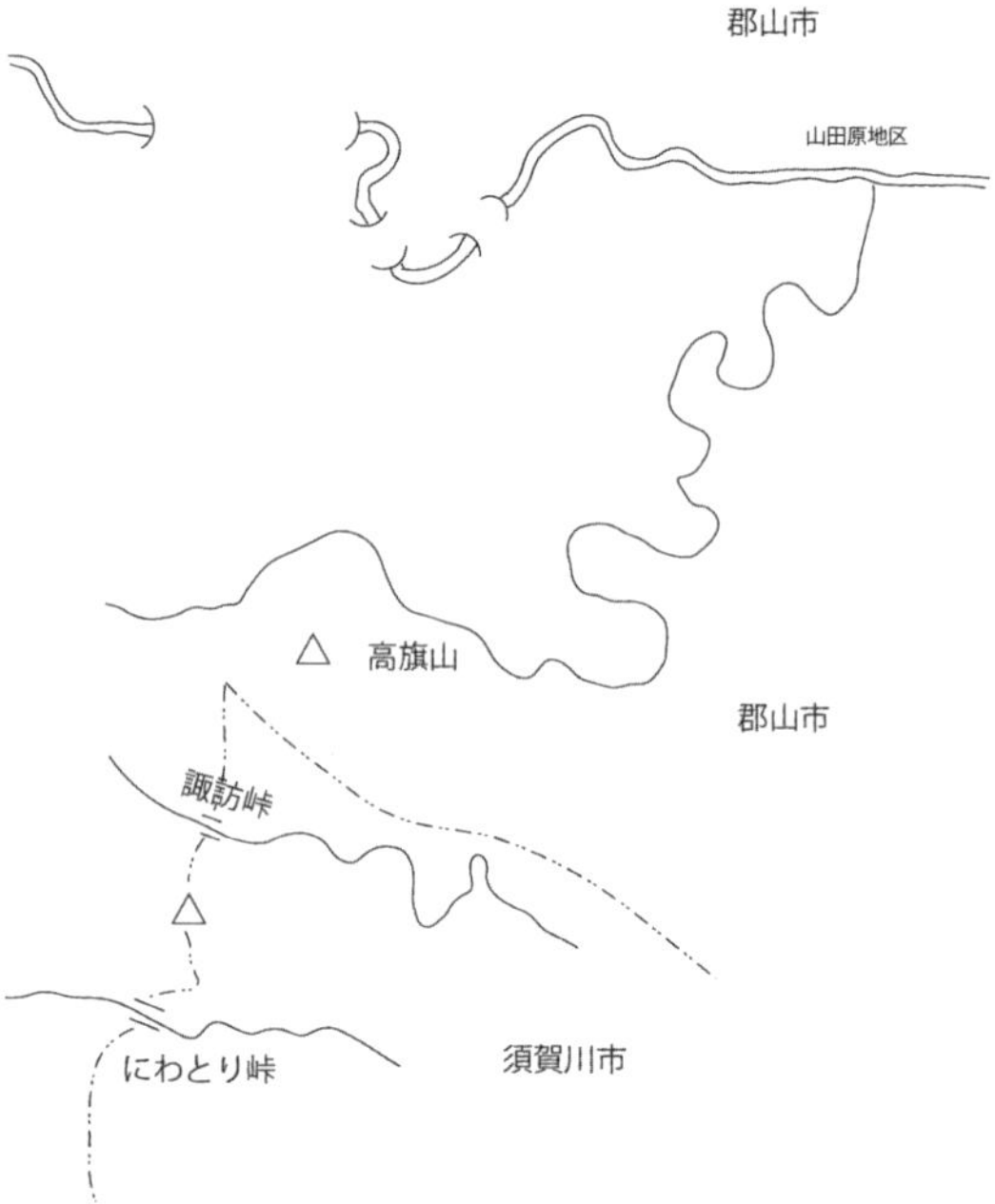
郡山市
山田原地区
高旗山
郡山市
諏訪峠
にわとり峠
須賀川市

は南安積アルプスと呼んでいる。その三森峠から更に南に延びる分水嶺の稜線上に高旗山はある。

高旗山は郡山の山の中で唯一の一等三角点測量の山であり、東北地方に九か所しかない天測が行われた天測点山の一つ。それだけに眺望は、全方位に開けている。

高旗山に登るには、三森峠道が登りに差し掛かる山裾の山田原《やまだはら》バス停近くから「バン源田温泉」に向かう林道に入る。長い未舗装の林道だが、標高七〇〇メートル地点の登山口に駐車スペースが整備されている。この駐車スペースのある登山口に、高旗山の名前の由来が書かれた案内板がある。それによると、八幡太郎義家が奥州征伐の際に旗を掲げたことによるとある。高旗山の北隣にある大将旗山の由来も八幡太郎義家が旗を掲げたことが由来らしいが、本当だろうか？　弘法大師が杖をついたら水が湧きだした弘法清水も各地にあり、八幡太郎も弘法大師も東北にはなくてならない人気者。

登山口から五〇メートル程の急登を登りきると、道は高旗山裾野を巻く水平道になる。この日は春の花に代わって、ササに覆われた斜面に、マムシグサの赤い実が目立っていた。旧鉱山跡地からの登山道と合流すると、登り一辺倒の単調な登山道が山頂まで続く。野芝の山頂からの眺望は、安達太良山から那須連峰に続く奥羽山脈の大分水嶺の稜線。稜線西側には会津の山々。東側には阿武隈高原の山々が一望出来る。高旗山は低山だが、この山ほど一等三角点測量の似合う山はないかもしれない。（二〇二二年十月）

△笠《かさ》ケ《が》森山《もりやま》（標高一〇一二メートル）

安積アルプスから続いた標高一〇〇〇メートル前後の分水嶺の稜線は、高旗山から笠ケ森山北側登山口のある諏訪峠《すわとうげ》（七八〇メートル）まで標高を三〇〇メートル程下げる。笠ケ森山は南北二つの峠に挟まれている。山頂南側の峠は鶏峠《にわとりとうげ》（八六〇メートル）。二つの峠は三森峠同様、江戸時代、役人が年貢収納の下調べ道として開設された峠道。曲がりくねった峠道は狭く、鶏峠は藪に覆われている。二つの峠に挟まれた笠ケ森山は周囲に邪魔になる山がなく、山頂に大きなテレビ電波の反射板もあり、凡庸とした山並みにあって目立つ。

登山口は、岩瀬村（現須賀川市《すかがわし》）と郡山市湖南町《こなんまち》を結ぶ県道六十七号線（中野須賀川線）の諏訪峠になる。山の北側に面した登山道は木立に覆われ、暗くジメジメした急峻な道。山頂直下は滑りやすく、両手で笹竹を摑んで登るようだ。東北を縦断した奥羽山脈も終わりが近く、大分水嶺の標高も低くなっている。その中で笠ケ森山の山頂からの眺めは、北側に高旗山や安積アルプスの稜線と磐梯山。南側には権太倉山《ごんたくらやま》と那須連峰の山が広がる好展望だが、この山で出会った人はいない。

山頂は広がる景色と、日向《ひなた》を楽しむのにちょうどよい高さのテレビ電波反射板基礎の蛇《じゃ》篭《かご》が積まれている。この蛇篭に腰を下ろすと、腰を下ろした衝撃なのか、蛇篭に詰められ

た割石の隙間からマムシが顔を出した。（二〇二二年十月）

△勢至《せいし》堂峠《どうとうげ》（標高七四一メートル）

織田信長の死後、後継者としての地位を築いた豊臣秀吉が、一五九〇年の小田原城攻めの後、奥州仕置きを目的に会津へ下向した。その時通った道が、白河と会津を結ぶ白河街道。この街道に勢至堂峠がある。

街道は会津地方の武将だった蘆名盛氏《あしなもりうじ》が岩瀬郡への侵攻を目的に、一五四五年に開設したと伝えられる。それ以前は安藤峠を越え、羽鳥を経由して上小屋地区（白河市大信隈《たいしんくま》戸《ど》）に抜ける道が使われていた。その後、勢至堂峠が開設されると安藤峠越えから勢至堂峠越えに人の流れは変わった。しかし、勢至堂峠越えの厳しさに新たに馬入峠《ばにゅうとうげ》越えルートが開設され、人の往来は馬入峠越えに変わったが、山越えの距離が長い馬入峠越えは敬遠され、勢至堂峠が整備されると白河に抜ける主街道になった。

会津から江戸に向かう道は、どの道も険しい峠越えがある。御代宿場（郡山市湖南地区）から長沼城下の勢至堂宿に向かう街道に待っているのも奥羽山脈越え。須賀川市歴史民俗資料館学芸員の柳沼さんによると、勢至堂峠の名前の由来は二つある。その一つは、蘆名盛氏がこの峠越えの安全を願って、勢至菩薩像を建立したことから勢至堂峠と呼ばれ

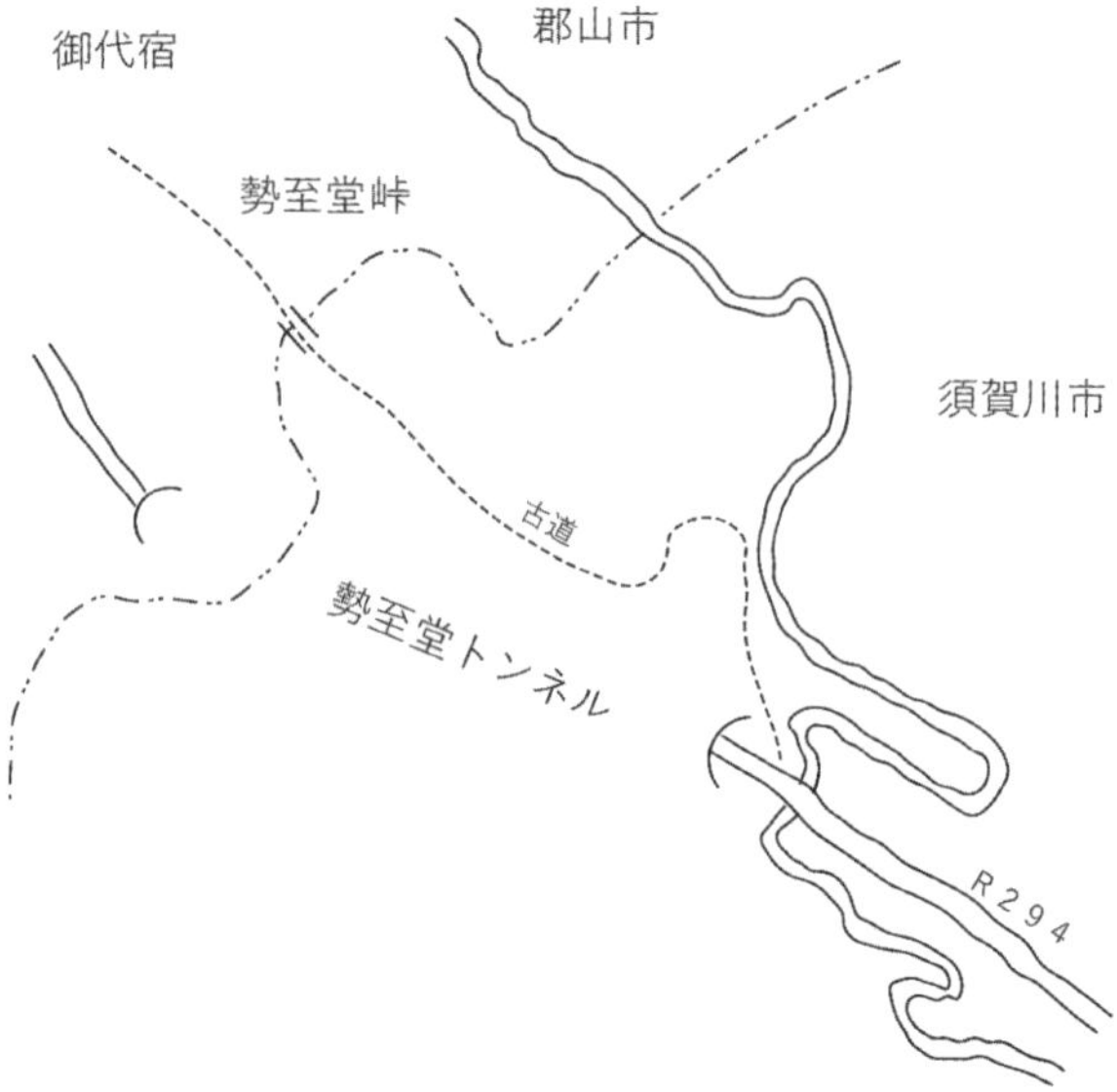

御代宿
郡山市
勢至堂峠
須賀川市
古道
勢至堂トンネル
R294

るようになった。一方、この地は西に会津葦名盛氏、東に須賀川城主二階堂に挟まれた地。のちに北の伊達政宗や、三春の田村清顕の勢力が加わり、四つ巴の勢力がぶつかる最前線だったところから勢至堂峠となったとも伝えられるとのこと。この勢至堂峠を越え、白河《しらかわ》に入る道は水戸街道とも呼ばれていた。長沼城下から白河城下に向かう白河街道はその後、黒磯や水戸に続く。白河市と旧表郷村境に残る古道の石碑には、「右黒磯・左水戸」と刻まれている。

白河の関を越えた太閤秀吉は長沼城に一泊し、翌日会津黒川城に向かって勢至堂宿に差し掛かると、勢至堂宿の民が太閤秀吉に柏餅を献上した。この柏餅を気に入った太閤が、宿場の民に柏木《かしわぎ》を名乗るよう許可を与えたと伝わり、集落には柏木を名乗る家が多い。勢至堂集落には、柏木の家に混じって本陣と脇本陣跡が残る。勢至堂峠越えの道は、阿武隈川支流の江花川《えばながわ》に沿って進み、改良された国道二九四号線の勢至堂トンネルの須賀川市側入り口から旧道に入る。

トンネル入り口脇の駐車スペースに車を停め、閉鎖されたヘアピンカーブの続く坂道を上ると、殿様清水の案内柱と太閤道と書かれた木製の案内板が立っている。この案内板から旧二九四号と分かれ古道に入る。苔むした石が転がり重なるマムシが居そうな杉木立の道に踏み入るのを躊躇するが、峠に向かって続くと思われる踏み跡を右に曲がり込むと、江花川の支流と思われる枯れた沢筋の古道に、太閤道分岐と書かれた真新しい支柱があった。この分岐から、古道入り口の狭い道幅が広くなり、古道は踏み固められ歩きやすい道になった。さらに峠道は、峠に向かう道と、峠から下る道に分かれている。ここからの古道は、太閤秀吉に峠の道普請を命じられた伊達政宗が整備した跡なのか。道幅は上下とも山肌から崩れた土砂で狭くはなっているが、伊達藩が街道の守り事の一つとした道幅一丈八尺（約五・四メートル）を思わせる広さがある。

この太閤分岐から見上げると、林の先に空が広がる。平成十四年に発見された「是ヨリ西北会津領」と刻まれた会津藩・長沼藩境標石柱の立つ峠は近い。峠に立てられた藩境石柱に、元禄一二年十月二二日と刻まれてある。藩堺標石の建つ峠は、戦とは無縁の静寂。

峠の先に見える猪苗代湖と磐梯山は、どこから眺める姿より素晴らしい。葦名盛氏も伊達政宗も太閤秀吉も、戦に明け暮れる日々を忘れ、見入ったに違いない景色と同じ景色が広がっている。（二〇二一年十二月）

△甲子山《かしやま》（標高一五四九メートル）と甲子峠《かしとうげ》

山に登ることが楽しく、毎週のように安達太良山に登っていた十代後半。那須連峰の山は、安達太良山以外の初めての山であり、初めての縦走だった。東北本線白河駅から甲子温泉行のバスに乗り、甲子山から連峰最高峰の三本槍岳《さんぼんやりだけ》を経由し主峰の茶臼岳《ちゃうすだけ》に登り、那

【安積アルプスの分水嶺】

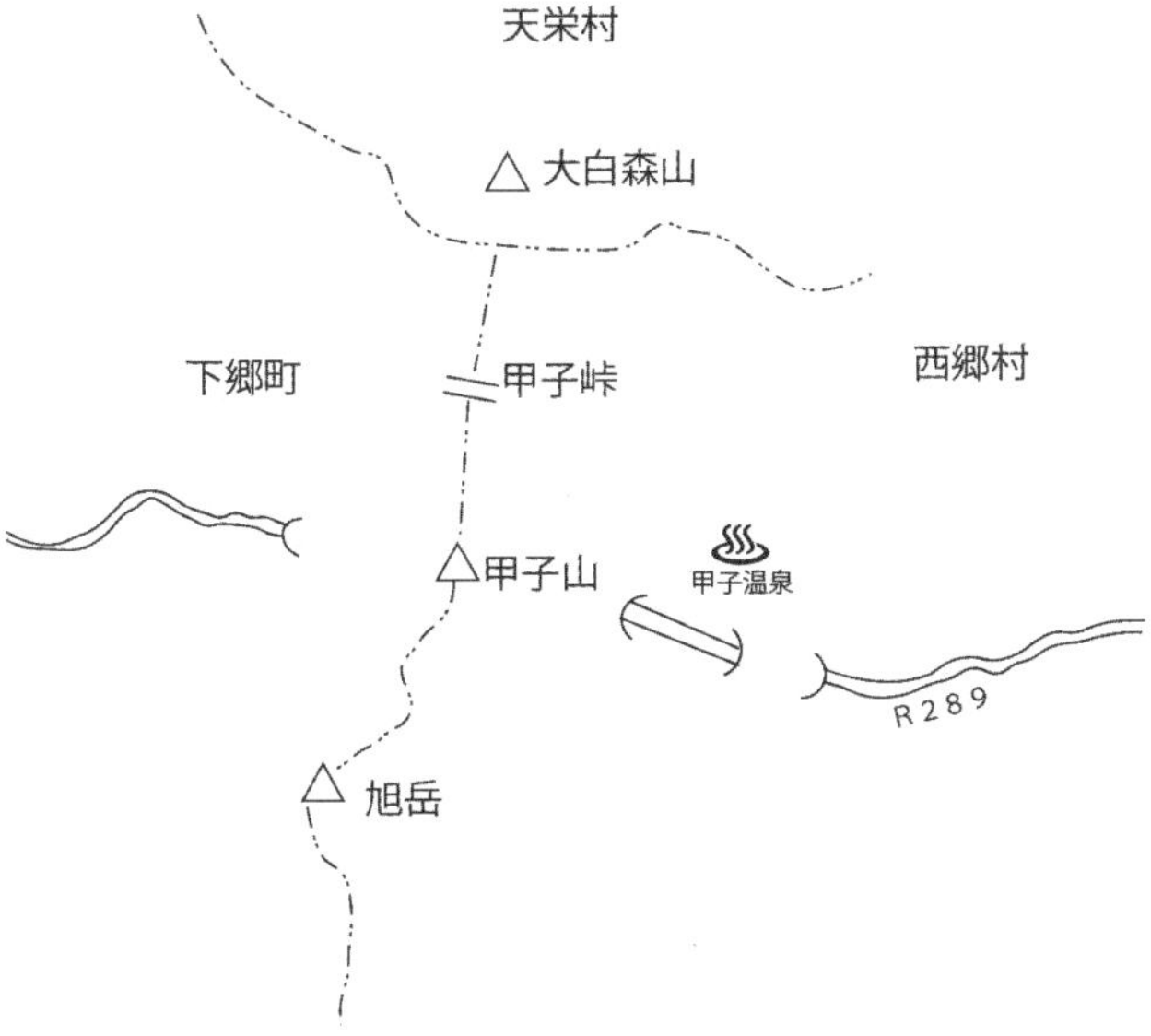

須湯本に直接下るルートを下った。引き続いて逆コースで歩いて甲子温泉に下山した。その後、四季を通じて何度も登っている那須連峰の山だが、甲子山に登ることはなかった。当時の記憶を思い出しながら甲子山に登ってみたが記憶と一致するものはなく、初めての山のようで新鮮だった。甲子温泉大黒屋旅館の敷地内を通るような旧二八九号線を挟んで建つ旅館は新しくなり、敷地を通る旧国道を歩くのがはばかられた。

甲子温泉は南北朝時代の一三八四年の甲子年に発見されたことに由来する。麓の西郷村役場の職員によると、現在の温泉施設は、江戸時代に会津藩家臣の「キクチショウゲン」によって湯治場として整備されたのが始まりとのこと。それ以来、医術・食厨・農作の神である大黒天を祀り、温泉の効用も霊験によると信じられ、甲子大黒天の湯として賑わったそうだ。その多くは、白河城下で行われる馬市に出かけて来る会津地方の村人だったらしい。初めての縦走時に見た大黒屋旅館建屋の西壁に掲げられた温泉案内板は、馬市に来る会津の人たち向けの看板とは知らなかった。

この大黒屋旅館から一〇〇メートル先に流れる阿武隈川を境にして、幻の国道旧二八九号線は中断する。登山口は流れを横断した先になる。大分水嶺稜線から流れ落ちる水が溢れ流れる登山道を対岸に渡ると、分水嶺稜線から派生した枝尾根を目指す原生林の登りが始まる。登山道は一気に四三〇メートルを登るが、登山道は山肌を大きく蛇行しており、馬が上るのも容易だったと思わせる。五十年前の記憶だと、登山道に国道二八九号線の標識が立てられていたが、見つけることは出来なかった。枝尾根に出ると古道の登山道は平坦になり、阿武隈川源流部の対岸に広がる紅葉が楽しめた。登山道が甲子山頂への急登に差し掛かると古道は右に分岐し、左右が切れ落ちた馬の背を思わせる大分水嶺の稜線上の峠に向かう。この分岐から甲子山頂までは岩が露出した急峻な登りだが、僅かな距離だ。

麓から見る甲子山は、稜線上の南隣にそびえる大きな赤崩山《あかくずれやま》に目を奪われ見落としてしまう山だが、山頂からの景色は北側に二岐山《ふたまたやま》、その奥に会津若松市の最高峰の小野岳《おのだけ》と会津盆地。その上空に飯豊連峰の眺望が広がる。そして渡り廊下のような馬の背の稜線の先に、大白森山と甲子峠の頂上が見える。

甲子峠道は街道でも脇街道でもないが、対岸の大白森山の山肌を覆う森の間に見え隠れする古い峠道に、古の足跡が見えるようだ。

大分水嶺の稜線には多くの峠道があるが、馬の背を思わせる狭い稜線の大分水嶺が目の前に見渡せるのは目新しい。甲子山から見る分水嶺の流れは木々に覆われているが、周りより低く窪んだ森が西郷村に続く。西側に目をやると、阿賀川支流の大川の蛇行した流れが見える。甲子峠は大分水嶺の峠。秋雨の合間を狙って歩いた峠道は下刈りが行き届き、気持ちの良い甲子山だった。（二〇二一年九月）

【福島・栃木県境の分水嶺】三本槍岳・流石山と大峠・三倉山と大倉山・男鹿岳・荒海山 ——

△三本槍岳《さんぼんやりだけ》（標高一九一七メートル）

「山と渓谷」に連載された小説『疲労凍死』は昭和三十年五月、この山域で起きた遭難事故が基になっている。

遭難事故は、那須連峰最高峰の三本槍岳を目指し、甲子温泉登山口から入山した福島県立白河高校山岳部員十六名が、季節外れの暴風と氷雨混じりの濃霧でルートを見失い、残雪の残る甲子山と三本槍岳間の縦走路で六名が低体温症で死亡した遭難事故。

那須連峰は風の通り道。冬、日本海から吹き込む風は阿賀野川に沿って流れ込むが、風は会津盆地の東側にある東山にぶつかり、行き場を失った風は南北に流れを分ける。北東に向かった風は猪苗代湖に流れ、南に向かった風は大川に沿って那須連峰に流れ込む。

那須連峰は、日本海から吹き込む風が集中する山だ。それは遭難事故当時も今も変わらず、那須連峰を吹き抜ける風は強烈そのもの。西高東低の気圧配置が強まると、立って歩けない風が吹き抜ける。

『日本百名山』の著者深田久弥は、『一日二日の百名山』の「那須の山々」で次のように

【福島・栃木県境の分水嶺】

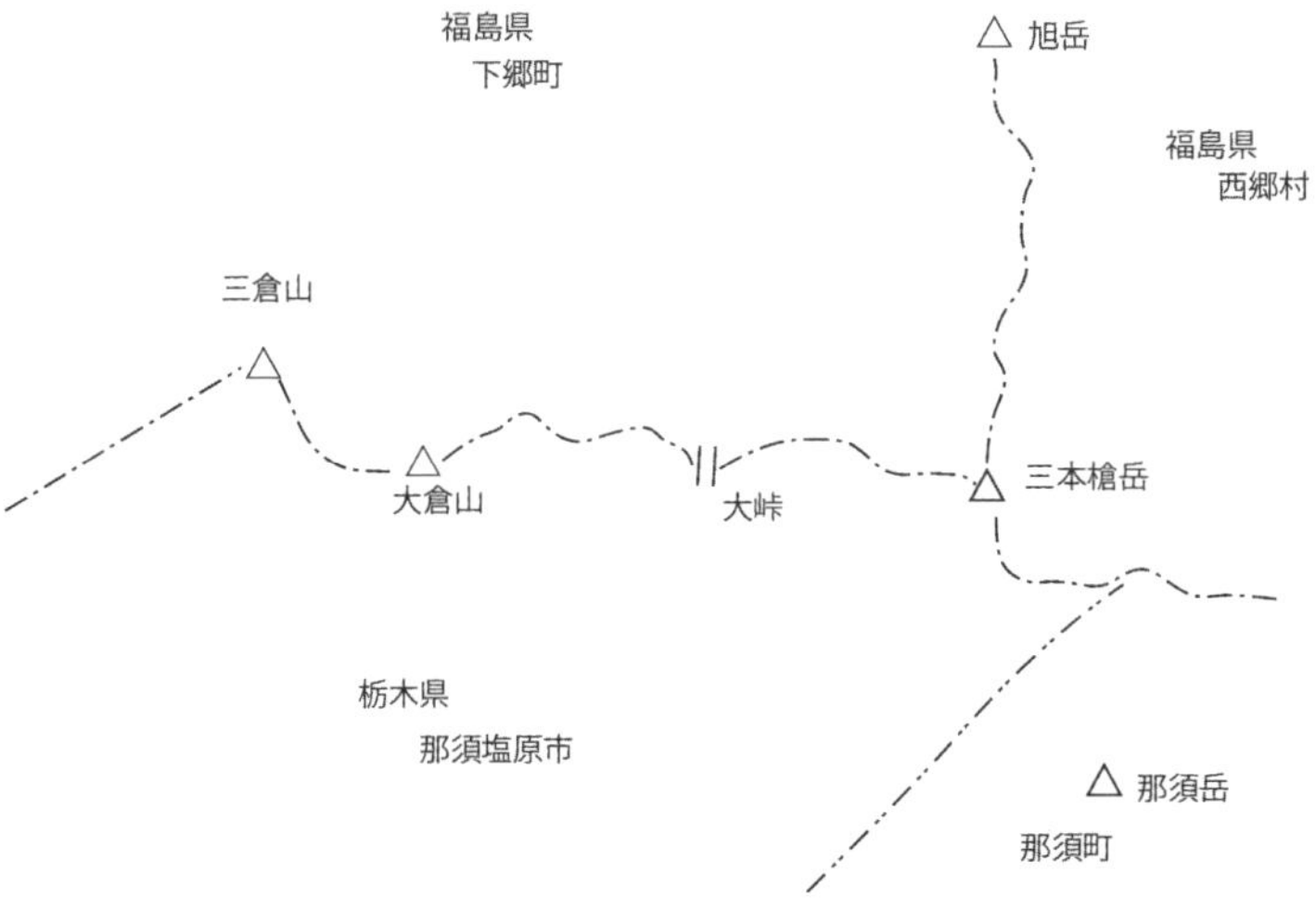

書いている。

「三斗小屋温泉のほうから登って鞍部に近づく頃吹雪になった。登るに従ってそれは烈しくなり、ごうごうと雪煙を巻き上げる地ふぶきのため、少し離れた所は見えなくなる。全く物凄い風で、時々地面にしがみつかなければ吹き飛ばされそうになる。そのクライマックスが鞍部だった。這いつくばってほうほうの態でそこを越えたが、何にせよ言語道断な風であった」と。

その風のためか、甲子山から三本槍岳の稜線に高木はなく、灌木とササに覆われている。厳めしい名前の山頂は丸みを帯び、景色を遮る木立はなく周辺の山々を見渡す。

那須連峰最高峰の名前の由来は、山頂が黒羽藩・会津藩・白河藩の三国境の時代、各藩が所領を確かめるため毎年節句に槍を携えてこの山に登り、三本の槍を立てたことにあり、登山口もそれぞれの地にある。

那須連峰はツツジの山。中でも、連峰の東に走る中ノ大倉尾根ルートはゴヨウツツジの名所。花の季節の登山道はゴヨウツツジのトンネルになり、足元は落ちた花で埋まる。青森県から始まった奥羽山脈の大分水嶺の稜線は、ここから西に向きを変え、福島・栃木県境を走り、福島・新潟・群馬県に跨る尾瀬ヶ原《おぜがはら》に向かう。

△流石山《ながれいしやま》（標高一八二二メートル）と大峠《おおとうげ》

旧会津藩が参勤交代で江戸に向かうときの道は、会津五街道の一つと呼ばれる会津西街道の山王峠《さんのうとうげ》を越え、下野国《しもつけのくに》を通る街道だ。

この会津西街道を利用する藩は会津藩だけでなく、新発田《しばた》藩や村上藩も利用していたらしい。江戸時代、この会津西街道の下野側で発生した地震により街道沿いの山が崩れ落ち、男鹿川《おじかがわ》を堰き止め、街道は水没して通れなくなった。そのため急遽開削された江戸への道が会津中街道。会津中街道は会津裏街道とも呼ばれ、下郷宿で西街道と分かれた後、大川支流を遡上するように大峠を越え下野国から奥州街道に入った。

この街道は会津五街道の中で最も新しい街道。下郷宿から分かれた会津裏街道が観音沼《かんのんぬま》を過ぎると、大川支流のヨロイ沢に日暮滝《ひぐらしのたき》が流れ落ちている。名前の由来は、滝は見事で、眺めていると日が暮れてしまうから付けられたと伝わる。この日暮滝を過ぎると峠道は、奥羽山脈に沿った緩やかな登り道が大峠まで続く。国境の大峠を越えれば、三斗小屋宿・板室宿《いたむろじゅく》を経て奥州街道に合流する。三斗小屋宿跡に残るのは二軒の温泉宿だけだが、近くで銀鉱が発見された当時は五十軒の家があり、大いに賑わっていたらしい。

流石山への登山ルートは、三本槍岳を経由して大峠に入るコースもあるが距離が長く、多くの人は旧会津裏街道跡の大峠林道を利用して、大峠を目指す。大峠には、戊辰戦争時に会津藩が掘った塹壕跡が残っている。大峠から流石山までの標高差三六〇メートルの急峻な登りから始まるが、斜面はニッコウキスゲの群生地。キスゲの開花時期は斜面がオレンジ色に染まる。

下郷町《しもごうまち》が主催する流石山夏山開きはキスゲの開花に合わせて行われ、登山者用にシャトルバスが観音沼駐車場から鏡ヶ沼分岐手前の駐車場まで運行する。流石山の魅力はキスゲの花だけではない。大峠からの急登の先に広がる眺望も素晴らしい。南北に走った奥羽山脈が三本槍岳山頂手前で九十度向きを西に変え、栃木県との県境に沿って越後山脈に向かう。その大分水嶺の稜線は背丈の低いササに覆われ、三倉山《みくらやま》・大倉山《おおくらやま》と続く稜線に吹き渡る風はすがすがしく、遠くに広がる尾瀬の山々から日光の山々と重なり合い、観る者の目を引くに違いない。稜線はたおやかであっても大分水嶺。稜線の左右が鋭く切れ落ち、眼下に三斗小屋温泉の赤い屋根が見える。

赤いべべ着て鎮座する峠の道祖神とキスゲの花。越後山脈まで続く稜線上の山々。振り返れば那須連峰最高峰を始めとする那須連峰の峰々。北に向かって連なるたおやかな奥羽山脈の姿。裏那須と呼ばれる流石山は、表那須の賑わいも派手さもないが、この山を好きな人は多い。

△三倉山《みくらやま》（標高一八八八メートル）と大倉山《おおくらやま》（標高一八五四メートル）

流石山から望む稜線上で、目に飛び込む最初の峰が大倉山。さらに湾曲した縦走路を追いかけると三倉山が聳えている。この稜線上を地元の人はまとめて、流大倉山と呼んでいる。

大倉山と三倉山は大峠から続く大分水嶺の稜線上にあり、流石山に登ってしまえば、僅かなアップダウンがあるだけ。それでも二つの山が目立つのは、大分水嶺稜線の左右が切れ落ち、狭い稜線上が背丈の低いササに覆われているからだろう。三倉山は一ノ倉・二の倉（本峰）・三ノ倉からなり、大分水嶺上にあるのが三ノ倉。登山道は一ノ倉から唐沢山を経て下郷町へ通じ、裏那須連峰の縦走を楽しむことが出来るが、お薦めは往路を引き返す行程。往路で眺めた景色と違う景色を復路で味わう贅沢な山旅は、裏那須山域ならではまさに一つの山で二つの景色が味わえる山旅になる。

大峠に下山した後、三斗小屋温泉に宿を取り、秘湯の湯を楽しむのも良い。ずいぶん昔になるが、大峠から三斗小屋温泉に足を延ばし、大黒屋旅館に宿泊した。もう一軒の旅館、タバコ屋は、未解決の殺人事件で客が遠のいたのか、鍵がかけられていた。

ランプの灯る脱衣所から漏れた明かりが湯面を揺らし、窓ガラスの向こうの夕日が色付き出した木々を赤く染めていた。常連客なのだろう。夕日が沈み、暗くなると女狐が入ってくると話し出す。女狐とは女性客のことだった。

翌日、タバコ屋旅館の軒下から始まる那須縦走路は青空が広がり、隠居倉《いんきょぐら》（一八一九メートル）から清水平《しみずだいら》・三本槍岳を経由し、甲子山に続く稜線にある須立山《すだちやま》（一七二〇メートル）の手前から急峻な道を下り、鏡ヶ沼に下ったが、人に会うことはなかった。（何度も訪れているので、特に日付はなし）

△男鹿岳《おがだけ》（標高一七七七メートル）

男鹿岳は、三本の源流を持つ福島・栃木県境の山。山並みは県境に沿って東西に走り、尾瀬国立公園のある越後山脈へ繋がる。

全長五〇〇キロメートルに渡って続いた大分水嶺の奥羽山脈も終わりに近づき、残る山も僅か。男鹿岳は、日本山岳会が選定した日本三百名山だが、いたってマイナーな山。その山が知られるようになったのは、田中陽希の日本三百名山一筆書きのテレビ放映によると思われる。登山道は福島・栃木両県にあるが、どちらのルートも長い林道歩きから始まる。登山口までの距離は栃木県側で十二キロメートル。その大部分は、林道と言っても藪に覆われた道なき道のようだ。対して福島県側の距離は八キロメートルと栃木県側より短いが、こちらの林道も荒廃し閉鎖されている。

【福島・栃木県境の分水嶺】

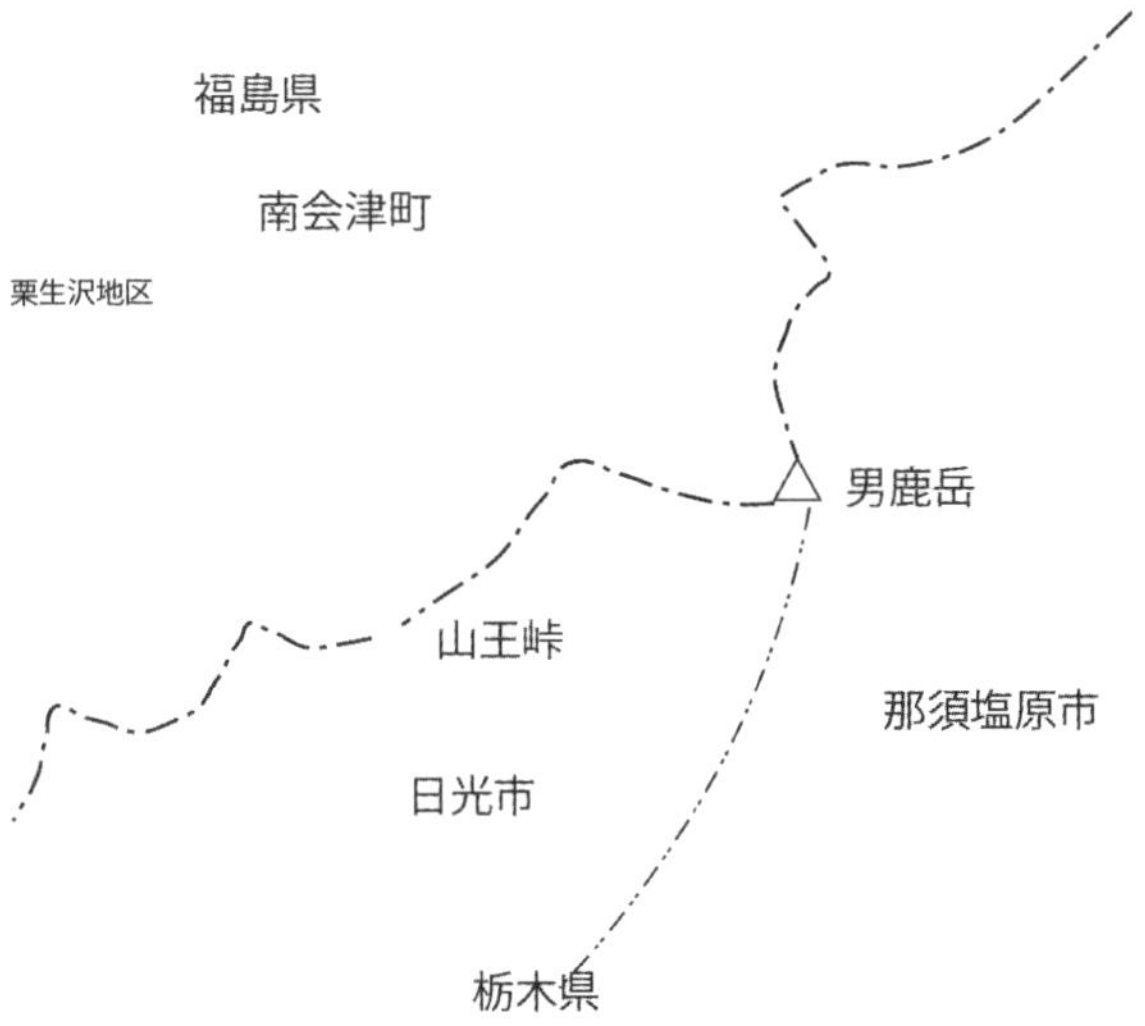

林道歩きの標高差は、どちらも五〇〇メートル。林道歩きの時間は福島県側でも四時間はかかるだろう。更に登山口から山頂までの標高差は五〇〇メートル。距離は二キロメートルと短いが、山頂までの登山時間は二時間。林道歩きから山頂までの所要時間は、休憩なしで六時間を見なくてはならないだろう。この時間を少しでも短縮するには、林道歩きの距離を短くするしかない。南会津町役場に、林道の状況を問い合わせてみた。田中陽希の三百名山一筆書きから、問い合わせが多くなったとにこやかに話すが、林道は閉鎖。自己責任で登ってくださいと、つれない返事だった。

大分水嶺の山と古峠探訪の中で、男鹿岳は地形図に登山道のない最後の山。南会津田島《たじま》町《まち》の栗生沢《くりゅうざわ》集落で林道入り口を確認すると、地元の人はオーガ沢への林道と言っていた。

集落から始まる林道を五分程走り、日本海に流れる水無川《みずなしがわ》の橋を渡ると、林道はバリケードで塞がれていた。水無川の渓流釣りの若者三人が、身支度をしていた。話をすると、コロナ禍に入ってから魚影は少なくなった。その訳は、コロナ禍でにわか釣り師が増え、魚体の大きさにかかわらず、釣った魚は持ち帰ってしまう。特に餌釣りの人は節操がなく、東北の沢では漁獲は望めないとのことだった。若者たちはルアー釣りで、釣り上げた魚は放流するらしい。

男鹿山の問い合わせは増えたとのことだが、登る人は少ないのだろう。次第に林道は下草に覆われ踏み跡はなくなる。至るところで崩れ落ちた岩石が堆積し、豪雨による水に深く洗い流され、跡形もなくなった林道跡に、ロープが下がっていた。

県境峠までの中間に架かる橋は、上流から流れた石に埋まっていた。下流側に半ば埋もれた親柱を見つけなければ、橋が架かっていたことはもとより、沢が流れていたとは思えない。その親柱に「オーガさわはし　昭和四〇年一二月竣工」と書かれていた。

オーガ沢は福島県側に流れる分水嶺の沢。石に埋もれた橋の上流を覗くと、スラブ状の川床に音も立てず流れる水が、堆積した石に流れ込んでいる。この流れは、阿賀野川支流の水無川の源流。日本海に流れる一滴がここから始まる。地形図を見ると、沢は男鹿岳山頂直下から始まっている。林道入り口からここまでの距離は四キロメートル。要した二時間は予定通りだが、その間景色はなかった。この先も会う人はなく、水音を立てる沢もなくなると思うと、男鹿岳の山深さに寂しくなる。山ブドウの蔓が絡まった木の枝が、引き倒されたように横たわり、林道を塞いでいた。

熟していない山ブドウの房が落ちている。その近く、荒縄を丸く巻いたように、一メートル程の大きさに巻いた蔓があった。クマがここに座って、山ブドウを食べたのだろう。傍らにブドウの種が混じった、真新しい糞があった。会わなくてよかった。

台風十四号の影響だろうか、峠の上空に雨雲が広がっている。峠まで後三十分だろう。荒廃した林道歩きが終わると、ササに覆われた県境の稜線が待っていた。林道峠の先に続く栃木県側の林道も深い藪に覆われていた。梢に括られた赤テープがなかったら、林道であったとは思えない。その藪が山頂へ続く稜線に広がっている。

藪漕ぎは覚悟の上の男鹿岳だが、気弱になる。峠から山頂までの所要時間は休憩なしで二時間の標高差だが、県境の稜線は藪に覆われている。往復五時間は必要だろう。峠から林道入り口までの下山時間を考えると、一息ついている時間はない。取り敢えず山頂直下標高一七〇〇メートルの前男鹿のピークを目指し藪漕ぎを始める。

長い林道歩きにいささか飽きた後の登山道は、新鮮でピッチが上がる。しかし、標高が高くなるにつれ、藪は深くなるばかり。

男鹿岳が持つ三本の源流の二本は栃木県内を流れた後、千葉県銚子市から太平洋に注ぐ利根川源流の男鹿川。もう一本は、水戸市から太平洋に注ぐ那珂川《なかがわ》源流の木ノ俣川《きのまたがわ》。

二つの源頭部を目の前にして、弱気の虫が動き出す。時計は一時になろうとしていた。

（二〇二二年九月）

△荒海山《あらかいさん》（標高一五八〇メートル）

本州最長の大分水嶺と重なる奥羽山脈が、福島と栃木県境にある那須連峰最高峰から西に折れ、東北と関東を隔てる山並みに変わり、尾瀬ヶ原を囲む群馬県と新潟県境の越後山脈の山並みに続く。江戸時代、この奥州と坂東《ばんどう》境の山並みを越え、江戸に向かう峠道は三

【福島・栃木県境の分水嶺】

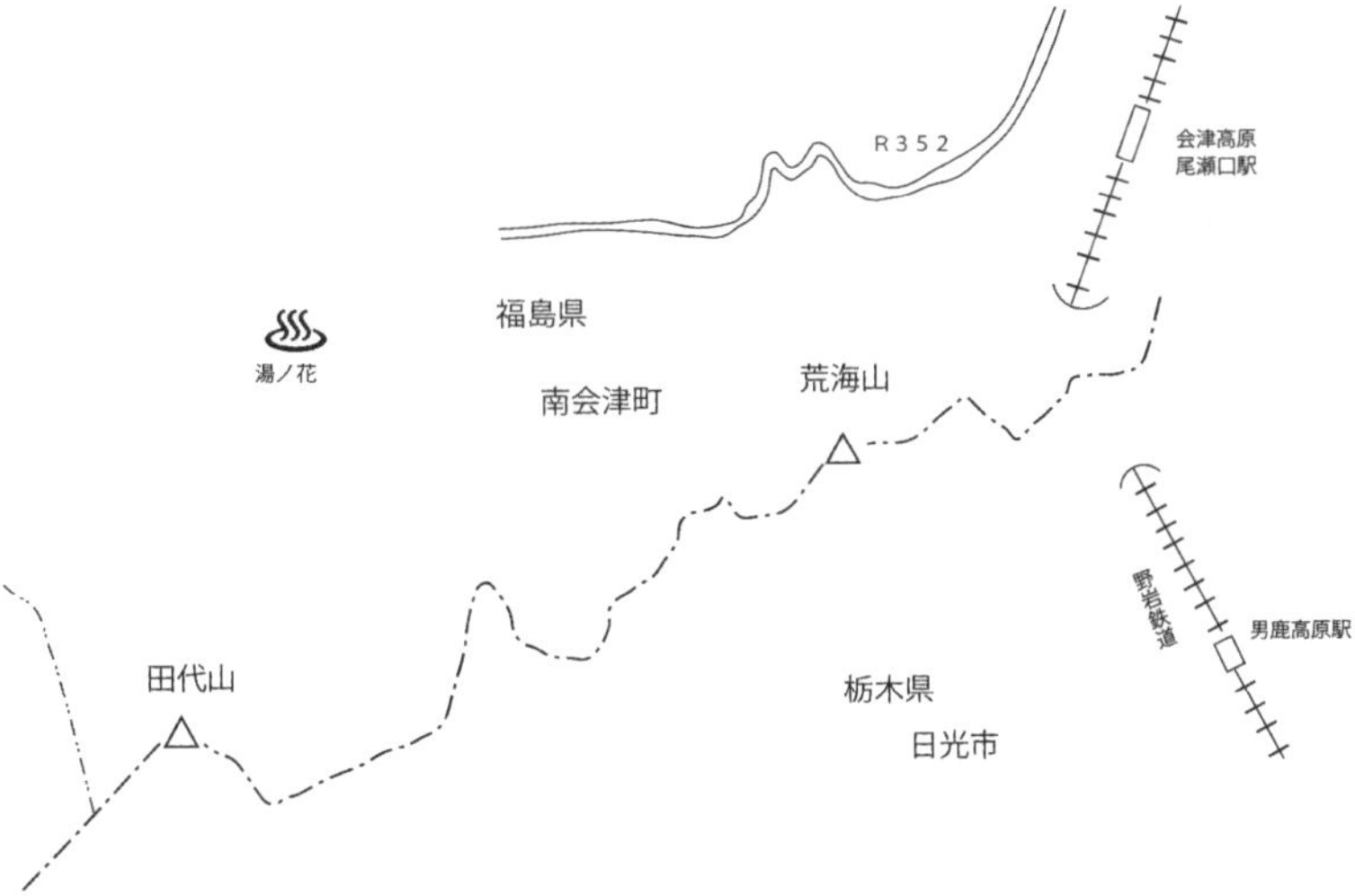

か所。三本槍岳の裾野にある大峠を越える会津中（裏）街道。荒海山の近くにある山王峠を越える会津西街道。南会津田島町から群馬県側に通じる沼田街道の沼山峠。

この沼山峠と山王峠の間に荒海山はある。登山道は田島町側の一か所のみ。その登山道は、平成二十三年七月に発生した新潟福島豪雨により流され、入山することが出来なかった。

その災害から十年。登山道が整備された荒海山は、日本海に注ぐ長さ二一〇キロメートルの阿賀野川と、関東を代表する利根川支流の中で一番長い一七六キロメートルの鬼怒川《きぬがわ》の源流部になる大分水嶺の山だ。

日本三百名山・東北百名山に指定された荒海山だが、山は地味な存在。山頂部に高層湿原が広がる田代山《たしろやま》に登山者が奪われるのか、山は静かだった。登山コースは、北斜面を流れる荒海川に沿って登るが、幾度となく沢を渡渉し倒木を跨ぎ、林道のコンクリート舗装板が流されて階段状に重なった滑滝《なめりたき》状の滑りやすい登山道と、連続する急登が待っている。その登山道脇に、江戸時代から昭和三十年代にかけて、銅や鉛・亜鉛などを採掘していた八総《やそう》鉱山の名残と思われる横穴が、川沿いの岩肌に人一人が潜れる大きさで開いていた。登山道は何度となく荒海川を渡渉し、そのたびに対岸の岩と夏草に隠れた踏み跡を探しながら登る、変化に富んだルートが続く。沢の流れに登山靴を濡らし、葉擦れの音を耳にしながらの登りは、大分水嶺の山探訪では初めてだ。この上ない楽しい山登りだが、沢から離れると登山道は長い急登が山頂まで続く。

山頂からの眺めで目を引くのは、南北が切り落ちた斜面に、爪でひっかいたような地肌をむき出した森。新潟福島豪雨の爪痕だろう。その山肌から流れ出す水が、日光連山と高《たか》原山《はらやま》の間を縫いながら太平洋に流れる鬼怒川の源流。北斜面の流れは、奥羽山脈と東北百名山の七ヶ岳《ななつがたけ》の裾野を流れ、日本海に注ぐ阿賀野川になる。

「大河の一滴　ここより生る」。阿賀野川・水源之碑と刻まれた黒御影石の碑が山頂にあった。（二〇二一年七月）

【福島・栃木県境の分水嶺】

【帝釈山塊の分水嶺】

△田代山《たしろやま》（標高一九七一メートル）

標高が東北一高い燧《ひうち》ヶ岳《がたけ》。その裾野に広がる尾瀬ヶ原が、日光尾瀬国立公園から独立して尾瀬国立公園になった。指定地域も広がり、山頂全体が湿原に覆われた田代山も尾瀬国立公園内に含まれた。冬、豪雪に覆われるこの山域は、山全体がシラビソの深緑色と降り積もった雪との二色の世界。麓にある湯ノ花温泉集落から猿倉《さるくら》登山口までの長く急峻な林道も雪に覆われる。田代山の春は遅く、麓が初夏の陽気になるまで雪は消えない。

テレビ番組「ナニコレ珍百景」のプロデューサーから、田代山の下見をしたいとのことで、ガイドの依頼があった。

山開きの前で、残雪が多く登山口まで車が入れるかわからないのと、田代山の花はまだ早く今は時期ではないと説明しても、プロデューサー氏は、今行きたいと言い張る。条件付きで出かけると案の定、登山口までの道路は除雪作業中。それでも何とか猿倉の登山口に着いて登山を始めるが、残雪がシラビソの斜面を覆いつくし、野生動物の足跡さえなかった。何度も登っているコースだが、地形図上の現在地を割り出し、この先進む方角を

【帝釈山塊の分水嶺】

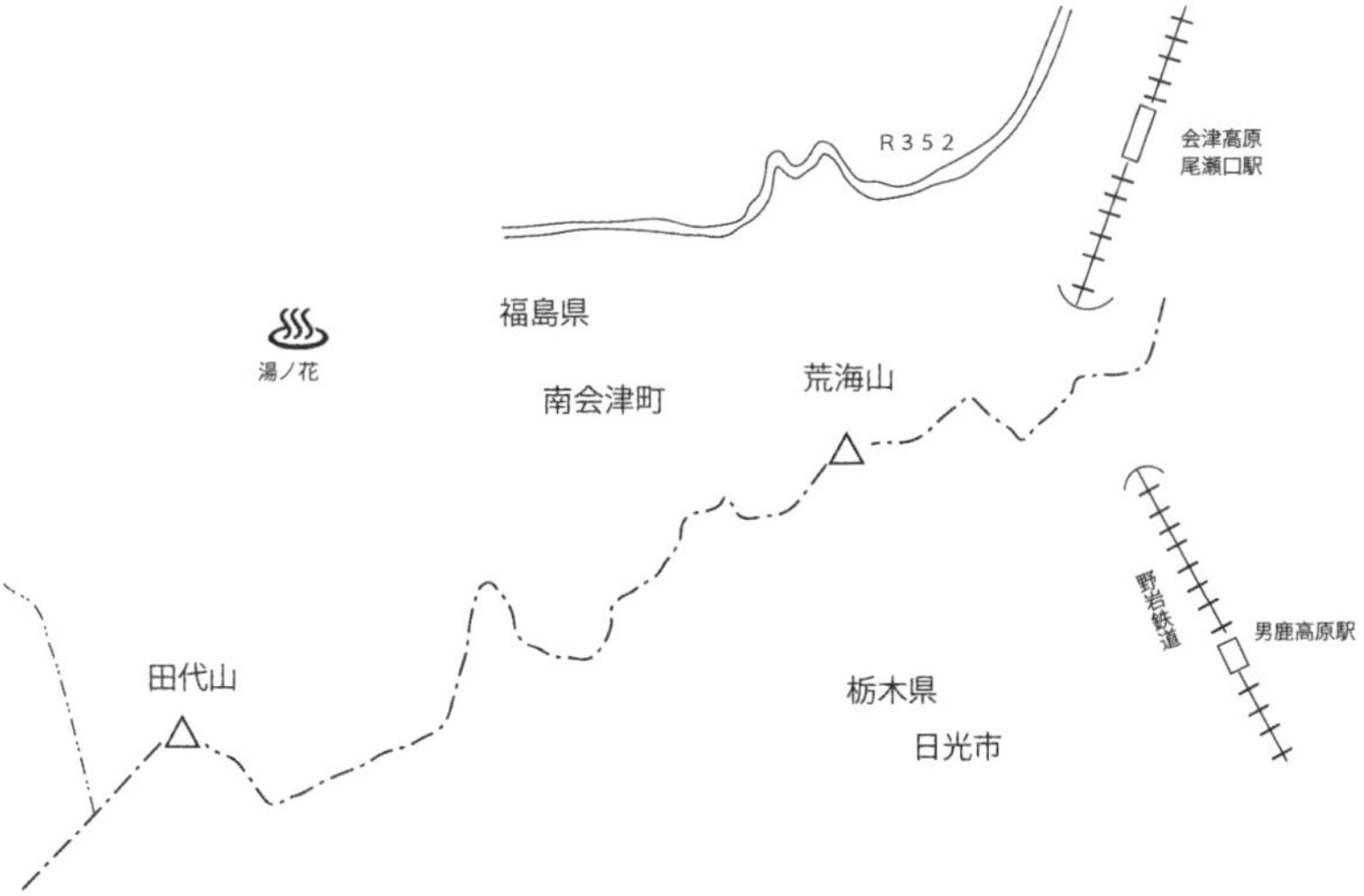

コンパスで確認し、要所に赤布を吊り下げる。こうして、下山時のルートを間違わないようにして登った山頂湿原は、雪こそ消えていたが、田代山らしいものは雪解け水に沈んだ茶色に変色した枯れ草の水たまりだけ。

結局、珍百景の本番採用にならなかった田代山は、六月に入ると雪解けを追いかけるように山野草が咲き出し、九月のリンドウの花まで湿原は百花繚乱が続き、人で賑わう。

『花の百名山』の著者田中澄江は、次のように田代山を紹介している。

「樹林帯を抜けると、いきなり眼の前にひろがった頂上の黄金いろの一面の原であった。南にむかってゆるく傾き、低まったあたりはニッコウキスゲの大群落である。原の果ては空に続き、七月の真夏の陽光に映えて、空の青さが、群がり咲くキンコウカの花の黄に染まって、緑めいて見える」

田代山の夏は短い。登山道にオオカメノキの葉が赤みを帯びる九月下旬には湿原の草は枯れ色に染まり出し、山は雪が降るまでの間、シラビソの深緑とセピア色の二色に染まる。やがて山は、雪の白とシラビソの深緑の二色の世界に変わる。そして雪解けが始まり、枯草が芽吹きだし、湿原一面が花芽の薄緑色に染まる二色の景色がよみがえる。二色の景色を繰り返す田代山は、季節に応じて色彩を変える、プリンの形をした山。湿原の彼方に見える燧ヶ岳や会津駒ヶ岳を始め、奥会津の山々を一望しながら歩く木道から大分水嶺の山を感じさせるものはないが、田代山は大分水嶺の山。

それを感じさせるのは、北側（檜枝岐側《ひのえまた》）に傾斜した湿原と、山頂にある弘法大師堂の南側（栃木県側）を覆うシラビソ森の奥が切れ落ちる斜面。登山者の多くが弘法大師堂広場で昼食休憩するが、田代山が関東と東北に分水する山であることに気づく人は少ないだろう。

東北を縦断した奥羽山脈が那須連峰北端で西に向きを変え、栃木・群馬・福島県が交わる黒岩山《くろいわやま》へと続くが、田代山から稜線を一時間ほどの帝釈山塊《たいしゃくさんかい》の山で奥羽山脈は終わる。奥羽山脈が越後山脈へ移っても大分水嶺の稜線は、黒岩山から山域は越後山脈に含まれるが、大分水嶺稜線は帝釈山・黒岩山・尾瀬《おぜ》鳩待峠《はとまちとうげ》・上州《じょうしゅう》武尊山《ほたかやま》を経由し、谷川岳へと続く。

田代山と帝釈山と一時間の距離。帝釈山塊の中心をなす帝釈山はオサバグサの山。田中澄江が帝釈山まで足を延ばしていたら、帝釈山とオサバグサを花の百名山に加えたに違いないだろう。（二〇二一年七月）

△帝釈山《たいしゃくざん》（標高二〇六〇メートル）

東北を縦断した奥羽山脈と、山脈に降った雨を太平洋と日本海に分ける大分水嶺の稜線は那須連峰を前にして西側に向きを変え、栃木県境を走って群馬県境に向かう。

その分岐から稜線を大峠に向かって下り、流石山・三倉大倉山に入る山域は裏那須山域と呼ばれている。帝釈山系と呼ばれる山域は更に稜線を西に向かって山王峠を越えてからになる。

帝釈山系の山は荒海山から始まり、田代山、帝釈山、台倉高山を経て越後山脈に入り、栃木・群馬・福島の三県境にある黒岩山へと続き、奥鬼怒山域に入る。大分水嶺の稜線はさらに西に向かい、尾瀬ヶ原を囲む外輪山を通り鳩待峠へと続く。

帝釈山系は奥羽山脈最南端の山域。帝釈山域で奥羽山脈が終わるが、シラビソに覆われた標高二〇〇〇メートル越えの稜線は福島県側も栃木県側も急峻そのもの。その急峻な二〇〇〇メートルの稜線に関東平野から流れ込んだ風が上昇気流を生み出し、大気を不安定にする。夏場の帝釈山域は日本有数の雷発生地域。積乱雲がもたらす豪雨の被害か、山塊から栃木県側へ抜ける二本の林道はどちらも崩落したと思われる地肌が見受けられる。

帝釈山と台倉高山への登山口になる馬坂峠《うまさかとうげ》は、栃木県側の馬坂沢沿いに開設され、桧枝岐村に抜ける馬坂林道の頂上になるが、この林道も栃木県側は閉鎖されている。

登山口へは、檜枝岐村からの馬坂林道は舟岐川《ふなまたがわ》に沿って登る。途中、渓流釣りの人が停めた車を横目に四十分ほどの距離。

峠から帝釈山も台倉高山も標高差は約二〇〇メートルほどだが、斜面一面にオサバグサが群生し、山頂から東側に繋がる大分水嶺の稜線が那須連峰まで続き、南会津の山々を一

【帝釈山塊の分水嶺】

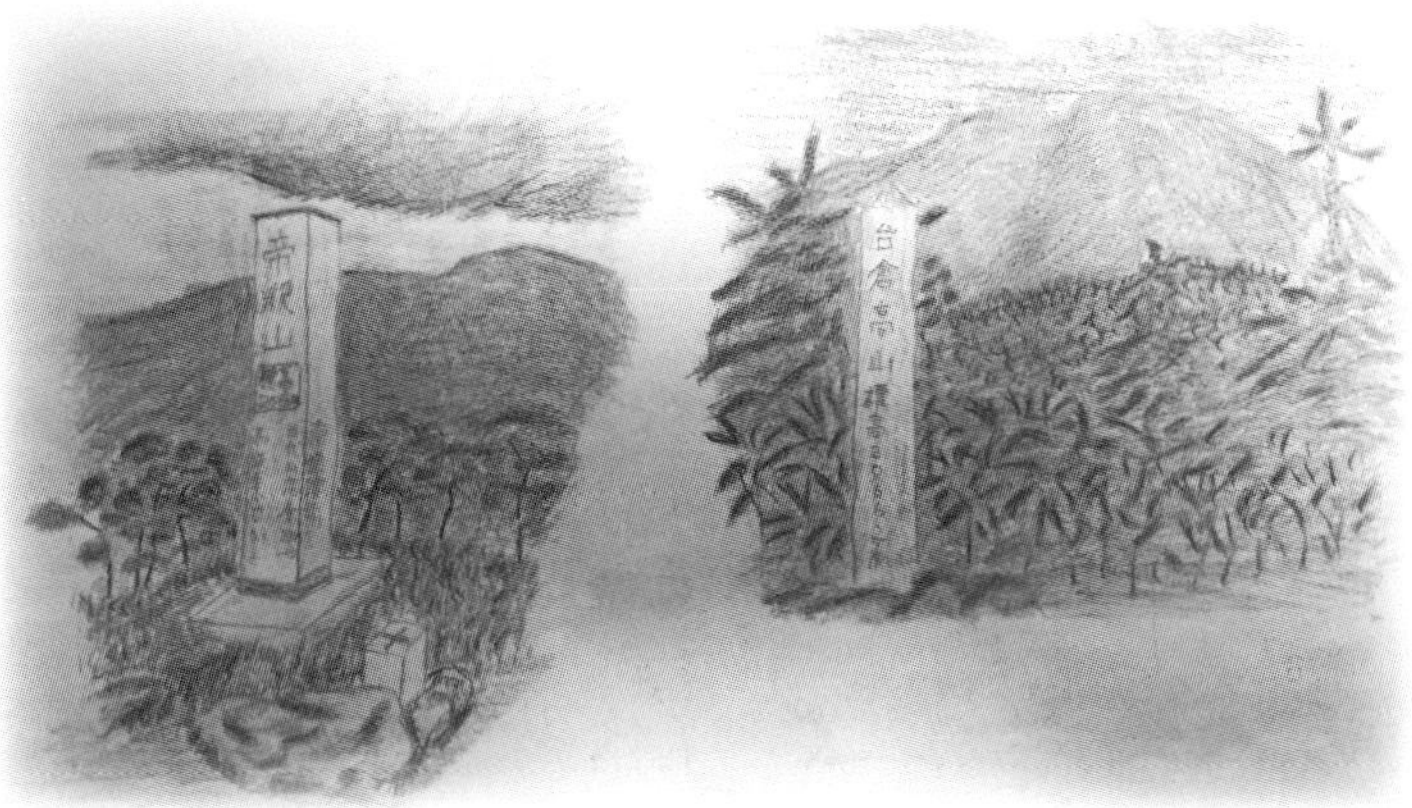
帝釈山
台倉高山

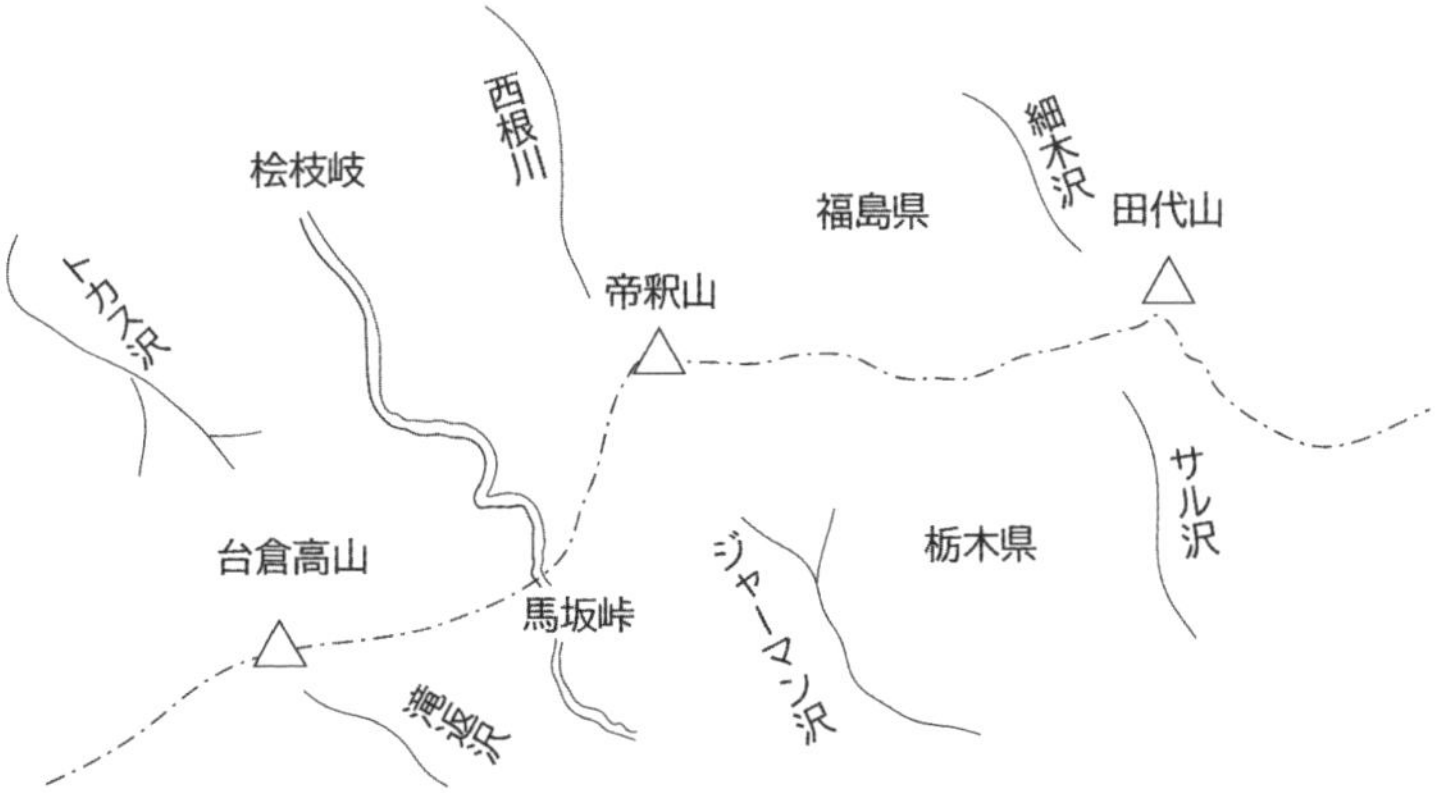
西根川
桧枝岐
福島県
細木沢
田代山
帝釈山
トカス沢
サル沢
ジャーマン沢
栃木県
台倉高山
馬坂峠
滝返沢

望する帝釈山は人気の山だ。（二〇二一年八月）

△台倉高山《だいくらたかやま》（標高二〇六七メートル）

奥羽山脈終演の山、台倉高山は帝釈山系西端にある。山脈は福島・栃木県境をさらに向かって走るが、この先は越後山脈になる。

台倉高山の標高は、奥羽山脈の大分水嶺の山の中では最高峰。登山口は、帝釈山登山口の一つ、馬坂峠の頂上になる。

大分水嶺の最高峰といっても、馬坂峠の標高は一八〇〇メートル。登山口から山頂までの標高差は三〇〇メートル弱。だが、この山に登る登山者は少ないようだ。その要因は、登山道に沿って咲くオサバグサを始めとした山草の花の帝釈山と違って、目立つ花が少ないのと、山頂までの歩行距離にあるのだろう。

帝釈山頂までの距離は一キロメートル弱に対し、台倉高山の山頂までは約四キロメートルと長い。しかもその大部分がシラビソに囲まれた林の中。景色は得られない。それだけに喧騒とは無縁。静かな山歩きができるのだ。

この日のシラビソの林は湿気を感じる濃密な空気に包まれていた。夜露に濡れたのか、手に触れる苔も、落枝の葉も、夏のものとは思えない鮮やかな緑を保っている。

【帝釈山塊の分水嶺】

その林を抜けると、濡れ葉の笹が稜線を覆いつくしていた。空を見上げると、大量の水を含んだ重そうな雲が居座り、その影が尾瀬のシンボル燧《ひうち》ヶ《が》岳《たけ》や越後の山々と重なり、奥深さを醸し出している。

山は高さではないが、雲底に届きそうに見える山頂標柱は、山の大きさと高さを誇っているように見える。（二〇二一年八月）

【福島・群馬県境の分水嶺】

△沼山峠《ぬまやまとうげ》と袴腰山《はかまごしやま》（標高二〇二四メートル）

初めて尾瀬を訪れたのは二十歳前だった。国鉄が募集した尾瀬ハイキングツアーに高校の同級生だった五人の仲間との参加だった。夜中の出発だった。客車の大半は若者で埋まっていた。早朝に着いた田島駅からバスに乗り換え、駒止峠《こまどとうげ》越えでは狭い砂利道から切れ落ちる断崖に悲鳴に似た歓声が上がっていた。東北で標高が一番高い燧ヶ岳に登ったのもこの時だった。あれから何度尾瀬に訪れたろう。春先の残雪が締まるのを待って、山頂からのスキー。雪解けが進むと咲き出す水芭蕉。尾瀬沼に映し出す燧ヶ岳は深い緑に染まり、夏の木道はハイカーで埋まっていた。カラマツが赤く染まる晩秋、沼に氷が張り出し、冬鳥が氷の隙間に群れていた晩秋の尾瀬。

その尾瀬に入るルートは、群馬県側の鳩待峠からと、福島県側の沼山峠ルートがある。鳩待峠は尾瀬ヶ原や至仏山《しぶつさん》に入るのに便利な登山口。沼山峠は尾瀬沼や燧ヶ岳に入るには便利な登山口。この二つの峠は尾瀬に向かう代表的な峠道だが、それとは別に福島県檜枝岐村と群馬県片品村《かたしなむら》を結ぶ古道がある。

【福島・群馬県境の分水嶺】

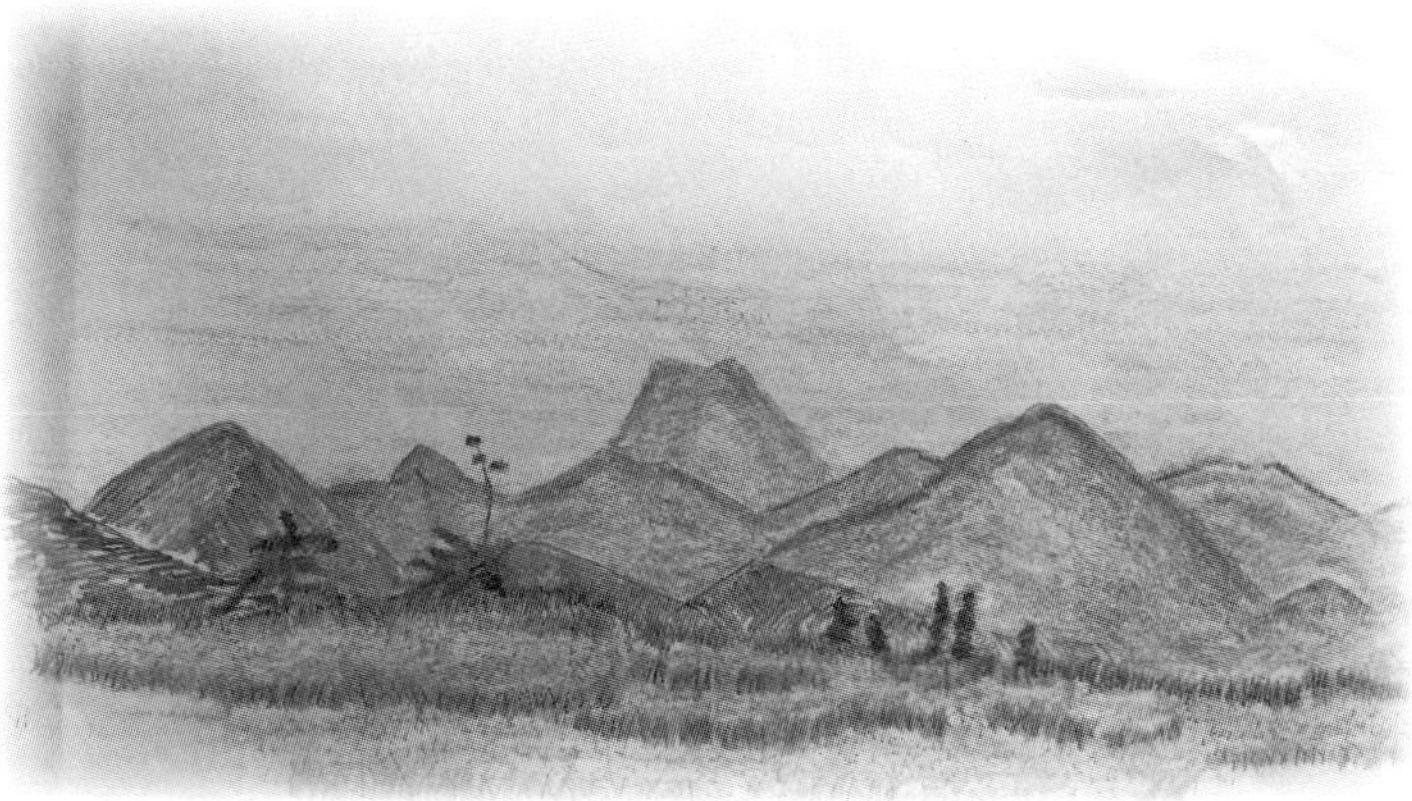

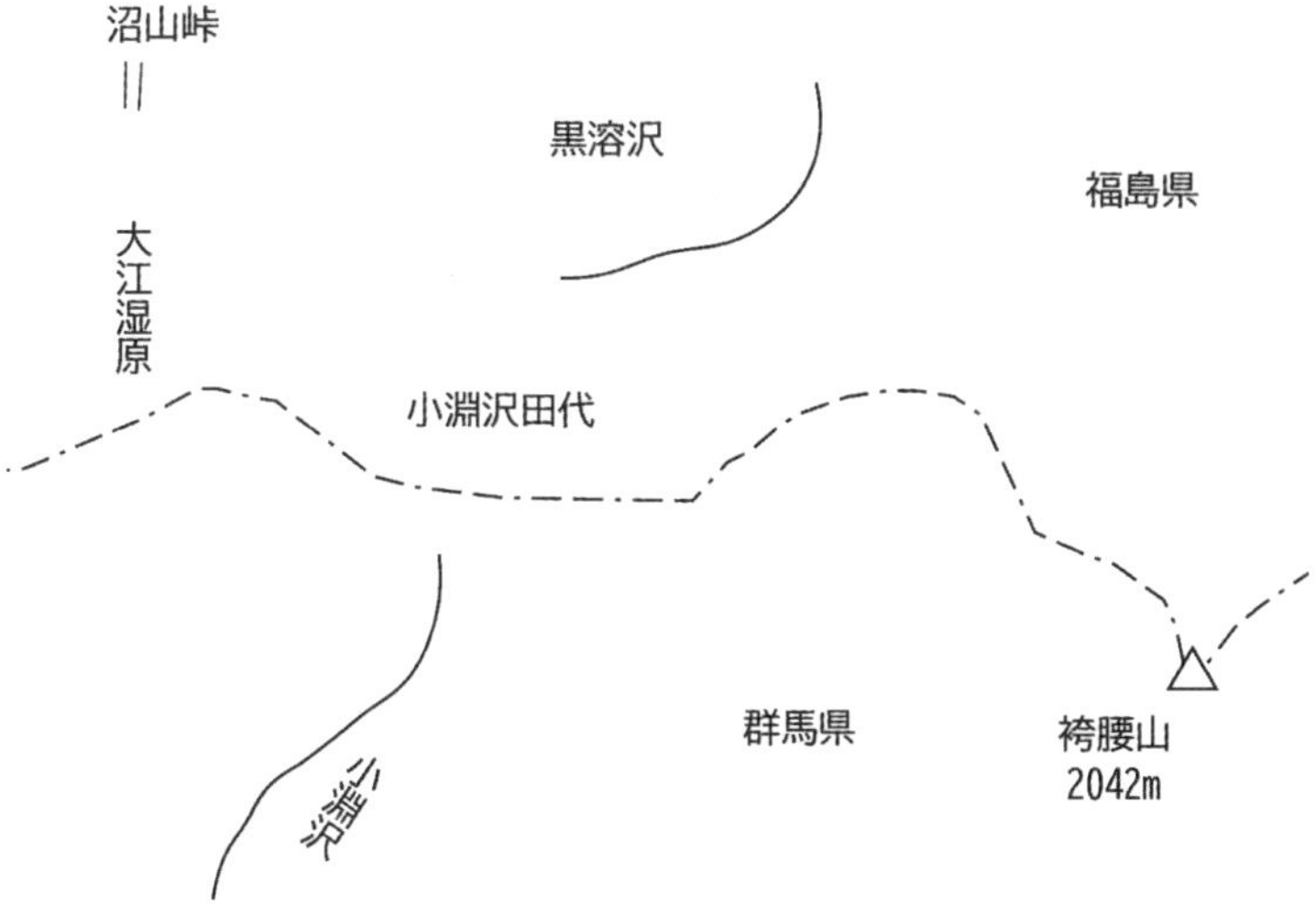
沼山峠
大江湿原
黒溶沢
福島県
小淵沢田代
小淵沢
群馬県
袴腰山
2042m

江戸時代の初めに造られた街道は、群馬県側では会津街道、福島県側では沼田街道と呼ばれ、明治維新の頃まで会津と上州を結ぶ交易路として、人々が往来した歴史深い古道。この古道の福島県側は県道一号線に指定されている。

今回初めて、この沼田街道を歩いてみた。

福島県と新潟県を結ぶ国道三五二号線の御池《みいけ》駐車場から沼山峠直下まで陸上自衛隊によって林道が開設され、今では尾瀬沼や燧ケ岳に向かう人の多くが林道を走るシャトルバスを利用する。

シャトルバスで沼山峠口に向かう途中、バスは徐行し眼下に広がるブナ平原生林を紹介する。その原生林の中に明治維新まで続いた交易路の古道がある。

七入《なないり》地区の駐車場から古道は始まるが、大きな案内板以外に古道の入り口を示す案内はない。村営七入山荘脇の作業道を五分程歩くと作業道から古道は分かれる。案内板はこの分岐だけ。この分岐から古道は原生林に飲み込まれる。この日は日差しを浴び、たわわに花を付けたヤナギランの群生に出会う。シロブナの森は意外なほど明るい。四〇〇年近く歩かれた道は藪に覆われることもなく、苔むした倒木に漏れ注ぐ日差しにナメコが輝いている。沼山峠口の休憩所まではいくつかの沢を渡り、滝を見ながらの三時間だが、長いようで短い。

沼山峠から大江《おおえ》湿原に下る。木道から離れた場所に、戊辰戦争時に新政府軍を迎え撃つ

【福島・群馬県境の分水嶺】

ため会津軍が設けた塹壕跡地があるが、夏草に隠れて見ることが出来なかった。

袴腰山へは、大江湿原の木道から小淵沢田代《こぶちざわたしろ》への分岐から入り、沼田街道から分かれる。シロブナの森からシラビソの森に変わった登山道はぬかるみ、クマザサが覆いかぶさる。小淵沢田代に向かうハイカーは少なく、クマに注意の案内がいやらしく感じる。

そのいやらしい登山道を抜けると、突然、普段目にする尾瀬の景色とは別物の、息を呑むような景色が広がる。大分水嶺の小淵沢田代の草原だ。草原の先には日光白根山を中心にした日光の山並みが広がっている。尾瀬ヶ原から見る至仏山とも、尾瀬沼から見る燧ヶ岳の景色とも違う尾瀬の姿。

たとえるなら、その景色は大事な客を迎える客間の床の間に飾ったような景色。田代の奥、シラビソの木に覆われた福島県最南端の袴腰山は目の前だが、景色に見とれ、腰が重くなる。

御池駐車場から沼山峠口まで開設された林道が計画通り群馬県片品村まで開通していたら、小淵沢田代は日光戦場ヶ原のように乾燥し、景色は変わってしまったかもしれない。林道の建設中止を訴えた人たち、その声に耳を傾け林道建設中止を判断した初代環境庁長官の英断に感謝し、素晴らしい自然を後世に残す責務を感じる。(二〇二一年八月)

あとがき

週末、仕事を終え、長距離運転で山に向かう。

登山口へ着くのは日付の変わる夜中。そのような若さが成せる行動が通用しなくなり、長時間の運転が苦痛になった。

大分水嶺奥羽山脈の山と古峠探訪は、最遠の夏泊半島まで距離は五〇〇キロを超す。

目的は初めての山や記憶が薄れた山ばかりで不安になる。

しかし、その不安を解消してくれるのは「計画作成」。

地形図に記載のないルートも、初めての山も、地形図を広げ、登れそうな尾根を探し出す。山頂までの累積標高差に水平距離を調べると、山全体像が浮かんでくる。山頂から見えるであろう周辺の山も分かってくる。

登山の楽しさは、計画段階から始まることをあらためて実感する。

大分水嶺の山は、登山口までの距離と時間、藪に覆われたルートでの野生動物との遭遇に脅えながらの登山が多い。標高こそ低い山だが、大変さは富士登山以上。しかし、それらのストレスを解消するのも「山」。

厳しいルートでも、計画通りに山頂に立ち、予想した周辺の山を目にしたときの満足感は、何ものにも代えがたい。

今、「低山」が賑わっているが、奥羽山脈は静かな山が多い。百名山登山がすべて終わり、次の目標に迷っているのなら、名もなき奥羽山脈の山を目標にしてはいかがでしょうか。

著者プロフィール

佐藤 健二（さとう けんじ）

1950年2月生まれ。
福島県出身。郡山市在住。
福島県立安積第二高校卒。
■職歴　旧国鉄・建材商社・自動車整備会社・コンクリート二次製品メーカー等勤務。
1990年4月、アースクリエイト（株）創業、代表取役締就任。
2015年10月、登山ガイド事務所カメラード設立。
2017年、福島登山協会設立にかかわり、遭難対策理事就任。
■活動内容　NHK文化センター主催・登山教室 講師（現在中止）。
国立磐梯青少年交流の家 野外講師（～2024年）。
福島交通観光（株）主催 山を愛でる登山ツアーメインガイド。
大人の山学校ユルユル登山教室主宰。
名山クラブ登山ツアー主宰。
■登山歴　18歳から登山を始め、海外遠征登山4回、日本百名山累積登頂400回以上。
2015年　公益社団法人 日本山岳ガイド協会 認定 登山ガイド資格
■著書　『のんびり歩くあぶくま高原の山』（2022年、文芸社）

大分水嶺《だいぶんすいれい》　奥羽山脈の山と古峠

2024年9月15日　初版第1刷発行

著　者　佐藤 健二
発行者　瓜谷 綱延
発行所　株式会社文芸社
〒160-0022　東京都新宿区新宿1－10－1
電話　03-5369-3060（代表）
03-5369-2299（販売）

印刷所　株式会社エーヴィスシステムズ

ISBN978-4-286-25614-6